대박은 아니어도 폐업은 없다! 사장이 꼭 알아야 할 생존의 룰

생존장사

대박은 아니어도 폐업은 없다! 사장이 꼭 알아야 할 생존의 룰

생존장사

초판 1쇄 인쇄 2025년 12월 30일
초판 1쇄 발행 2026년 1월 14일

지은이 박호영

발행인 백유미 조영석

발행처 (주)라온아시아
주소 서울특별시 서초구 방배로 180, 스파크플러스 3F

등록 2016년 7월 5일 제 2016-000141호
전화 070-7600-8230   **팩스** 070-4754-2473

값 24,500원
ISBN 979-11-6958-240-7 (13320)

라온북은 독자 여러분의 소중한 원고를 기다리고 있습니다. (raonbook@raonasia.co.kr)

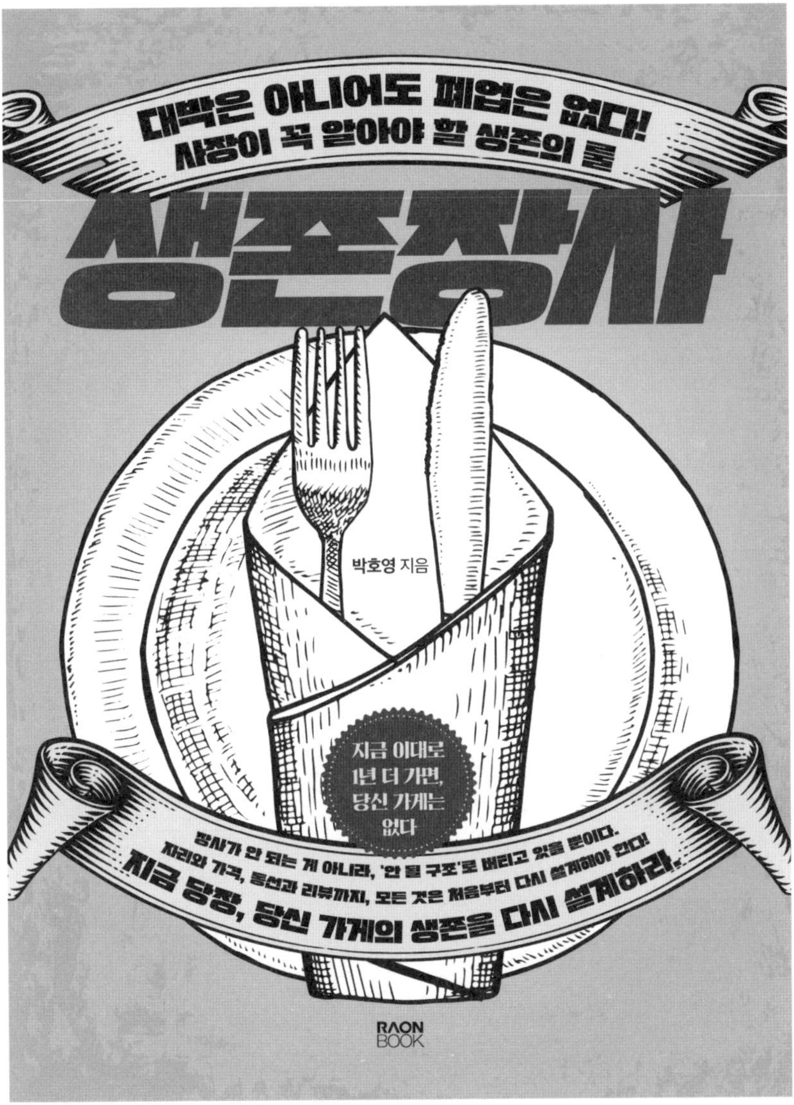
대박은 아니어도 폐업은 없다!
사장이 꼭 알아야 할 생존의 룰
생존장사
박호영 지음
지금 이대로 1년 더 가면, 당신 가게는 없다
장사가 안 되는 게 아니라, '안 될 구조'로 버티고 있을 뿐이다.
자리와 가격, 동선과 리뷰까지, 모든 것은 처음부터 다시 설계해야 한다!
지금 당장, 당신 가게의 생존을 다시 설계하라.
RAON BOOK

RAON BOOK

하마터면 장사 열심히 할 뻔한 사장님께…

　이 제목을 보고 어떤 생각을 하셨습니까? 피식 웃으셨습니까, 아니면 뜨끔하셨습니까? 어떤 반응이든 좋습니다. 중요한 건 이 책이 사장님의 손에 들려 있다는 사실, 그리고 더 이상 그저 '열심히'만으로는 충분치 않다는 절박함을 느끼고 있다는 방증이 아닐까 생각합니다.

　식당을 한다는 건 새벽같이 일어나 밤늦게야 귀가하며, 저녁이 없는 삶, 가족과 함께하는 시간마저 포기하는 고된 일상의 연속입니다. 한 번 사는 인생, 잘 살아보겠다고 인생을 걸고 몸이 부서져라 열심히 열심히 앞만 보고 달리는데도 왜 장사는 나아지지 않는 걸까요? 열심히 하는 것은 비단 우리뿐만이 아닙니다. 옆집도, 뒷집도, 건너편 식당도 모두 같은 심정으로 열심히 하고 있습니다. 눈물겹도록 대한민국의 수많은 사장님들이 가족의 생계를 책임지며 인생을 걸고 땀 흘리고 있습니다. 그런데도 통장 잔고는 늘 비어 있고, 근근이 버티던 상황에 외부 요인이라는 힘든 파고가 덮쳐오면 결국 버티지 못하고 폐업으로 내몰리는 식당이 너무 많습니다.

이제는 알아야 합니다. 이 냉혹한 외식 시장에서 열심히만 하는 방식은 더 이상 통하지 않습니다. '열심'은 식당을 하는 사람이라면 누구나 갖춰야 할 기본 중의 기본일 뿐입니다. 막연한 '열심'은 사장님의 식당을 제자리걸음하게 만들고, 소중한 시간을 낭비하게 하는 가장 큰 적입니다.

세상이 변했고 고객이 변했습니다. 이제는 열심과 함께하는 뚜렷한 목표, 그리고 그 목표를 달성하기 위한 구체적인 계획이 있어야 합니다. 많은 사장님이 목표는 세울 수 있어도, 정작 그 목표에 도달하기 위한 '계획'을 세우지 못합니다. 어떻게 계획을 세워야 하는지조차 모르기 때문입니다. 이 한계에 부딪혀 사장님들의 소중한 '열심'은 갈 곳을 잃고 헤매고 있는데도, 그것을 알지 못할 때가 많습니다.

그 한계를 채워주는 것이 바로 식당 공부입니다. 공부를 통해 지식을 쌓으면 현재 내가 무엇을 잘못하고 있는지 냉철하게 진단하고, 앞으로 어떤 목표를 가지고 어떤 계단식 계획을 세워야 하는지를 분명하게 알게 됩니다. 이것이 바로 "열심히만 하면 안 된다"는 역설적인 표현이 담고 있는 뜻입니다.

이 책 『생존장사』는 단순히 열심히만 하는 사장이 아니라 배우고 지혜롭게 실행하는 사장이 되는 길을 보여주기 위해 썼습니다. 사장님의 뜨거운 열심에 현명한 지식이라는 지렛대를 더하십시오. 그때 비로소 사장님의 식당은 죽지 않고 살아남을 것이며, 사장님의 인생은 분명 달라질 것입니다.

이 책을 덮을 때쯤에는 더 이상 "어떻게 매출을 올리지, 어떻게 장사를 하지"를 걱정하는 대신 "어떻게 시장을 독점할까"를 고민하는 사장으로 변모해 있을 것이라 확신합니다. 지식을 통해 부자가 되는 것은 행동하는 자의 몫입니다. 지금 당장 이 책이 제시하는 통찰과 실행의 길을 걸으십시오.

사장님의 위대한 생존과 성공을 응원합니다!

목차

5장. 싸게 팔면 끝이다. 브랜드로 1등 하는 전략

6장. 검색 순간, 식당의 운명이 갈린다

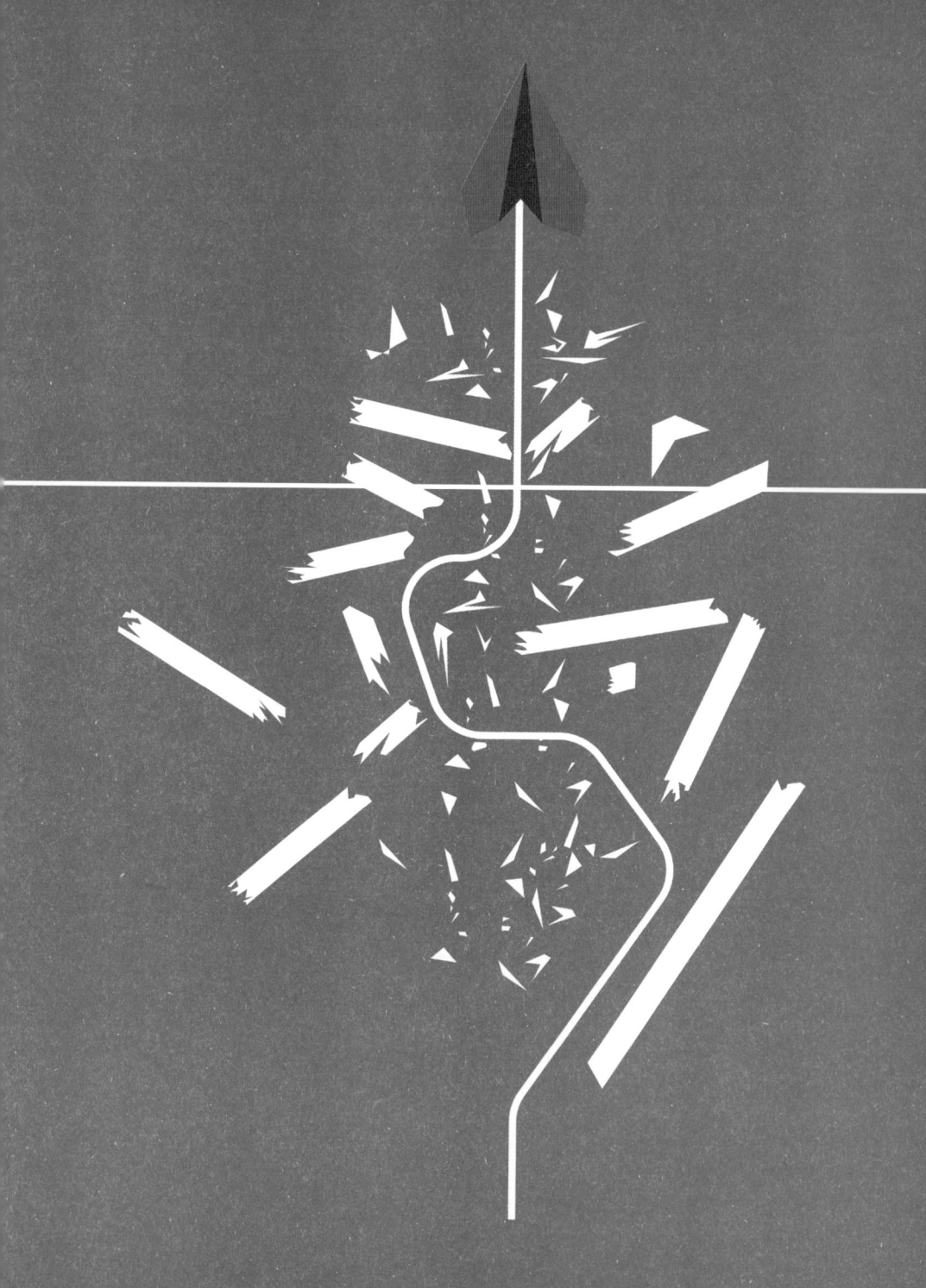

1장
태도가
식당을 살린다

100만 폐업 시대,
살아남는 단 하나의 방법

코로나가 끝나면 상황이 나아질 것이라는 기대가 있었다. 하지만 현실은 정반대였다. 경제 지표를 보면 위기감이 더욱 커진다. 2025년 1분기 GDP 성장률은 -0.246%로 마이너스 성장을 기록했다(출처: 한국은행). 청년 고용률은 41.3%로 12개월 연속 하락세를 보이며 미래 성장 동력마저 흔들리고 있다는 신호를 보내고 있다(출처: 통계청, 2025년 4월). 서민들의 삶이 나아질 리 없는 상황이다. 신용불량 개인사업자는 1년 새 28.8% 증가했다는 금융감독원의 통계가 이를 뒷받침한다. 소상공인 폐업률은 연간 100만 건에 달하며(출처: 국세청, 2024년) 대한민국 전역에서 공실률이 증가하는 추세다. 지역에 따라 상권 내 공실률이 20%에서 50%를 넘는 곳도 있다. 소상공인들은 이제 벼랑 끝에 몰렸다.

하루도 쉬지 않고 일해도 이익을 내기 어려운 현실이다. 어떤 식당은 "아무리 노력해도 절망에서 벗어나기 어렵다"라고 말한다. 지역 경제를 지탱해 온 자영업자들이 무너지고 있으며, 이는 비상사태 수준의 위기다. 하지만 이 상황을 다르게 바라보는 시각도 필요하다. 경제 침체로 많은 식당이 문을 닫고 있지만 그 와중에도 매일 긴 줄을 서는 식당이 존재한다. 어려운 경제 상황에도 불구하고 높은 가격대의 오마카세 식당은 한 달 혹은 1년 치 예약이 마감된다. 소비력이 떨어졌다고 하지만 명품 신제품 출시일에는 밤새 줄을 서는 풍경이 여전히 이어지고 있다. 어떻게 설명할 수 있을까? 이들은 왜 외부의 영향을 받지 않고 지속적으로 성장할 수 있을까? 연간 100만 건의 폐업 속에서도 살아남는 식당들이 그 비밀을 알게 된다면, 같은 위기 속에서도 생존할 수 있을 것이다.

그 비밀은 거창한 것이 아니다. 이미 성공한 사람들과 브랜드들이 이를 공개하고 있으며, 지금도 서점·인터넷·SNS를 통해 누구나 접근할 수 있다. 하지만 대부분은 이를 무시하거나 알아도 실천하지 않는다. 끝까지 살아남는 식당들은 사소한 것이라도 끊임없이 시도한다. 미디어는 "앞으로 점점 더 어려워질 것"이라는 전망만 내놓고 있다. 하지만 그렇다고 먹고사는 문제를 포기할 수는 없다. 또한 분명한 사실은 어떤 상황에서도 1등과 꼴등은 존재한다는 점이다. 살아남고자 한다면 1등이 존재한다는 사실을 믿는 강한 의지를 가져야 한다. 그 의지가 있어야 풀리지 않던 실타래를 풀고 생존장사의 실마리를 찾을 수 있기 때문이다.

생존의 핵심, 생각의 태도를 바꿔라

의지가 준비되었다면 이제 사고방식을 바꿔야 한다. 부정적인 생각은 전염성이 강하다. 반대로 긍정적인 사고는 주변을 변화시키는 힘이 있다. 억지로라도 긍정적인 태도를 유지해야 해결책을 찾을 수 있다. 부정적인 사고는 변명만 찾게 만들 뿐이다. 나 역시 처음에는 부정적인 생각으로 가득했다. 텅 빈 식당에서 TV 예능을 보며 "경기가 나쁘니 장사가 안 되는 건 당연하다"라고 스스로를 합리화했다. 월세를 감당하기 힘들어 허덕이면서도 모든 문제를 외부 탓으로 돌렸다. 그러던 어느 날, 한 권의 책을 읽으며 작은 깨달음을 얻었다. "생각을 바꿔야 한다. 즉, 나부터 변화해야 모든 것이 달라질 수 있다." 부정이 아니라 긍정을 믿어야 한다. 그래야 비로소 나 자신을 바꿀 수 있는 틀이 마련된다. 이 깨달음이 지금의 식당과 나를 성장시킨 원동력이 되었다. 나는 "식당은 곧 사장이다"라고 말한다. 식당이 활기가 넘치는 것은 사장 때문이며, 식당이 장사가 안 되는 것도 외부 환경이 아니라 사장의 태도 때문이다. 모든 것을 바꿀 수 있는 사람은 오직 사장 자신이다.

80을 바라보는 사장에게 배우는 '진짜' 생존 전략

몇 년 전, 인천에서 한 분이 나를 찾아왔다. 평생을 식당에 바쳐왔지만 이제는 운영이 힘들다며 어려움을 호소했다. 나는 조심스럽게 물었다. "몇 년 뒤면 연세가 80이 될 텐데, 이제는 식당을 그만하고 편히 쉬는 게 어떠세요?"

그때 사장은 흐트러짐 없는 목소리로 이렇게 답했다.

"내가 살면서 장사다운 장사를 해보지 못했다. 한 번쯤은 신명나게, 정말 재미있게 장사해보는 게 내 목표다. 그런데 방법을 도통 몰라서 찾아왔다."

그 한마디는 내 생각을 바꿔놓았다. 단순히 돈을 벌기 위해서가 아니라 평생의 업에 대한 마지막 열정과 진심이 느껴졌기 때문이다. 나는 상권 분석과 문제점을 검토한 뒤 업종 전환을 권했다. 대부분의 사장은 두려움에 "무리다. 못하겠다"는 답을 한다. 하지만 이분은 망설임 없이 "그렇게 하겠다!"라고 답했다. 그 순간, 나는 이분이 진심이며 어떤 어려움도 헤쳐 나갈 것이라는 확신을 가졌다.

몇 달 동안 아귀찜 식당을 쭈꾸미 전문점으로 바꾸는 과정은 쉽지 않았다. 하지만 결과는 놀라웠다. 식당은 다시 활기를 찾았고 지금도 그 연세에 걸맞지 않는 열정으로 현역에서 장사를 이어가고 있다.

무엇보다 그 이후의 모습이다. 유료·무료 강의를 가리지 않고 찾아 듣고, 하루에 2~3개의 글을 블로그에 꾸준히 올리며 고객과 소통하고, 외식·마케팅 관련 서적을 읽으며 배운 것을 지체하지 않고 곧바로 실행에 옮겼다.

지금 이 글을 읽는 사장에게 묻고 싶다. 젊다는 이유로, 바쁘다는 핑계로, 혹은 돈이 없다는 핑계로 이 80세 노장 사장보다 더 '절박하게' 배우고 '과감하게' 실행하고 있는가? 나이·경험·재능 그 무엇도 핑계가 될 수 없다는 것을 이 노장 사장은 몸소 증명하고 있다. 식당을 살리는 힘은 타고난 재능이나 특출난 운이 아니다. 오직 배우고, 그 배움을 끊임없이 자신의 식당에 실행하는 태도에 달렸다.

　망하는 식당과 줄 서는 식당을 가르는 능력은, 압도적인 실행력이다. 이 노장 사장이 보여준 생존의 길은 바로 여기에 있다. 식당이 폐업하지 않고 생존을 넘어 지속적으로 성장하려면 반드시 사장의 생각과 태도가 변화해야 한다. 다시 말해, 식당이 무너지지 않는 생존의 비밀은 사장의 태도에서 시작된다. 의심하지 마라. 누구나 줄 서는 식당의 사장이 될 수 있다. 단, 잘못된 태도만 바꾼다면.

모든 건 외부 탓이 아니라는 걸 몸소 보여주고 있는 80세
주연쭈꾸미 사장님은 매일 같이 블로그에 장사에 대한 글을 쓰고 있다

이젠
생존 계획서부터 써라

▌ '코로나 같은 것'은 또 온다! '생존계획서'를 써라!

식당 창업을 꿈꾸는가? 아니면 지금도 쉴 없이 돌아가는 주방에서 치열한 하루를 보내고 있는가? 많은 사장이 성공적인 창업을 위해 꼼꼼한 사업계획서를 작성한다. 예상 매출, 손익분기점, 마케팅 전략, 입지 분석, 메뉴 구성, 인테리어 콘셉트까지 꼼꼼하게 준비한다. 사업계획서를 작성하면서 대부분은 테트리스 블록처럼 딱딱 맞아 들어가는 숫자들을 계산하며, 식당으로 성공하는 '장밋빛 미래'를 상상한다.

나는 『무패장사』를 통해 사업계획서의 중요성에 대해 강조한 바 있다. A4용지 반 장이라도 좋으니 어떤 식당을 만들겠다는 것 정도라도, 성공에 가까워지려면 반드시 작성해야 한다고 말이다.

하지만 단 몇 년 만에 기준이 달라졌다. 우리가 지금 몸담고 있거나 뛰어들려는 곳은 바로 '대한민국 외식업'이라는 극한의 레드오션이다. 매년 18만 명이라는 사업자등록증이 발급되고 동시에 그보다 더 많은 19만 명이 쓸쓸히 문을 닫는 것이 냉혹한 현실이다. 이제 가장 중요한 건 '대박 성공'이 아니라 "나는 이 시장에서 살아남을 수 있는가?"라는 물음이다. 결국 가장 중요한 것은 '살아남아 생존하는 것'이다.

나는 이 치열하고 경기 침체 속에서 식당이 끝까지 살아남기 위해 '사업계획서'와 함께 '생존계획서'가 필요하다고 단언한다. 생존계획서는 식당을 살리는 보험이자, 위기의 순간을 현명하게 넘길 결정적 해법이 될 것이다.

▌ 방심하지 마라. '코로나 같은 것'은 또 온다.

"메뉴만 좋으면 되겠지?", "친절하게 하면 단골이 늘겠지?"라는 막연한 기대로는 이 레드오션에서 단 하루도 버티기 어렵다. 경기가 갑자기 얼어붙거나, 예상치 못한 전염병이 터지거나, 경쟁 식당이 바로 옆에 생겨나는 등 자신이 통제할 수 없는 수많은 암초가 도사리고 있다.

대부분의 사업계획서는 '목표 매출 달성 시 이익', '손익분기점', '투자 대비 수익률(ROI)' 등 성공 시나리오에만 초점을 맞춘다. 여기서 문제는, 실패할 것 같을 때 '어떻게 할지'를 구체적으로 계획하지 않는다는 것이다. 그저 망했을 때 접는 것 외에는 답이 없다고 생각하게 만든다. 생존계획서는 바로 이 지점에서 출발한다. 즉, 닥쳐올 모든 위기를 미리 시뮬레이션 하고, 그런 상황을 어떻게 이겨낼 것인지 대비책을 마련하는 것이다.

예) 최악의 상황 시나리오

- 월 매출이 예상보다 50% 낮을 경우
- 악플 리뷰가 쏟아질 경우
- 핵심 직원이 갑자기 그만둘 경우
- 주변에 강력한 경쟁 식당이 생길 경우
- 원재료 가격이 급등할 경우

이처럼 예측 불가능한 시장의 변수나 트렌드, 더 나아가 코로나와 같은 재난이 또 온다고 가정했을 때 어떤 전략을 쓸 것인지 미리 예측하고 작성하는 것, 그것이 바로 생존계획서다.

여기서 하나 더, '비상시 자금 운용 계획서'는 생존계획서의 필수 항목이다.

비상시 자금 운용 계획서의 포함 내용

비상시 사용할 자금의 출처와 규모
- 사용 우선순위: 급여 → 재료 → 임대료 → 마케팅(필수 경비 우선)

- 자금이 바닥날 경우의 대안: 비상 대출, 투자 유치, 협력
  방안 등
- 최소 3~6개월 치 고정비를 버틸 수 있는 비상금 마련

성공한 사장은 성공만 꿈꾸지 않는다. 실패의 위기에 대비하며 가장 단단한 갑옷을 입는 데 집중한다. 외식업은 메르스, 사스, 코로나 등과 같은 많은 어려움을 겪었다. 특히 너무 오랜 시간 코로나를 정면으로 부딪히면서 많은 것을 깨달았다. 코로나가 외식업에 끼친 영향 중 가장 중요한 것은 시작도 하기 전에 대비해야 한다는 것이다. 방심하지 마라. '코로나 같은 것'은 또 온다.

사업계획서가 식당의 '뇌'라면, 생존계획서는 식당의 '심장'이다. 뇌가 아무리 훌륭한 아이디어를 내더라도 심장이 멎으면 모든 것은 끝난다. 성공한 식당 사장들은 단순히 운이 좋아서 살아남은 것이 아니다. 그들은 보이지 않는 곳에서 끊임없이 최악의 상황을 대비하고, 닥쳐올 위기를 예측하며 현명하게 이겨낼 준비를 한다.

달콤한 성공의 꿈은 잠시 미뤄두고, 먼저 자신의 식당이 어떤 상황에서도 꺾이지 않는 단단한 생존계획을 작성해야 한다. 이제 식당은 손익분기점이 아닌 '생존분기점'을 계산해야 한다.

식당의 운명,
사장의 태도에서 결정된다

　식당을 창업하는 사람들 가운데는 '나는 다를 거야'라는 자신감으로 시작하는 경우가 많다. 요리에 자신 있고, 손님을 잘 대접할 준비도 되어 있다고 믿으며, 고객이 원하는 건 뭐든 맞춰주고 불편함 없이 운영하겠다는 각오로 식당 문을 연다. 열심히만 하면 좋은 결과가 올 것이라고 굳게 믿고 말이다.

　하지만 현실은 냉정하다. 그렇게 밤낮없이 뛰었음에도 불구하고 많은 식당이 문을 닫는다. 버티더라도 2~3년을 넘기기 어렵고, 왜 실패했는지조차 모르는 경우가 많다. 결국 "운이 없었다"는 말로 실패의 이유를 포장한다.

　이렇게 누군가는 폐업을 하고, 또 다른 누군가는 희망을 안고 새 식당을 연다. 끝없이 반복되는 외식업의 순환. 그 구조 안에서 이제는 '망한 식당'이 아닌, 살아남은 식당에 눈을 돌려야 할 때다.

흔히들 성공한 식당은 자본금이 많거나, 인테리어가 럭셔리하거나, 상권이 좋거나, 음식 맛이 뛰어나서라고 단정하거나 착각하기 쉽다. 하지만 이런 요소들은 누구나 따라 할 수 있다. 진짜 핵심은 거기에 있지 않다. 성공을 결정짓는 본질은 바로 '사장의 태도'에 있다.

생존하지 못하는 식당 사장의 공통된 태도는 무엇일까?

- 시장의 변화에 둔감하고 과거 방식만 고수한다.
- 고객의 피드백에 방어적이거나 무시한다.
- 문제를 직원·손님·경기 탓으로 돌린다.
- "나는 요리만 잘하면 된다"는 착각에 갇혀 있다.
- 실행보다 의심이 앞서고, 항상 '망설임'이 선택을 가로막는다.

이런 태도는 결국 다음과 같은 결과로 이어진다.

- 트렌드 변화에 뒤처지고 손님은 점점 줄어든다.
- 직원은 떠나고 리뷰는 악화된다.
- 경쟁 식당은 끊임없이 진화하는데 나만 제자리에 선 느낌이다.
- 끝내 "운이 없었다"는 말로 실패를 합리화하게 된다.

이와 같이 부정적이며 바뀌지 않은 태도, 그게 실패의 시작

신호다. 그렇다면 성공하는 사장의 태도는 무엇일까?

- 자신의 부족함을 인정할 줄 안다.
- 배우고자 하는 마음이 열려 있다.
- 두려워도 실행한다.

한 번은 이런 고민에 빠졌었다.

"어두운 밤, 내 식당 간판이 멀리서도 잘 보이게 하려면 어떻게 해야 할까?"

답을 찾지 못해 막막하던 어느 저녁, 아내와 함께 국도를 달리던 중이었다. 저 멀리서 환하게 빛나는 간판이 눈에 띄었다. 그 순간 "이거다" 싶어 차를 유턴해 그 식당으로 향했다. 혹시라도 무례하게 보일까 봐 조심스러웠지만 절박했다. 살고자 했다. 문전박대를 당하더라도 상관없었다. 나는 고개를 숙이고 정중히 말했다.

"저는 천안에서 외식업을 하는 사람이고, 무슨 이유 때문에 왔는지 말씀드리고자 합니다."

그 식당 사장은 나를 조용히 바라보더니 자신은 식당 경력이 40년이 넘었다는 이야기와 함께, 흔쾌히 간판의 구조와 장단점을 설명해주었다. 형광등과 LED 투광기의 차이, 배경색이 간판 노출에 미치는 영향까지 아주 상세하게. 그날 덕분에 나는 간판에 대해 고민하던 많은 부분을 단숨에 해결할 수 있었다.

지금 돌이켜보면 사소해 보일 수 있는 일이었다. 조금만 검색해도, 누군가는 이미 알고 있었던 정보였을 수도 있다. 하지만 그때의 나는 간절했고, 절박했다. 그리고 무엇보다 망하고 싶지 않고 살고 싶었다.

그 식당 사장이 해준 마지막 말은 지금도 마음 깊이 남아 있다.

"그런 태도라면, 식당 분명 잘될 겁니다."

그 말 이후, 나는 식당이란 결국 사장의 태도가 만든다는 걸 다시 한번 알게 되었다.

성공하는 식당 사장이 가슴에 새기는 불변의 원칙들이 있다.

- "공부하지 않는 사장은 결국 손님에게 외면당한다."
- "의심하고 미루는 사이, 옆 가게는 실행하고 성장한다."
- "운이 없어서 망한 게 아니라, 태도가 망하게 만든 것이다."
- "사장은 리더다. 리더가 배우지 않으면, 식당은 멈춘다."

이것이 바로 아무리 환경이 어려워도 살아남는 식당의 기본 태도다. 망하지 않으려면 지금 당장 바꿔야 하는 것은 그 무엇보다 사장의 태도다. 창업을 앞두고 있다면 실행보다 앞서야 할 것은 공부다. 왜냐하면 충분히 배우고 준비해도 여전히 어려운 것이 외식업이니까. 결국 식당의 운명은 사장의 태도에 따라 결정된다. 포기하는 사람은 늘 변명을 찾고, 살고자 하는 사람은 반드시 방법을 찾는다.

공부하는 사장이 만든
식당은 다르다

대한민국은 식당이 유독 많은 나라다. 이웃 나라 일본보다도 더 많은 식당이 존재하고, 인구 70명당 식당 하나꼴이라는 통계는 과포화된 외식 시장을 잘 보여준다. 이런 환경에서 손님 한 명에게 선택받는 일은 결코 쉽지 않다. 마치 전쟁터에 나간 병사처럼 살고자 애쓰고, 치열한 경쟁을 통과해야 내 식당이 '고객의 한 끼의 목적지'가 된다.

그렇다면 우리는 어디에 시선을 두어야 할까. 바로 고객에게 지속적으로 선택받는 식당이다. 왜 그 식당만 유독 사람들이 몰리는가, 그 이유를 관찰해야 한다. 표면적으로는 인테리어나 메뉴 구성, 서비스 등이 떠오른다. 하지만 이것들은 대부분 겉으로 드러난 것들이다. 누구나 흉내 낼 수 있고, 금세 따라 할 수 있는 것들이다. 그 안에 숨어 있는 본질적인 차이는 대개 보이지 않는다. 바로 사장님의 '꾸준한 식당 공부'다.

예전엔 단순했다. 맛있게 요리하고 손님에게 정성껏 대접하면 자연스럽게 단골이 생겼고, 입소문은 알아서 퍼졌다. 하지만 지금은 다르다. '맛있다'는 기준은 이미 상향 평준화되었고, 웬만한 맛집은 어디서든 쉽게 찾을 수 있다. 더욱이 배달 앱과 SNS가 시장을 장악하고, 매일 수십 수천 개의 맛집 콘텐츠가 온라인과 오프라인을 넘나들며 쏟아진다. 이 격변하는 시장에서 살아남으려면 식당 사장은 반드시 '공부'를 해야 한다. 선택 사항이 아닌, 생존을 위한 필수 조건이다.

아무리 힘든 상황 앞에서도 살아남는 식당들은 공통적으로 '배움'에 집요하다. 고객 리뷰를 꼼꼼히 분석하고, 트렌드를 읽으며, 심지어 SNS 알고리즘까지 공부해 자영업 콘텐츠 운영을 위한 강의에 참여하는 사장님도 적지 않다. 요리만 잘해서는 안 된다. 콘텐츠 기획자, 데이터 분석가, 심지어 고객 감정을 읽는 심리학자의 감각까지 요구되는 시대다.

고객의 자리 배치부터 주방 동선, 메뉴판 구성까지 디테일한 전략이 필요하다. 점심 피크 시간에 맞춰 주방을 재구성하고, 반복 주문을 유도할 수 있는 메뉴 구조를 기획하며, 고객 체류 시간을 고려한 동선 개선도 이루어져야 한다.

실제로 요즘 자영업 커뮤니티에는 '식당 마케팅 분석법', '리뷰 데이터 통계 읽는 법', '요식업 인플루언서 협업 전략' 같은 강의들이 활발히 이뤄지고 있다. 이 흐름은 단순한 유행이 아니다. 장사는 이제 감각이 아니라 전략으로 접근해야 할 분야라는 강한 신호다. 나 역시 이를 절감했다. 공부를 시작하고 나서야 비로소 알게 된 것이 있다.

고객은 단지 음식의 맛뿐 아니라, 그 음식이 탄생하게 된 스토리와 사장의 생각과 철학에 더 많은 관심을 가진다는 것이다. 그래서 나는 생각을 글로 적어 코팅해 화장실 벽에 붙였다. 고객이 혼자 집중해 볼 수 있는 가장 좋은 공간이라 생각했기 때문이다. 그리고 그 반응은 아직도 선명히 기억에 남아 있다. 이 사례는《무패장사》43페이지에도 수록되어 있다.

놀랍게도, 음식은 그대로였지만, 공부하고 실행한 이후 매출은 분명히 오르기 시작했다. 내가 만든 음식은 그대로였지만, 바뀐 건 나의 관점이었다. '공부해야 한다'는 태도와 생각이 달라졌기 때문이다.

장사는 감이 아니다. 지식과 전략 기반의 구조적 접근만이 생존 확률이 높아진다. 그래서 공부하는 사장님들은 반복해서 질문한다.

- 우리 가게에 오는 손님은 누구인가?
- 왜 왔고, 왜 다시 오지 않는가?
- 내가 오늘 배우고 고쳐야 할 것은 무엇인가?

이 질문들 앞에서 "그냥 음식만 잘하면 된다"는 생각은 무력하다. '맛'은 기본이다. 그 이후부터가 진짜 경쟁이다. 음식 사진 하나, 종업원의 말투, 포장지 색상까지 모두가 설계 요소가 된다. 디테일의 싸움이다.

이제 식당은 음식을 파는 곳이 아니라, 고객 경험을 설계하고 관계를 유지하는 복합 플랫폼이 되었다. 식당 사장님은 요리사이자 기획자, 홍보 담당자이자 데이터 분석가다. 매월 한 번은 리뷰 통계를 분석하고, 분기별로 SNS 콘텐츠 전략을 점검하며, 직원들과 고객 만족 회의를 여는 것도 좋은 첫걸음이 될 수 있다. 배움 없는 장사는 점점 한계에 직면할 수밖에 없다. 그리고 그 중심엔 배우는 사장님이 있다. 식당이 곧 강의실이고, 사장님은 그곳에서 매일 실험하고 성장하는 실천자다. 지금은 누구나 어렵다. 하지만 배우고 움직이는 사장님만이 위기를 기회로 바꾼다.

입으로만 절박한가? 식당을 살리는 '공부하는 사장'의 실천 전략

꼭 그 식당 가서 먹어야 하는 명확하고 분명한 이유, 그것이 바로 가치다

흔한 짜장면, 짬뽕을 먹더라도 그 중국집을 가야 한다. 국밥이 당길 때도, 비 오는 날 칼국수와 파전이 생각날 때도, 그 많은 삼겹살집 중에서도 잘되는 집은 따로 있다. 조금 멀리 있다고 해도 귀찮은 내색 없이 기꺼이 가서 먹겠다는 신념으로 고객은 어디든 간다. 조금만 더 관찰력 있게 살펴보면 많고 많은 식당들이 비슷하게 고객을 모으고 고만고만하게 매출을 올리는 것 같아 보이지만, 그중에서 잘되는 식당은 계속 잘된다. 외부 요인(경기 탓) 없이 항상 잘된다는 것을 인정하자. 우리가 알아야 할 것은 고객은 아무 곳이나 가서 먹지 않는다는 사실이다.

고객의 지갑은 가치가 충분한 식당에서만 열린다. 돈이 아깝지 않은 식당, 충분한 가성비와 가치를 주는 식당만이 돈을 벌고 생존하고 오래간다. 이 글을 읽으면서 부정하거나 아니라고 말하지 말자. 우리도 대부분 그런 식당을 찾고 비교하고 방문하지 않는가.

급변하는 시장의 트렌드는 쏜살같이 빠르게 진화하고 있다. 손님들의 날카로운 선택 앞에서 식당이 살아남을 수 있는 길은 단 하나다. 바로 '가치'를 만들기 위한 식당 생존 조건인 '공부'를 시작하는 것이다. "맛만 있으면 된다"는 시대는 지났다. 지금의 고객은 오감을 만족시키는 경험과 가치를 찾아 움직인다. 식당이 아무리 맛있어도 불편한 경험을 주고 시장 변화에 뒤처진다면 이미 망하는 길로 들어선 것이다.

공부는 식당의 '가치'를 발견하고, 만들고, 고객에게 전달하는 능력을 키운다. '내 식당에 꼭 와야 하는 이유'를 만들어내지 못하면 결국 고객의 선택에서 멀어질 것이 분명하다. 공부는 죽어가는 식당을 살리는 지식인 동시에, 새로운 기회를 발견하고 경쟁에서 앞서 나가는 유일한 무기가 된다.

어려운 상황을 잘 극복하고 전략적으로 성장시킬 그런 지혜. 현명하고 똑똑한 지혜는 어디에서 오는지 혹시 알고 있는가? 바로 지식에서 지혜를 얻을 수 있다. 공부를 통해 지식이 쌓이고, 그 지식을 통해서 적용과 실행을 통해 얻은 결과들이 또 겹겹이 쌓여 필요할 때 꺼내 쓸 수 있게 되면 그것이 바로 지혜다.

벤치마킹? 참 좋은 방법이고 경험이고 배울 수 있는 기회이다. 하지만 지식이 없다면 벤치마킹 가서 배울 수 있는 것이 거의 없다. 이유는 뭘 알아야 눈에 보이고, 그것이 어떤 작용을 하고 고객에게 어떤 영향을 끼치며 또 어떻게 매출까지 이어지는지를 알 수가 없기 때문이다.

공부를 통해서 지식이 있어야 벤치마킹을 가서도 좋은 것들을 배울 수 있고, 남들 눈에 보이지 않는 것들이 자신의 눈에는 보이기 때문이다. 자신의 식당을 냉정하게 판단하고 무엇이 잘못되었는지 알려면 그것 역시 지식이 필요하다. 지식 없이 판단하는 것은 망하는 지름길이다.

▌무엇을 공부해야 하는가?

많은 식당 사장들이 이 부분에서 방향을 잘못 잡고 공부를 하는 경우를 봤고, 그로 인해서 많은 시간을 허비하는 것을 봤다. 우선 식당에 관한 책을 읽을 것을 강력히 추천한다. 아니, 꼭 책을 읽어야만 한다. 앞으로 식당 공부를 하려면 우선 글을 읽는 습관이 필요하다. 글 읽기가 습관이 되어 있지 않으면 공부는 힘들어질 것이다.

공부해야 할 것이 너무 많다고 지레 겁먹을 필요는 없다. 아래 내용은 식당을 살리기 위해 반드시 공부하고 배우고 알아야 할 것들이다.

1. 식당 경영의 숫자: 손익 관리와 원가 분석

당신 식당이 얼마를 벌고, 얼마를 쓰며, 무엇이 새는 돈인지 명확히 알아야 한다. 원가율, 인건비 비율, 객단가. 장사는 감이 아니라 정확한 숫자로 움직이는 것이다. 돈의 흐름을 이해하지 못하면 밑 빠진 독에 물 붓기일 뿐이다.

2. 고객의 마음: 심리 마케팅과 경험 설계

고객은 왜 당신 가게에 오는가? 왜 떠나는가? 고객의 구매 심리, 행동 패턴을 이해하고, 어떻게 하면 고객에게 '이득의 감정'을 주고 '가지 마세요, 돈 아까워요'라는 분노를 주지 않을지 배워야 한다. (오모테나시 같은 고객 감동 디테일은 배워야 한다.)

3. 온라인 마케팅: 네이버플레이스와 SNS 마케팅

지금은 온라인이 곧 장사다. 네이버플레이스 관리법, 스마트콜 분석, 키워드 최적화(SEO), SNS 채널 운영법 등 온라인에서 당신 가게를 노출시키고 고객과 소통하는 방법을 알아야 한다. 온라인 마케팅은 더 이상 선택이 아닌 생존의 필수 조건이다.

4. 상권 분석: 장사의 시작과 끝

당신이 장사하는 '상권'을 이해해야 한다. 단순히 유동인구가 많다고 좋은 상권이 아니다. 어떤 유형의 고객이 얼마나 지나다니는지, 주요 경쟁 업체는 어디인지, 그들의 강점과 약점은 무엇인지 파악하라. 당신 가게의 주력 메뉴가 해당 상권에 적합한지, 앞으로 상권이 어떻게 변할 것인지 예측하는 능력은 장사의 성패를 좌우한다.

어디서 공부할 것인가?

공부할 곳이 없다고, 유료 강의 비용이 없다고 변명하지 마라. 이미 수많은 무료 자료와 검증된 전문가를 만날 수 있다. 우선 네이버가 제공하는 자료들을 '씹어 먹어라'.

1. 네이버 비즈니스 스쿨

플레이스 관리의 교과서다. 처음부터 끝까지 정독해라. 네이버가 자영업자들을 위해 운영하는 무료 온라인 교육 플랫폼이다. 네이버플레이스 활용법, 네이버 예약/주문 활용법 등 실질적인 온라인 마케팅 강의를 무료로 들을 수 있다. 식당 업무 때문에 시간 없다고 투덜거리지 마라. 스마트폰으로도 다 배울 수 있다. 성공 사례, 기능 활용 팁 등을 영상이나 글로 제공한다. 이걸 안 본다는 건 돈 벌 기회를 스스로 차버리는 것과 같다.

2. 유튜브에서 배워라

중요한 것은 진짜를 찾아야 한다는 점이다. 모두가 전문가라고 하는데 실제로는 그렇지 않은 경우가 많다. 그래서 내가

아는 검증된 3채널을 소개하자면

'김영갑교수TV', '중간계TV', '장전 김유진 아카데미'.

정말 많은 채널이 있지만 이 채널들은 진짜 전문가 채널이다. 밥 먹을 때 짬짬이 시간이 날 때, 스마트폰으로 이것저것 하지 말고 이런 채널들을 틀어 놓으라. 이 채널에서 알려주는 것들은 생생한 경영 수업이다.

3. 식당 경영과 마케팅 전문 서적

사장이라면 반드시 알아야 할 경영의 모든 것, 외식 트렌드 서적 등 다양하다. 나는 망하지 않기 위해 하루 3~4시간만 자면서 공부하고 적용하며 꼭 공부해야 할 것을 정리했다. 그리고 아래는 꼭 읽어야 할 도서 목록까지 공유한다. 내가 읽었던 수많은 책 중에 식당 생존을 위한 도서들만 추렸으니 꼭 읽어보길 강력히 권한다. 절판된 책들은 중고 서점에서 찾아 읽기를 바란다. 그리고 나의 책 '무패장사'도 함께 읽기를 권한다. 내가 현장에서 몸으로 부딪히며 얻은 시행착오와 깨달음, 그리고 생존을 위한 실질적인 방법들이 모두 담겨 있다. 당신도 할 수 있다는 희망을 줄 것이다.

도서명	저자(작가)
그대 스스로를 고용하라	구본형
세이노의 가르침	세이노
내가 공부하는 이유	사이토다카시
어느날 400억원의 빚을진 남자	유자와쓰요시

보랏빛 소가 온다	세스 고딘
육일약국 갑시다	김성호
마케팅 천재가 된 맥스	제프콕스
그래도 누군가는 대박가게를 만든다	김상훈
노희영의 브랜드 법칙	노희영
무기가 되는 스토리	도널드밀러
깨진 유리창 법칙	마이클 레빈
원씽	게리 W. 켈러
오모테나시 접객의 비밀	최한우
모든 비즈니스는 브랜딩이다	홍성태
배민다움	홍성태
좋아 보이는 것들의 비밀	이랑주
드위트리 스토리	하대석
꼭 안사셔도 괜찮아요	박현정
뇌 욕망의 비밀을 풀다	한스 게오르크 호이젤
몰입	황농문
마케팅 B 교과서	노기태
이.랜드 2평의 성공신화	차기현
장사는 전략이다.	김유진
고객의 80%는 비싸도 구매한다	무라마츠 다츠오
마케팅이다	세스고딘
누구나 카피라이터	정철
카피책	정철
성공창업을 위한 음식점 마케팅	김영갑
내 운명은 고객이 결정한다	박종윤
브랜드가 되어 간다는 것	강민호

변하는 것과 변하지 않는 것	강민호
평생직장 식당	이경태
논백경쟁전략	신병철
통찰의 기술	신병철
장사의 신	우노 다카시
마케팅 불변의 법칙	알 리스 와 잭 트라우트
MIX (믹스)	안성은
왜 일하는가	이나모리 가즈오
외식서비스 마케팅	김태희 , 윤지영 , 서선희

공부하는 요령과 노하우

실행하면서 배워라

배운 것을 즉시 당신 식당에 적용해 보고, 그 결과를 관찰하고, 다시 피드백하며 개선하라. 이론은 중요하지만 실천이 없다면 아무 소용 없다. 작은 시도라도 꼭 실행하는 게 중요하다.

매일 꾸준히 하라

하루 10분, 30분이라도 좋다. 매일 시간을 내라. 침대에 누워 휴대폰 보는 시간, 드라마 보는 시간을 조금만 줄여도 충분하다. 짧더라도 매일 쌓이는 공부가 당신을 전문가로 만든다. 나는 주방에 책을 두고 시간이 날 때마다 읽고 필기하고 요점 정리했다. 물론 지금도 그 습관은 여전히 잘 지켜지고 있다.

기록하고 분석하라

배운 내용과 당신 식당에 적용한 결과를 기록하라. 무엇이 효과 있었고, 무엇이 실패했는지 분석하라. 성공과 실패의 데이터가 쌓여 당신만의 노하우가 되고, 당신 식당은 강력한 지식 자산을 갖게 될 것이다. 참고로 블로그에 남기는 것을 추천한다.

고객의 입장에서 경험하라

다른 식당에 갈 때는 단순히 식사를 즐기는 것을 넘어, 고객의 입장에서 서비스, 맛, 분위기, 마케팅 등을 꼼꼼히 관찰하고 배워라. 당신의 식당으로 돌아와서 적용해 볼 부분을 찾아라.

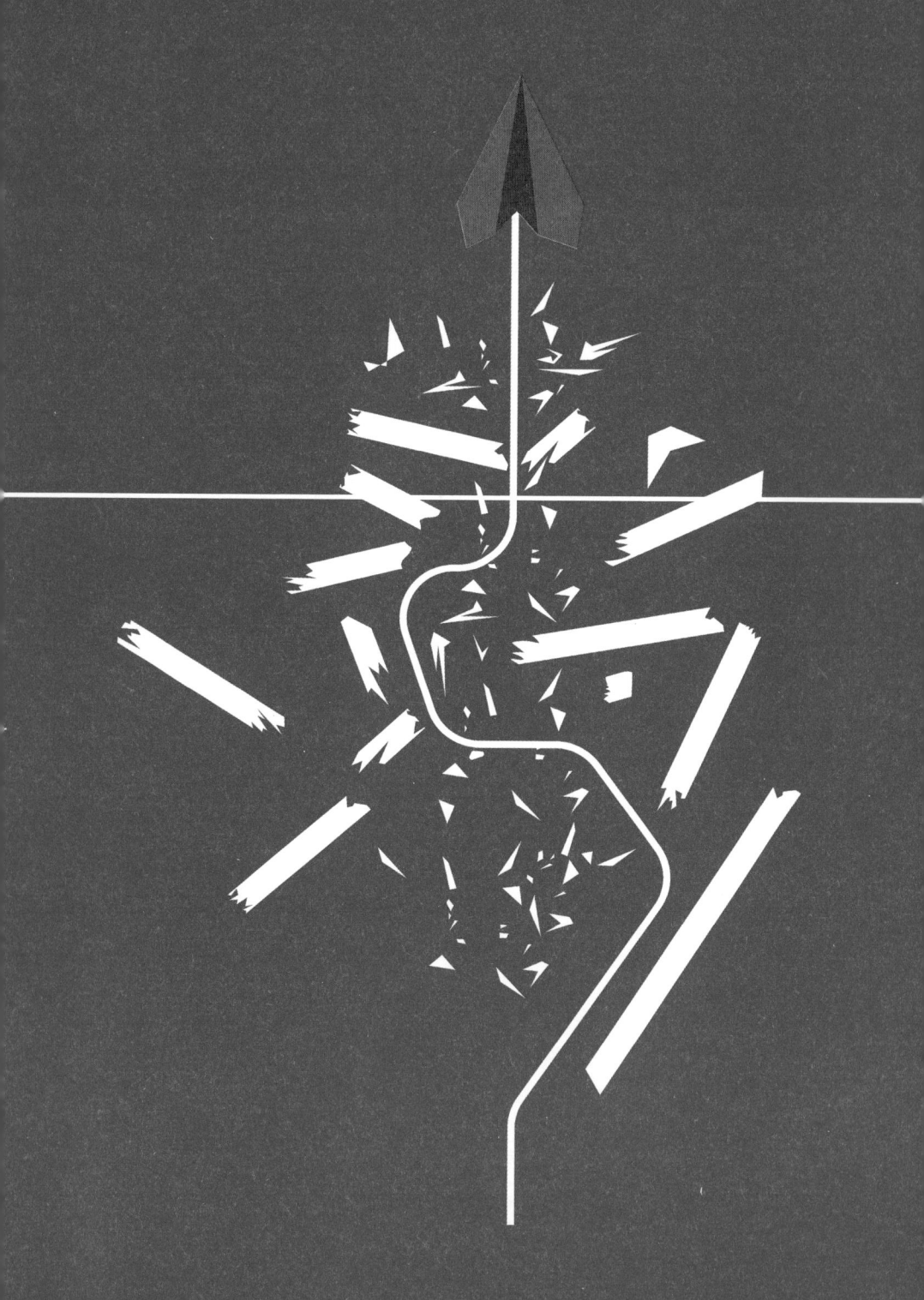

2장
죽지 않는 식당의
구조를 설계하라

살아남고 싶다면
작게 시작하라

화려한 인테리어, 넓은 홀, 웅장한 간판. 과거에는 이런 식당들이 '성공'의 상징처럼 여겨졌다. 번듯한 공간에 많은 손님을 채워야만 장사가 잘된다고 믿었다. 하지만 지금 외식업 시장이 어떻게 돌아가는지 정확히 알아야 한다. 이제 '크고 넓은' 식당들은 더 많은 위험을 감수해야 한다.

치열한 외식업 전장에서 식당이 살아남고 승리할 수 있는 방법 중 하나가 바로 '작은 평수, 작은 월세' 전략이라고 단언한다. '작은 것이 이긴다'는 역설적인 표현이 오늘날 외식업의 핵심 키워드가 되고 있다.

대한민국 외식업 시장은 '레드오션'을 넘어 살벌한 생존 경쟁의 현장이라 불릴 만하다.

2025년 세계일보 기사에 따르면 "2024년 폐업 자영업자 100만 명 넘어… 벼랑 끝 내몰리는 자영업자, 올해도 '불안불

안""이라는 기사에서 보듯, 100만 명 폐업이라는 통계자료가 피비린내 나는 전쟁터라는 것을 확연히 보여준다. 창업한 식당 10개 중 약 9개가 5년 내에 폐업한다.

수많은 식당이 버티지 못하고 문을 닫는 이유를 분석해 보면 가장 큰 원인은 '높은 고정비'다. 그중에서도 특히 '임대료'는 식당의 목을 죄는 가장 강력한 올가미다. 큰 평수의 식당은 그만큼 임대료, 관리비, 인테리어 비용 등 초기 투자 비용이 천문학적으로 불어나고, 이는 고스란히 매월 부담해야 하는 고정비로 이어진다. 매출이 예상만큼 나오지 않는 순간, 이 높은 고정비가 식당을 빠르게 파산으로 내모는 결과로 이어진다.

높은 고정비의 리스크를 줄인 '작은 평수, 작은 월세' 식당은 코로나 이후 더더욱 약점이 아닌 가장 강력한 무기가 된다. 그 이유를 지금부터 살펴보자.

압도적으로 낮은 고정비, 말 그대로 생존의 핵심이다

낮은 임대료는 곧 매월 당신의 숨통을 조이는 부담을 최소화한다. 적은 평수는 인테리어 비용, 전기/수도/가스 요금, 심지어 인건비(적은 홀 직원으로 운영 가능)까지 전반적인 고정비를 대폭 줄여준다. 이런 구조가 되면 매출이 조금만 나와도 손익분기점을 넘기 쉬워진다. 결국 적게 벌어도 적자를 보지 않고 버틸 수 있는 '생존 마진'을 확보하게 한다.

핵심 역량에의 집중

공간이 작다는 것은 '선택과 집중'을 강제한다. 쓸데없이 메뉴를 늘리거나 화려한 서비스에 치중하기보다 '가장 잘하는 것'에 모든 에너지를 쏟게 만든다. 극강의 맛, 시그니처 메뉴 개발, 차별화된 고객 경험 등 식당의 본질적인 경쟁력 강화에 집중할 수 있는 환경이 조성된다.

위기 상황에 민첩한 시장 대응력. 작은 식당은 변화에 빠르고 유연하게 대응할 수 있다. 시장 트렌드가 바뀌거나 고객 니즈가 변화하거나, 심지어 '코로나19'와 같은 예상치 못한 재난이 닥쳤을 때도 큰 평수 식당보다 메뉴 변경, 운영 방식 전환(예: 포장/배달 전문화), 인테리어 리뉴얼, 심지어 이전까지 모든 변화를 빠르고 효율적으로 진행할 수 있다.

개인화된 고객 경험과 관계 구축

작은 공간에서는 사장이나 직원이 고객과 더욱 긴밀하게 소통할 수 있다. 단골 고객의 이름이나 취향을 기억하고, 작은 서비스 하나하나에 진심을 담아 개인화된 경험을 제공하기 좋다. 그래서 고객의 기억에 남는 식당이 된다. 이런 점은 강력한 팬덤을 만들 수 있고 긍정적인 '입소문'의 불씨가 된다.

코로나 이후 세상은 달라졌다. 작은 식당이 성공하는 사례는 차고 넘친다. 화려한 홀 대신 '카운터 다이닝' 형태로 운영되는 작은 오마카세 스시집이나 소고기 전문점들이 대표적인 예다. 이들은 대부분 좌석 수가 적고 평수가 작지만, '최고의 식자재', '셰프의 숙련된 기술', '몰입감 있는 경험'에 모든 것을 집중한다. 비싼 가격에도 불구하고 예약 없이는 방문조차 힘든 경우가 허다하며, 높은 객단가와 효율적인 운영으로 높은 수익률을 기록한다.

또한 샤브샤브 하면 자연스럽게 대형화된 식당이 생각나지만 이제는 12평 샤브샤브 식당도 많으며, 경쟁 점심 특화 메뉴, 빠른 회전율, 키오스크 도입으로 주문 효율화, 특히 월세 대비 매출 효율이 높다는 강점이 있다.

찾기도 어려운 골목 속 작은 식당들 중에서도 줄 서는 맛집들이 많다. 이들은 '입지'의 불리함을 '독창적인 맛', '사장의 스토리', '특별한 분위기' 등 차별화된 가치로 극복한다. 비싼 임대료 대신 품질과 서비스에 투자하고, 고객과의 친밀한 관계를 통해 '나만 아는 특별한 곳'이라는 인식을 심어주며 강력한 입소문을 만들어 낸다.

그렇다면 지금 운영 중인 식당은(큰 평수, 높은 임대료) 어떤 생존 전략을 써야 할까? 전략적 다운사이징(축소)을 고려해야 한다.

고정비 감축

매출보다 고정비 비율을 먼저 분석하고, 필요 없는 공간과 인건비, 메뉴를 줄이고 핵심만 남기는 구조로 재설계해야 한다. 참고로 나는 어려운 시기에 가장 먼저 실행한 전략이었다. 식당에서 고정으로 나가는 렌털비를 줄이고자 정수기 필터 교체 등 병역은 직접 하고, 식당 내 CCTV는 스마트폰 연결이 가능한 홈캠으로 변경했다. 이 밖에도 렌털로 수십만 원에 달하는 고정비를 줄여 0원에 가깝게 만들었다.

콘셉트를 좁히고 전략적 축소 실행

'모든 고객'을 잡으려 하지 말고 자신의 식당에 맞는 목표 타깃층을 설정하는 게 좋다.
예: 혼밥족, 직장인 점심, 테이크아웃 고객

운영 효율화

- 키오스크, 자동화, 메뉴 단순화.
- 직원 교육과 함께 시스템 중심으로 운영
- 복잡하거나 주문이 저조한 메뉴를 줄이고, 가장 자신 있고 고객 만족도가 높은 시그니처 메뉴에 집중하여 원가 및 관리 효율을 높이는 게 중요.

이제 외식업 시장은 더 이상 '크고 화려한 공간'으로 승부할 수 있는 시대가 아니다. 생존을 원한다면 전략적 축소는 선택이 아니라 필수다. 작은 평수, 작은 월세, 좁혀진 목표 고객 타깃, 집중된 운영 효율성은 약점이 아니라 무기다. 고정비를 줄이고, 핵심에 집중하고, 고객과 더 가까워지는 구조를 만들면 식당은 더 단단해지고 더 오래 살아남는다. 그리고 그 생존은 곧 브랜드의 시작이 된다.

비비고 만두보다 맛있으면 식당 차려라

　100만 식당 폐업의 시대. 다른 의미에서는 경쟁자가 줄어들고 있다고 봐도 된다. 70명당 하나의 식당이 존재하는 것이니 준비 없이 창업한 거라면 사라지는 것이 살고자 인생을 걸고 장사하는 입장에서는 올바른 것인지도 모른다.

　하지만 사라지는 쪽이 과연 준비 없이 식당을 창업한 쪽에서만 벌어지는 일이라고 생각하면 큰 자만이자 오산이다. 그래서 100만 폐업이라는 결과가 과연 불안한 경기 때문은 절대 아니라고 자신 있게 말하고 싶다.

　지금 현재 식당 사장님, 혹은 사장님을 꿈꾸는 예비 창업자에게 묻고 싶다. 본인이 만드는 음식에 대한 근거 없는 '자신감'에 취해 있지는 않은가?

　"우리 엄마 음식 맛있으니까", "나는 요리에 자신이 있어서", "우리 식당 음식은 맛으로 승부한다"라는 막연한 믿음 하나로,

오늘도 너무나 쉽게 '식당 창업'이라는 핏물 가득한 레드오션 전쟁터에 뛰어들거나 창업을 준비하고 있는 분이 너무 많다는 게 문제다.

'맛있으면 통하는' 시대는 끝났다! 당신의 식당은 '비비고 만두'를 넘어설 수 있는가?

오늘날의 외식업은 더 이상 '맛있으면 통하는' 만만한 시장이 절대로 아니다. 많은 이들이 식당의 경쟁자라면 주변의 다른 식당들만을 떠올린다. 하지만 지금 식당을 위협하는 경쟁자는 비단 옆집 돈가스집이나 맞은편 한정식집만이 아니다. 경쟁의 판도는 이제 상상하는 것 이상으로 넓고 더욱더 치열해졌다.

경쟁의 판도를 바꾼 강력한 적들

진화한 편의점 도시락

이제 편의점 도시락은 한 끼 '때우는' 음식이 아니다. 5천 원 내외의 가격으로 전문점 못지않은 품질과 맛, 그리고 끊임없이 변화하는 메뉴로 무장했다. 일반 식당에서는 감히 따라 할 수 없는 가성비와 품질로 고객의 한 끼 식사로 인기가 좋은 것을 넘어 점심시간이면 항상 품절 대란이다. 식당의 주된 경쟁 상대로 급부상했다.

초고속 성장 HMR(가정간편식)

TV만 틀면 나오는 홈쇼핑부터 온라인 마켓까지 상상을 초월

한다. 유명 셰프의 레시피로 만든 탕, 찌개, 볶음 요리들이 집에서 데우기만 하면 근사한 한 끼가 된다. 대량 생산을 통한 원가 절감으로 개인 식당이 감히 넘볼 수 없는 가성비를 자랑하며 고객들의 식탁을 장악하고 있다.

오프라인 식당과 달리 임대료, 인건비 부담 없이 밤낮으로 고객을 유혹한다. 고객의 지갑은 정해져 있는데, 이제 그 돈은 식당만이 아닌 다른 곳으로도 흐른다.

▎ 비비고 만두가 외식업에 던진 메시지

여기서 '비비고 만두'를 예로 들어보자. 냉동 만두 시장은 비비고 만두가 출시되기 이전과 이후로 달라졌다고 볼 수 있지만, 현실은 대한민국 만두 시장에 대한 인식은 물론 전체 판도까지 완전히 뒤바꿔 놓았다.

그전까지는 냉동 만두에 대한 가치평가가 낮았지만, 비비고 만두는 '만두 전문점 이상의 맛과 품질'이라는 혁신적인 가치를 제공하며 고객들의 인식을 송두리째 바꿨다. 이제 많은 사람들은 '맛있는 만두' 하면 자연스레 비비고 만두를 떠올린다.

고객은 이미 비비고 만두, 편의점 도시락 같은 훌륭한 선택지를 알고 있다. 그렇다면 내 식당의 메뉴는 그보다 더 맛있고, 더 가치 있다고 정말 자신 있게 말할 수 있을까?

물론 '맛'이라는 것은 개개인의 기호에 따라 상대적이다. 하지만 '외식업'이라는 상업적 영역에서는 그 상대적인 맛마저도

'시장을 뒤흔든 대기업 기성품'과 경쟁해야 한다.

고객의 선택 기준은 높아질 대로 높아져 있다. 편의점 도시락 하나도 꼼꼼히 비교하며 사는 시대에, 고객이 굳이 당신 식당의 문을 열고 들어와야 할 '결정적인 이유'가 있는가?

식당을 차리기 전 예비 창업자와 현재 식당을 운영하고 있는 사장님이라면 지금 당장 이 질문에 답해야 한다.

"내가 파는 이 음식, 정말 비비고 만두(혹은 편의점 도시락, 유명 HMR)보다 나은가?"

만약 이 질문에 망설임 없이 "그렇다!"고 답하지 못한다면, 식당은 이미 위험하다. 왜냐하면 지금 고객은 이미 맛있고 편리한 대안을 너무 잘 알고 있기 때문이다. 그들과 경쟁하려면 단순한 요리 실력만으로는 부족하다.

이제 식당 사장에게 필요한 것은 냉혹한 자기 검증, 그리고 고객의 선택 기준을 꿰뚫는 통찰력이다. 그 통찰력을 키우기 위한 식당 공부는 더 이상 선택이 아니라 필수 전략이라고 누누이 강조했다.

근거 없는 자신감은 망하기 딱 좋다. 지금 필요한 것은 피 터지는 경쟁 현실을 정확히 인식하고, 변화를 위한 과감한 태도와 실천을 시작하는 것이다.

▌압도적인 가치만이 살 길이다

같은 음식이라도 남들과 똑같이 평범하게 팔면 망한다. 단순히 '맛있는 음식'을 파는 시대는 끝났다. 이제 식당은 '편의점 도시락'이나 'HMR'로는 경험할 수 없는, '오직 자신의 식당만이 제공할 수 있는' 고유한 가치를 팔아야 한다. 그것이 식재료의 특별함이든, 독특한 조리법이든, 특별한 서비스 경험이든, 공간이 주는 감성이든, 남들과 똑같은 음식이라도 '어떻게 파는지'를 명확하게 정의하고 차별화하라.

잘되는 식당들은 왜 잘 팔리는지, 무엇으로 고객을 유혹하는지 분석하고, 내 식당의 상품을 그들과 비교하며 '유니크함'을 만들어내야 한다. 과연 비비고 만두의 맛과 품질을 넘어설 수 있는 '무기'를 가졌는지 냉정하게 판단해야 한다. 음식을 돈 받는 순간, 그건 이미 프로의 영역이다. 취미로 만든 요리가 돈을 받는 상품이 되는 순간, 아마추어가 아닌 '프로'다. 고객은 식당의 '노력'이나 '선량함'에 돈을 지불하지 않는다. 오직 '최고의 상품'과 '최고의 경험'에만 반응한다. 레시피의 표준화, 맛의 일관성 유지, 식재료 관리, 위생, 서비스까지 모든 과정에서 '프로'의 완벽함을 보여줘야 한다. 많은 이들이 짬뽕작전의 돌짜장과 돌짬뽕이 가진 유니크함에 높은 점수를 주곤 한다. 하지만 사실, 고객들은 전혀 다른 곳에 더 큰 가치를 부여하고 있었다. 바로 '면'이었다. 이 또한 고객을 면밀히 관찰하고 나서야 비로소 알게 된 결정적인 힌트였다.

"이 집에서 먹으면 소화가 잘돼."

고객들의 피드백에서 나는 면이야말로 다른 중식당과의 진정한 차별화이자 격차를 만들 승부수라는 확신을 얻었다. 그래서 면 하나에 모든 것을 걸었다. 그 어떤 면 요리와도 비교할 수 없는 '오직 짬뽕작전만의 면'을 만들기 위해 밀가루의 특성을 깊이 파고들었고, 반죽 숙성부터 삶는 시간에 이르기까지 모든 과정에 장인 정신을 쏟아부었다.

그 결과는 놀라웠다. 300도 가까이 지글거리는 돌판 위에서 더욱 쫄깃하고 탄력 넘치는 면발에 고객들은 연신 감탄하며 "이 집은 다르다"는 입소문을 내기 시작했다. 덕분에 짬뽕작전은 늘 대기줄이 이어지는 식당이 되었다. 다른 중식당에서는 결코 느낄 수 없는 '최고의 면 경험', 즉 '바른 면, 건강한 면, 소화 잘되는 면'이라는 독보적인 가치를 제공함으로써, 짬뽕과 짜장면이라는 흔한 메뉴조차도 완전히 다르게 팔 수 있었던 것이다.

쉬운 길은 없다. '압도적인 가치'만이 살 길이다

이제 식당 창업과 운영은 단순한 열정만으로는 불가능하다. 자신이 만드는 음식이 마트 진열대에 놓인 수많은 고품질 상품보다 뛰어나다는 것을 스스로가 증명해 보여야 한다. 근거 없는 자신감을 버리고, 냉혹한 자기 검증을 통해 자신만의 '압도적인 가치'를 찾아내라. 식당에서 제공하는 음식이 고객에게 "이 돈 주고 먹을 만한 가치가 있다"라는 압도적인 믿음을 주지 못한다면, 결국 식당은 문을 닫게 될 것이다.

지금부터 식당이 파는 음식의 맛보다는 고객에게 제공하는 '가치'에 모든 것을 걸어라. 과연 당신 음식은 '비비고 만두'를 넘어설 수 있는가?

생존하고 싶다면, 이제는 '부부경영'이다

2025년 통계청 자료에 따르면 자영업 1년 생존율은 65.2%, 3년 생존율은 37.8%, 5년 생존율은 27.1%로, 5년 안에 73%가 폐업하는 통계다. 다시 말해 10곳 중 단 2곳만 생존한다. 전망 또한 낙관적이지 않다는 보도를 연일 미디어에서 접한다. 이제는 대박보다 생존이 먼저다. 버티는 자만이 살아남는다. 이제 그런 시대다.

인건비가 생존을 좌우한다

식당의 생존을 결정하는 것은 철저하게 '비용 구조'다. 그중에서도 특히 식당의 수익률을 갉아먹는 세 가지 거대한 괴물이 있다. 바로 식재료비, 임대료, 그리고 인건비다. 이 중에서도 지속적으로 가장 무섭게 식당의 비용 구조를 무너뜨리는 것이 바로 인건비다. 과거에는 저렴한 인건비로 식당을 운영할 수 있었다. 하지만 최저시급 인상과 인력난이 겹치면서 인건비는 이제 식당 경영의 가장 큰 부담이 되었다. 통계청 자료에 따르면 직원 한 사람의 연봉이 3,600만 원에 달한다. 더욱 놀라운 것은 아무런 경력이나 전문성 없는 직원이라도 식당에서 일한다면 최소한 이 정도의 연봉을 주어야 한다는 의미다. 단순 아르바이트도 시급 11,000원~12,000원 정도가 기본이며, 최저시급으로는 사람 구하기 쉽지 않다. 즉, 직원 2명만 고용해도 연간 7,000만 원 이상이 인건비다. 여기에 월세, 식자재 비용과 함께 식당의 매출액을 빠르게 잠식해 들어간다.

식당 운영의 고정비는 크게 세 가지로 나뉜다.

- 인건비 35~40%
- 식재료비 30~35%
- 임대료 10~15%

재료의 신선도와 원가 관리, 상권과 평수, 직원 수와 운영 방식에 따라 변동이 있겠지만, 대부분의 고정비 구조는 이렇다. 이 세 가지를 합치면 총비용의 80~90%를 차지한다. 여기에 카드 수수료, 배달 앱 수수료, 세금까지 더하면 사장이 가져갈 수 있는 순이익은 10%도 안 되는 경우가 많다. "왜 나는 열심히 일하는데 돈이 없을까?"라는 한탄은 바로 여기서 시작된다.

버티는 구조, 생존하는 구조로 만들어라

가성비가 뛰어나게 만들어도 될까 말까 한 시대에 식재료 비용을 아끼는 건 망하는 지름길이다. 그렇다고 임대료를 깎을 수도 없다. 오직 인건비만은 컨트롤할 수 있다. 그러기 위해서는 사장이 '모든 것'을 할 줄 알아야 한다. 여기서 말하는 사장은 부부를 의미한다. 단순히 '함께 일한다'는 의미를 넘어, 고정비를 극단적으로 줄이고 모든 운영 프로세스를 직접 책임지고 처리하기 때문에 치열한 외식업 시장에서 식당이 살아남는 가장 강력한 전략 중 하나가 바로 '부부경영'으로 생존 방식을 택해야 한다.

이제는 직원을 많이 고용하여 편하게 운영하겠다는 생각은 위험하다. 살아남기 위해서는 식당의 모든 것을 사장 스스로 통제하고, 직접 해낼 줄 알아야 한다. 그것이 바로 인건비 부담을 최소화하며 식당의 생존력을 극대화하는 '부부경영'의 핵심 전략이다. 단순히 부부가 함께 일한다는 의미를 넘어, 경영자가 요리부터 서비스, 청소, 관리, 마케팅, 회계까지 식당 운영의 모든 영역을 능동적으로 이해하고 실행하는 '멀티플레이어'가 되어야 한다는 것을 의미한다.

▎ 부부경영의 장점

1. 인건비 절감

부부가 직접 요리하고, 서빙하고, 설거지하고, 매장 관리를 한다면 최소 1~2명 이상의 직원을 고용할 인건비를 절약할 수 있다. 한 사람당 3천만 원이 넘는 연봉을 아끼는 것은 곧 식당의 순이익을 몇천만 원 단위로 끌어올리는 효과를 가져온다. 이것은 불황기 생존을 넘어 수익성 자체를 개선하는 가장 확실한 방법이다.

2. 운영 효율 극대화

외부 직원에 대한 의존도가 낮아지면서 업무 지시와 전달 과정의 비효율이 줄어든다. 사장이 모든 과정을 직접 보고 판단하므로 문제가 발생했을 때 즉각적인 대응이 가능하고, 서비스와 맛의 일관성도 유지하기 쉬워진다.

3. 식당의 본질 이해

모든 파트를 직접 경험하며 식당 운영의 '생생한 디테일'을 체득한다. 이 과정에서 얻는 노하우와 통찰은 외부 컨설턴트나 비싼 강의료로는 얻을 수 없는 사장만의 강력한 경쟁력이 된다. 어떤 상황이 닥쳐도 스스로 해결할 수 있는 능력을 갖추게 되는 것이다.

나 역시 망하기 직전 절망에서 부부경영으로 살아남았다. 부부경영이 좋고 나쁘고를 따지기도 전, 식당 경영과 마케팅 같은 것은 전혀 몰랐지만, 식당이 점점 살아나고 식당 경영에 관한 공부를 하면서 내가 직접 하고 있는 부부경영의 엄청난 장점들이 메르스와 사스, 코로나19 팬데믹에도 살아남을 수 있는 강력한 무기가 되었다. 주위를 둘러보면 부부경영 식당을 쉽게 찾을 수 있다. 다만 그 엄청난 장점을 잘 활용 못 하고 있는 곳이 대부분이다.

내가 알고 있는 식당 중에도 12평 덮밥집 부부경영 식당이 있다. 부부가 주방과 홀을 나눠 운영하며, 특히 아내분이 적극적으로 식당 공부를 하며 직접 마케팅과 경영에 관한 강의를 찾아 수강하고 식당에 적극 활용한다. 직원 없이 월 매출 2,000만 원대, 순이익 600~800만 원 사이를 3년째 안정적으로 운영 중이다. 부부경영의 장점을 잘 활용하는 식당 중에 인건비 비중을 10% 미만으로 낮추고, 남는 마진을 식재료 품질이나 마케팅에 재투자하여 경쟁력을 높이는 식당도 많다. 이런 식당은 생존을 넘어 결국 대박 식당, 줄 서는 식당이 된다.

부부경영이 아니어도 방법은 있다

인건비 구조부터 점검하고 직원 수, 급여, 근무 시간, 효율성을 분석하고 불필요한 인건비는 과감히 구조조정해야 한다.

역할을 직접 수행할 수 있는 구조로 바꾸는 것도 중요하다. 메뉴 단순화, 자동화 기기 도입, 키오스크 활용. 여기서 가장 중요한 건 사장이 직접 조리, 응대, 정산이 가능하도록 설계해야 한다.

▌예비 창업자에게 드리는 제안

직원 없이 운영 가능한 구조부터 설계하고 부부 또는 가족

중심의 역할 분담을 먼저 계획해야 한다. 인건비가 매출의 40%를 넘는 구조라면 생존 가능성을 반드시 시뮬레이션해야 한다.

혼자서도 가능한 식당이 진짜 경쟁력이다

생존 식당은 '만능 사장님'의 몫이다. 지금 외식업은 규모의 싸움이 아니라 구조의 싸움이다. 그 구조의 핵심은 인건비를 줄이고, 운영을 단단하게 만드는 것이다. 부부경영은 단순한 선택이 아니라 생존을 위한 가장 현실적이고 강력한 전략이다. 생존하고 싶다면 사장이 식당의 '심장'이 되어야 한다. 요리부터 회계까지, 모든 과정을 직접 해낼 줄 알아야 한다. 물론 이 길은 고되고 힘든 길이다. 하지만 사장의 피와 땀이 직접 식당의 생존 마진을 늘리고, 식당이 오래도록 살아남을 수 있는 가장 확실한 담보가 된다. 이제 식당이 생존하려면 인건비를 극한으로 컨트롤해야 한다. 그러니 예비 창업자라면 창업 전에 요리, 서비스, 마케팅 등 식당 운영 전반에 걸친 실무 경험을 철저히 익혀야 한다.

현재 식당을 경영하고 있지만 어려움을 겪고 있다면 지금이라도 당장 직원 의존도를 줄이고, 사장이 모든 역할을 직접 수행할 수 있는 체계를 만들어야 한다. 식당이 어떤 위기에도 흔들림 없이 살아남으려면 오직 '만능 사장님'이 되어야 한다. 또한 부부가 배우고 실행하는 모든 노력이 식당의 미래이자 생존 그 자체다.

식당 입소문의
근원지는 알려드립니다

장사가 안 되는 가장 큰 이유는 소비자가 거기에 식당이 있는지 모른다는 것과, 알고 있어도 무엇을 파는 식당인지 모르기 때문이다. 그래서 식당이 지금보다 더 생존하려면 식당을 알리는 것이 우선되어야 한다.

"이곳에 식당이 있어요."
"우리 식당은 이걸 끝내주게 만들어내는 식당입니다!"

이 두 가지를 필사적으로 알려야 한다. 고민하지 말고 광고와 홍보, 그리고 온라인 마케팅을 적극 활용해 알리는 데 집중해야 한다. 그러면 그제서야 고객이 한 번 쓱 관심 가져주고 첫 시험 구매로까지 연결된다. 첫 방문에서 많은 가치를 느꼈다면 다음 재방문으로까지 연결되는 선순환 구조를 가지게 되는 것이다.

이런 타이밍에 식당이 입소문이 난다고 하면 그야말로 엄청난 증폭을 하게 되지만, 그 입소문이라는 것이 쉬운 일은 아니다. 하지만 입소문이 온전히 운의 영역에서만 해석되는 것도 아니다.

입소문은 어디서부터 시작되는 걸까? 지금부터 그 흐름을 살펴보자

식당 사장이라면 누구나 한 번쯤 "우리 가게 입소문이 왜 안 날까?", "어떻게 하면 손님들이 알아서 우리 가게를 홍보해 줄까?" 이런 고민에 빠진다. 그 생각에 매몰되다 보면 결국 입소문을 내기 위해 외부 마케팅에만 매달리며, 온갖 묘수와 꼼수를 찾아 헤매는 경우가 많다.

매우 잘못된 착각이다. 입소문의 근원지는 멀리 있지 않다. 그리고 입소문은 묘수나 꼼수로 절대 만들어지지 않는다. 진짜 입소문은 외부 고객 이전에, 식당의 '내부고객'의 마음에서부터 시작된다.

입소문은 '내부고객'에서 시작된다

식당을 찾는 고객에 대해 깊이 생각해 본 적이 있는가? 단순히 '손님'이나 '고객층'으로만 바라보면 입소문의 본질을 놓치게 된다. 브랜드를 소비하는 고객은 크게 두 부류로 나뉜다.

바로 외부고객과 내부고객이다. 외부고객은 말 그대로 내 식당을 방문하는 손님이다.

그렇다면 내부고객은 누구일까? 흔히 '직원'이라고 말한다. 직원은 단순히 급여를 받고 일하는 사람이 아니다. 물론 규칙적으로 직장을 다니며 급료를 받아 생활하는 사람이라는 사전적 정의도 옳다. 그래서 단순히 '받는 만큼 일하는 사람'으로 이해될 수도 있다. 하지만 여기서 내부고객(직원)을 보는 관점을 바꿔야 한다. 그들은 식당의 운영을 함께 만들어가는 브랜드의 공동체 구성원이며, 식당의 가치와 철학을 가장 가까이에서 경험하고 전달하는 첫 번째 고객이다. '내부고객'이라는 관점으로 직원을 바라보면, 그들은 단순한 노동자가 아니라 브랜드를 선택하고 지지하며 직접 경험하는 첫 번째 소비자가 된다. 이 관점의 전환은 식당 경영의 방향을 바꾸는 중요한 출발점이다.

내가 만든 소속의 브랜드(식당)를 찾아주는 고객에게 더 높은 가치와 만족을 주려는 마음은, 바로 그 내부고객으로부터 시작되는 것이다. 다시 말해 이들은 직원이지만, 우리의 상품을 가장 잘 알고 이해하며 경험하고 있는 고객, 바로 내부고객이 된다. 식당 사장을 대신해서 일하는 사람인 것이다.

입소문의 진짜 시작점, 직원의 '감동'이 외부로 퍼진다

입소문은 고객이 자발적으로 이야기하고 싶어지는 순간에서 시작된다. 그리고 그 첫 번째 이야기꾼은 내부고객, 즉 직원이다. 직원이 자부심을 느끼는 식당으로 만들어야 하고, 자신의 일터에 자부심을 느끼고 자신이 파는 음식에 확신이 있다면 그 직원은 누구보다 열정적인 홍보대사가 된다. 직원이 친구에게 추천하고 싶은 식당(브랜드)이 되어야 한다. 직접 일하면서도 "여기는 내 친구에게 꼭 추천해주고 싶다!"라는 마음이 든다면, 그 진심은 주변으로 자연스럽게 퍼져 나간다. 직원이 스스로 소비하고 싶은 메뉴들. 자신이 만든 음식, 자신이 파는 상품에 대한 애정과 믿음이 없다면 어떻게 외부 고객에게 진심으로 권할 수 있겠는가? 이런 식당은 자연스럽게 내부에서부터 입소문이 퍼지기 시작한다. 내부고객(직원) 만족은 외부 고객에게 그대로 전달되기 때문이다.

내부고객을 '팬'으로 만들어라

명심해야 한다. 내부고객이 만족하지 않는 상품은 외부고객에게도 절대 감동을 줄 수 없다. 직원이 먼저 감동하고, 공감하고, 자랑스러워해야 그 감정이 외부고객에게 전달되고 확산된다. 그렇다면 어떻게 내부고객을 내 식당의 '팬'으로 만들 수 있는가?

식당(브랜드)의 철학을 공유하라

단순히 메뉴를 만드는 것을 넘어, 왜 이 메뉴를 만들었는지, 우리 식당이 추구하는 가치는 무엇인지 직원을 포함한 모든 공동체 구성원들과 함께 나눠라. 그들은 당신의 철학에 공감할 때 비로소 움직인다.

의견을 존중하라

직원들의 제안과 피드백을 경청하고 반영하라. 그들은 현장의 전문가이자 고객과 가장 가까운 곳에 있다. 그들의 목소리가 식당의 문제점을 개선하고 새로운 가치를 만드는 데 가장 중요한 자산이다.

동기 부여를 제공하라

단순한 급여 이상의 가치를 제공하라. 목표를 함께 설정하고 성과를 함께 축하하며, 식당 성장의 주인공이 직원임을 느끼게 하라. 승진 기회, 교육 지원, 성과 보상 등 그들이 성장하고 발전할 수 있는 비전을 제시하라.

작은 감동을 주는 환경을 만들라

근무 환경, 복지, 인정의 문화가 직원의 자부심을 키운다. 휴게 공간, 식사 제공, 명절 선물 등 사소한 배려가 그들의 자존감을 높인다. 사장의 진심 어린 칭찬과 격려만큼 강력한 동기 부여는 없다.

입소문은 내부에서 시작해 외부로 퍼진다

입소문을 만들기 위해 막대한 자금을 동원해 마케팅과 같은 묘수나 꼼수를 찾을 필요는 없다. 그보다 먼저 내부고객의 마음을 하나로 모으는 것이 중요하다. 직원이 식당(브랜드)을 사랑하고, 상품을 자랑스럽게 여기고, 고객에게 진심을 담아 전달할 때 입소문은 자연스럽게 퍼져나간다.

모든 것이 같은 원리로 작동한다. 외부 탓이 아니고 나로부터이며, 멀리서부터 전국에서 찾는 식당이 한 번에 될 수 없듯이 내 식당 반경 500미터 안에서 먼저 1등이 되는 것이 먼저다. 동네 1등 식당의 시작은 '내부고객의 인정'받는 것부터다.

내부고객이 중요한 이유를 이제 충분히 알았을 것이다. 입소문의 근원은 멀리 있지 않다. 가장 가까운 곳, 바로 자신의 식당 안에서부터 시작된다.

이익부터 계산하라.
생존하는 식당은 구조가 다르다

대부분의 식당과 많은 예비 사장이 식당을 창업할 때 이렇게 계산한다.

'매출 - 비용 = 이익'. 열심히 팔아서 매출을 올리고, 거기에 비용을 제외하고 남는 것이 이익이라고 생각한다. 이 공식은 틀리지 않았다. 정확하게 식당의 이익 구조를 계산할 때 사용된다. 하지만 지금은 창업보다 사라지는 식당이 더 많은, 100만 폐업의 대한민국 외식업이다. 그렇게 단순하지 않다. 이 공식을 그대로 해석하면 안 된다고 경고한다.

너무 치열한 경쟁과 예측 불가능한 소비 심리 속에서, 고정비용까지 점점 상승하고 있는 것이 현실이다. 더 심각한 것은, 고객은 이미 사장보다 더 많은 외식 정보와 경험으로 무장했다. 그래서 '매출 - 비용 = 이익'이라는 공식, 즉 많이 팔면 많은 이익이 남을 거라는 당연한 듯한 막연한 기대감이나 예측으로는 식당이 생존하기 어려운 이유다.

경제가 침체되고 고객의 지갑이 굳게 닫혔다. 이 혹독한 현실에서 식당은 오직 버티고 살아남아야 한다. 그래서 기존의 공식을 살짝 비틀어야 틈이 생긴다. 그 틈이 버틸 수 있고, 생존할 수 있는 틈이다. 우린 거길 공략해야 한다.

역발상을 하자. '이익 = 매출 − 비용' 즉, 이익을 먼저 설정하고, 그 이익을 만들기 위한 매출 목표와 비용 구조를 설계해야 한다. 이건 공식을 바꾸는 게 아니라, 사장의 식당을 바라보는 관점을 완전히 뒤집는 일이다. '이익'을 기준으로 모든 것을 다시 시작하는 진짜 경영의 시작점이면서, 생존을 위한 결단이다.

▎'매출 − 비용 = 이익'이 왜 경고인가?

전통적인 관점에서는 이익이 '남는 것'이다. 즉, 매출을 먼저 끌어올리면 자연스레 이익도 따라올 것이라는 막연한 기대심리가 깔려 있다. 하지만 현실은 처참하다. 아무리 열심히 해도, 오늘 손님이 얼마나 올지 정확히 알기 어렵다. 예측 불가능한 매출은 통제 범위를 벗어나는 변수가 너무 많다. 반면, 줄지 않는 고정비용은 오히려 상승한다. 임대료, 인건비(최저시급보다 더 많은 시급으로도 어려운 인력난), 음식 재료비 등은 매달 어김없이 지출된다. 변동 매출로 고정비용을 감당하기란 여간 어려운 일이 아니다.

'노력 = 이익'의 착각도 버려라. 결국 많은 사장이 매출을 올리려다 과도한 마케팅 비용을 지불하거나, 낮은 이익에 지쳐 '열심히 일했는데 왜 남는 게 없지?'라는 회의감에 빠진다. 이제부터는 이익은 '노력의 결과'가 아닌 '식당 이익 구조 설계의 결과'여야 한다.

결과적으로 '매출 - 비용 = 이익' 공식에 의존하는 식당은 매출이 적으면 이익이 줄어들고, 최악의 경우 마이너스가 되어 '생존 자체가 불안정한' 구조에 놓이게 된다.

생존하는 식당의 새로운 공식, '이익 먼저' 설계하라!

핏물 가득한 레드오션 외식업 시장에서 살아남으려면, 사장의 이익을 '운'이나 '노력'에 맡기는 것이 아니라, 처음부터 '설계'해야 한다. 즉, "많이 팔면 많이 남으니까"가 아닌 "내가 매달 이만큼의 이익을 가져가겠다!"라는 명확한 목표를 먼저 설정하고, 거기에서부터 거꾸로 계산하여 식당 구조를 설계해야 한다.

1단계: '내 이익'부터 명확히 정해야 한다.

사장은 한 달에 순수익으로 얼마를 가져가야 만족하는지 구체적인 숫자로 설정하라. (예: 월 순이익 500만 원)

2단계: 불확실한 매출 예측보다, 비용은 예측과 통제 가능하다.

인건비, 각종 렌탈비, 낭비되는 식재료, 소모품과 비품, 과도한 마케팅 비용 등을 조절하고 이익을 기준으로 통제 가능한 비용을 조정하는 구조가 생존을 만든다.

3단계: 남은 이익을 '투자 비용'으로 관리해야 한다.

목표로 한 이익보다 더 많은 이익이 났다면, 그 금액은 다시 쓸 수 있는 '투자 비용'이다. 사장 자신의 통장으로 들어가는 것이 아니다. 더 좋은 상품(음식)을 만들어 내기 위해, 더 좋은 가성비의 상품을 만드는 것에 투자해야 한다. 즉, 식당의 가치를 더 만들어 고객에게 다시 돌려주는 구조로 만드는 데 써야 한다. 고객에게 인정받는다면 다시 방문한다. 이런 선순환 구조를 만드는 것이 최종 목표다.

이익 = 매출 − 비용 관점의 전환 방법

객단가 10,000원일 경우를 예로 들어보자.
- 목표 이익 설정: 월 500만 원의 순이익 목표 설정
- 매출 목표 역산: 평균 객단가 10,000원 × 하루 60명 × 30일 = 1,800만 원

비용 구조 설계
- 음식 재료비: 30% → 540만 원
- 인건비: 25% → 450만 원
- 임대료 및 고정비용: 20% → 360만 원

- 총 고정비용: 1,350만 원
- 최종 이익 계산: 총매출 = 1,800만 원 - 1,350만 원 = 450만 원 → 목표 이익 500만 원에 50만 원 부족.

음식값을 즉각적으로 올릴 수도 없고, 마케팅 비용을 더 지출한다고 해서 매출이 보장되는 것도 아니다. 그렇다면 역산해서 통제 가능한 비용을 줄인다면 생존에 필요한 최소 목표 이익 달성하는 것이 좋다.

만약 평균 객단가가 12,000원이라면, 목표 이익은 540만 원이 된다. 추가 이익 40만 원이 발생한 것이다. 이 40만 원이 고스란히 사장 자신의 통장으로 들어가면 절대로 안 된다. 추가 이익은 고객의 재방문을 위한 구조를 만들기 위한 투자 비용이다. 전부를 투자하든, 절반을 투자하든 고객이 지금보다 더 높은 가치를 느낄 수 있게 가성비 있는 음식을 만들어내는 데 써야 한다. 고객이 다시 방문해야 살아남고 기회도 만들 수 있다.

물론, 통제 가능한 비용을 줄이고 또 줄였는데도 생존에 필요한 목표 이익을 달성하지 못할 수도 있다. 그 시점에는 방향을 바꾸고 새로운 대안과 전략을 써야 한다. 하지만 중요한 건 우선 식당의 생존에 꼭 해야 할 이익 구조는 먼저 다시 설계했다는 점이다. 살아남는 구조로 변경이 된 후에야 적용을 해야 더 의미 있고, 더 오래 갈 수 있다. 지금은 누구나 어렵다. 하지만 구조를 먼저 바꾸고, 그 위에 전략을 얹는 식당만이 다시 기회를 만들고, 결국 살아남는다.

정리하면, '이익 먼저' 전략의 진정한 가치는 단순히 비용을 절감하는 것이 아니다. 무리한 마케팅 비용이나 비효율적인 운영 비용을 과감히 통제하면서 생존에 필요한 최소한의 이익을 달성하는 전략이다. 또한 남은 이익의 재투자는 더욱 질 좋은 식재료 사용, 메뉴 개발, 그리고 고객 경험을 높이는 작은 서비스에 전략적으로 활용할 수 있다.

바로 이 '이익 재투자'를 통해 고객이 '와!' 소리 나는 '끝내주는 상품'을 만드는 데 집중할 때, 고객의 가치를 높이고 재방문율까지 이어지는 선순환적 성장 구조와 함께 어떤 어려움에도 굳건히 버티는 식당의 생존 구조가 비로소 설계된다.

▍고객이 재방문해줘야 식당은 살아남는다

고객이 찾아줘야 내 식당은 매출이 발생하고, 이익을 낼 수 있다. 물론 사장의 피나는 노력의 결과이기도 하다. 하지만 고객은 점점 더 까다로워지고 있다. 아무리 높은 가치도 한두 번 경험하면 금세 질려하는 경우가 많다. 고객은 그렇게 변해가고 있다. 식당도 그에 맞춰 함께 변해가야 한다. 그래서 고객이 다시 방문할 수 있는 가치와 장치들을 만들어야 한다.

나 역시 남은 이익은 철저하게 고객에게 돌려주기 위해 항상 새로운 것을 시도하고 실행한다. 남들이 흔히 하는 이벤트를 한다면, 경쟁자는 감히 흉내조차 낼 수 없는 이벤트를 한다. 최근에 시작한 '득템쿠폰 이벤트'(6번 방문하면 1만 원 할인 혜택 쿠폰) 역시 모두 고객의 주머니에서 내 주머니로 들어온 남은 이익으로 실행한 것이다. 모든 것은 식당을 방문하는 고객에게 달려 있다.(참고로 『무패장사』 87페이지의 '가치비 전략'을 통해 더 많은 내용을 확인하면 좋다.)

살아남는 식당은 '감'이 아니라, 생존 구조를 설계한다

지금의 외식업 시장에서 생존은 우연이 아닌 철저한 설계의 결과다. 식당을 그저 '장사하는 곳'이 아닌, 이익을 디자인하고 '이익 먼저'라는 새로운 공식을 사장 자신의 경영 철학과 DNA에 각인시키는 순간, 비로소 불황에도 흔들리지 않고 버티는, 그리고 성장하는 진정한 식당이 될 수 있다.

상권은 핑계다.
살아남는 식당은 전략이 다르다

많은 사람들이 "장사는 자리 싸움"이라고 말하지만, 지금은 그 공식이 깨지고 있다. 특히 C급 상권은 예전엔 기피 대상이었지만, 지금은 전략적으로 접근하면 오히려 성공 확률이 더 높은 곳이 될 수 있다. 2025년, 소상공인 100만 폐업 시대가 몰고 온 텅텅 비는 상권에 상가 공실률은 멈출 줄 모른다. 식당 생존 공식은 이제 C급 이하 상권에 달려 있다. 그 명확한 장단점과 이유를 쉽게 알아 이해할 수 있도록 정리했다.

식당 성공의 청사진을 머릿속에 그릴 때면 가장 먼저 무엇을 생각할까? 아마 "목 좋은 자리", "유동 인구 많은 곳"일 거다. 번화가의 대로변, 지하철역 바로 앞, 대형 쇼핑몰 근처 소위 말하는 A급 상권이나 B급 상권이다. 이곳에서만 장사가 잘 될 것이라는 착각에 빠진다.

코로나 이전에는 자본금이 넉넉하다면 A, B급에서 장사해도 좋다고 했지만, 이제는 돈이 많이 있다고 해도 그곳은 독이다. 아니, 죽음의 영역이다. 자본력이 막강한 대기업 브랜드들도 버티지 못하고 힘없이 주저앉는 곳이 되어 버렸다. 스타벅스, 롯데리아, 편의점 등 이런 막강한 브랜드가 폐점했다는 뉴스를 이제 쉽게 접하고 있다. 어쩌다 이렇게 되었을까? 그 이유를 냉정하게 마주하고 앞으로의 대비를 해야 한다.

붉은 피가 흐르는 A, B급 상권 소자본 사장님에게는 '독'

A급 상권은 거대한 유동 인구를 자랑하고, 으리으리한 건물들이 즐비하다. B급 상권 역시 번화가의 이면도로나 특정 지역의 핵심 상권으로 활기차다. 하지만 이곳에서 장사하면 안 되는 이유는 명확하다.

피 같은 돈을 빨아먹는 하마

A, B급 상권의 임대료는 상상을 초월한다. 한 달 임대료가 수백만 원에서 수천만 원에 달하는 것은 예사다. 권리금은 또 어떻고? 첫 달부터 임대료를 감당할 만큼의 순이익을 낼 수 있다고 확신할 수 있는가? 초보 사장님이 큰돈을 들여 비싼 임대료를 지불하는 것은 시작부터 망할 준비를 하는 것과 같다. 적자 폭이 임대료에 비례하여 기하급수적으로 커질 확률이 매우 높다.

소자본 창업 식당은 '미끼'일 뿐 이곳은 이미 대기업 프랜차이즈, 자본력 있는 대형 식당들이 점령한 곳이다. 그들은 막대한 광고비와 인테리어 투자, 안정적인 물류 시스템으로 무장하고 있고 작은 식당이 그들과 경쟁하여 살아남을 수 있다고 생각한다는 것부터가 오류다. 그곳에서 소자본 작은 식당은 고객을 유인하는 '미끼' 역할만 하다가, 고객이 프랜차이즈나 대형 식당으로 빠져나가는 것을 지켜만 보게 될 것이다.

수많은 식당이 다닥다닥 붙어 있다. 고객의 선택지가 많고 경쟁은 상상을 초월한다. 남들과 똑같이 맛만 팔아서는 절대 안 된다. 특별한 '가치'를 만들고 애쓰지만, 고객은 이미 너무 많은 정보와 선택지 앞에서 내 식당을 특별하게 인지하지 못할 확률이 높다.

유동 인구가 많다는 것은 장점이자 단점이기도 하다. 관광객, 직장인 등 목적 없는 유동 고객은 '오늘만 들르는 스쳐 지나가는 고객'이 많다. 그래서 단골을 만들고 충성도를 높이기 어렵다. 재방문율이 낮다는 것은 매일매일 새로운 고객을 유인해야 한다는 뜻이다. 그러다 보니 내 식당에 대한 '스토리'나 '고객들의 추억'이 쌓이기 힘들다. 이는 곧 마케팅 비용의 증가로 이어진다. 이런 이유로 초보 창업자나 자금이 넉넉하지 않은 사장님에게는 리스크가 너무 크고, 생존 확률이 낮다.

대한민국의 불패 상권이던 가로수길이 폭삭 망할 줄은 아무도 예상하지 못했다. 구글에 '가로수길의 몰락'이란 키워드만 넣고 검색만 해도 위에 제시한 모든 요소들이 모두 해당된다는 것을 기사를 통해서 접할 수 있다. 살인적인 임대료, 소비 트렌드의 변화, 경쟁 상권의 부상, 경기 침체, 이러한 요인들이 복합적으로 작용하면서 가로수길은 공실률이 40%를 넘어서 는 '유령 상권'으로 전락하기도 했다. 많은 상가들이 '임대 문의'만 가득한 채 텅 비어 있었으며, 과거의 활기 넘치던 모습은 찾아보기 힘들다.

가로수길의 사례는 상권의 흥망성쇠가 단순히 '목이 좋다' 는 것을 넘어, 임대료의 합리성, 소비 트렌드 변화에 대한 민감한 대응, 그리고 상권이 가진 고유한 가치를 지키는 것의 중요성을 여실히 보여준다. 고객은 늘 새로운 가치를 찾아 움직이며, 식당과 상권 역시 끊임없이 변화하고 진화해야만 살아남을 수 있다는 것을 명심해야 한다. 이를 통해 알 수 있듯, 높은 임대료 문제만으로도 점점 A, B급 상권에서 굳이 장사해야 하는 이유가 사라지고 있다.

▎C급 이하 상권의 반란

C급 이하 상권의 선택은 내 식당에 숨을 쉬게 하는 기회다. 모두가 외면하던, 주택가 골목길 안쪽이나 도심 번화가와 한참 떨어진 상권을 C급 이하 상권이라고 한다. 예전에는 '망하기 딱 좋은 자리'로 불렸던 이곳들이 최근 몇 년 사이 반란을 일으키고 있다. 왜 그럴까? C급 상권에서 장사해야 하는 명확한 장점 때문이다.

C급 이하 상권의 가장 큰 매력은 압도적으로 저렴한 임대료다. 피 같은 돈이 임대료로 새는 것을 막아준다. 저렴한 임대료 덕분에 재료에 더 투자하고, 고객에게 더 나은 서비스를 제공하거나, 메뉴 개발에 더 많은 시간과 비용을 쏟을 수 있다. 실패하더라도 재기할 여지가 생기고, 조금만 잘해도 순이익을 크게 가져갈 수 있는 구조. 재정적 압박에서 벗어나 본질에 집중할 여유가 생기는 것이야말로 장점 중 장점이다.

코로나 이후, 그리고 MZ세대의 등장과 함께 고객의 소비 트렌드가 변했다. 뻔한 프랜차이즈나 북적이는 대형 식당보다 '숨겨진 보석'처럼 독특하고 개성 있는 공간을 찾아다니거나 '나만 아는 맛집', '인생샷 찍을 수 있는 감성 카페'처럼 특별한 경험과 진정성을 추구한다. 블로그, 인스타그램, 유튜브 같은 SNS를 통해 직접 찾아내고 공유한다. 즉, 온라인 채널을 활용하면 입지의 한계를 극복할 수 있다. 이들에게 C급 상권은 '진짜 맛집'의 보고인 셈이다.

C급 이하 상권의 핵심은 '로컬 주민'과 '진정한 팬'에 있다. 이곳의 고객들은 단순한 유동 인구가 아니라 주변에 거주하거나 내 식당을 찾아온 사람들이다. 작은 배려, 진심 어린 서비스로 고객의 마음을 사로잡고 '찐 단골'로 만들기가 수월하다. 단골들은 식당의 든든한 버팀목이자 가장 강력한 입소문 전도사들이다. 관계를 쌓기 위한 비용과 노력이 A급 상권보다 훨씬 적게 든다는 점이다.

A급 상권의 치열한 경쟁과 높은 임대료는 창의적인 시도는

생각조차 못 한다. 만약 실패하면 곧 폐업으로 이어질 수 있기 때문이다. 하지만 C급 상권은 다르다. 상대적으로 낮은 위험 부담 덕분에 개성 있는 메뉴, 독특한 콘셉트, 실험적인 마케팅 등 과감한 시도를 해볼 여지가 더 많다. 내 식당의 색깔을 자유롭게 펼칠 수 있는 공간이 된다.

물론 C급 상권에도 단점은 존재한다. 하지만 이 단점들은 대부분 '공부와 실행'으로 극복 가능하다는 것이 중요하다. 자연 유입이 어렵고, 초기에는 마케팅과 입소문에 상당히 많이 의존해야 한다. 앉아서 기다리면 망한다. 가장 명백한 단점이다. 간판만 달아놓고 손님이 알아서 찾아오길 기다리면 굶어 죽기 딱 좋다. 고객은 길 가다 우연히 당신의 가게를 발견하지 않는다.

간판이 잘 안 보이거나 위치를 찾기 어려운 경우가 많다. 숨어 있는 곳에 있다 보니 처음에는 사람들에게 존재를 알리기가 어렵다. 온라인 마케팅 없이는 고객의 레이더에 잡히기 힘들다. 여기에 식당이 있고 무엇을 팔고 있는지 죽기 살기로 알려야 한다.

"왜 여기까지 와야 하지?"라는 의문을 해소할 수 있는 분명한 이유가 필요하다. 찾아올 이유를 제공해야 한다. 대중교통 접근성이 떨어지거나 주차 공간이 부족할 수 있지만, 고객이 찾아오는 데 추가적인 노력이 필요하다.

자리보다 전략이다

장사는 더 이상 "좋은 자리"만으로 성공하지 않는다. C급 상권은 자금이 부족한 창업자에게는 기회의 땅이며, 브랜드를 키우고 싶은 사람에게는 실험과 성장의 무대다.

요컨대, 압도적인 '가치'를 만들어라. C급 이하 상권은 '숨겨진 보석'이 되어야 한다. '여기까지 찾아올 만한 가치가 있다'는 확신을 줘야 한다. 자신의 식당만의 시그니처 메뉴, 독특한 콘셉트, 사장님의 철학이 담긴 스토리, 잊을 수 없는 고객 경험 등 '꼭 이 가게를 가야 하는 이유'를 만들어야 한다. 맛은 기본이고, 고객에게 '이득의 감정'을 선사하는 총체적인 가치를 제공하는 것을 게을리하지 말아야 한다.

온라인과 SNS를 식당의 '얼굴'로 삼아라. 온라인이 생명이다. 네이버플레이스는 매일 업데이트하고 관리하여 완벽한 정보를 제공하자. 인스타그램, 블로그 등 SNS를 통해 내 식당만의 스토리, 메뉴의 특징, 사장님의 일상을 꾸준히 공유하고 고객이 '발견하고' 자발적으로 공유하며 바이럴 마케팅이 될 수 있도록 해야 한다.

- 입지가 약하면 콘텐츠로 보완하고
- 유동이 적으면 마케팅으로 끌어오고
- 경쟁이 적으면 브랜드로 독점하라
- C급 상권은 약점이 아니라, 전략적 선택이다.

A급, B급 상권이 망하는 이유는 단순히 '경쟁이 치열해서'가 아니다. 살인적인 임대료 부담 속에서 '가치'를 만들어낼 여유가 없기 때문이다. 반대로 C급 이하 상권에서는 임대료 부담이 적어 '가치'에 집중하고, 창의성 있는 실행의 결과들이 고객에게 전달되기 때문에 성공 확률이 높다. 누구든 공부하고 실행만 한다면 그곳에서 방해받지 않는 자신만의 무대가 될 수 있다.

살고 싶다면 경쟁이 적은 C급 이하 상권에서 '가치'로 승부해서 1등이 될 준비를 해라.

생존하려면 0~7초 사이에
고객의 마음을 훔쳐라

크기와 상관없이, 식당이 지속적인 이익을 내고 안정적인 성장을 꿈꾸는 기대는 그리 오래 가지 못한다. 정성껏 준비했지만 고객에게 외면받는 현실 앞에서 좌절을 맛보곤 한다. 살아남고자 뭐라도 해보려 하면, 외식업의 치열한 경쟁을 마주하는 순간 숨이 막힐 정도다. 마케팅을 하자니 막막하고, 비싼 비용에 주저하게 된다. SNS 바이럴이나 업체 의뢰 등 쏟아지는 마케팅 해법들 앞에서 혼란스럽기만 하다. 모든 마케팅에는 비용이 따르니까. 장사 부진으로 월세조차 걱정하는 상황에서, 비용 없이 어떻게 할 수 있을지 막막함을 토로하는 사장들의 심정을 나 역시 잘 알고 있다. 나 또한 그런 어려움을 겪었던 시기가 있었으니까.

때로는 그 모든 상황을 그저 '핑계'와 탓으로 치부하고 싶지만, 더 중요한 것은 실질적인 대안을 제시하는 일이다. 이 책을 쓰는 진정한 동기 중 비용 없이도 식당이 고객의 선택을 받고 활기를 되찾을 수 있는 방법을 공유하는 데 있다.

마케팅보다 선행되어야 할 것은 '상품'이다. 좋은 상품이 있어야만 마케팅도 빛을 발한다. 하지만 마케팅과 상품보다도 더 먼저, 식당 생존의 핵심이 되는 요소가 있다. 그것만 제대로 해낸다면 값비싼 마케팅 없이도 고객이 알아서 찾아오는 식당을 만들 수 있다.

바로 고객이 식당과 상호작용하는 아주 짧고 결정적인 순간들, '진실의 순간(Moments of Truth)', 줄여서 M.O.T.를 지배하는 것이다. 이 찰나의 순간들이 식당의 운명을 좌우한다. 음식의 맛, 화려하고 깔끔한 인테리어, 좋은 식재료. 물론 중요하다. 하지만 진실의 순간이 먼저 우선이 되어야 한다.

진실의 순간이란 무엇인가?

진실의 순간이란 마케팅 분야에서 스웨덴 마케팅 학자 '리차드 노먼(Richard Norman)이 서비스 품질 관리에 처음 도입했고, 스칸디나비아항공(SAS)의 얀 칼슨(Jan Carlzon) CEO가 고객 경험 관리의 핵심 개념으로 대중화시킨 개념이다. 그는 고객이 비행기를 타는 전체 과정에서 직원과 접촉하는 순간, 특히 15초 남짓한 직원과의 짧은 접촉에서의 서비스가 전체에 대한 인상을 결정한다고 보았다. 이 짧은 순간의 경험이 고객이 회사를 좋게 볼지, 다시 찾을지를 결정하는 진실의 순간이라는 것이다. 칼슨 회장은 "1년에 5천만 번의 진실의 순간이 있다"고 강조하며, 이 순간을 관리하는 것이 서비스 혁신의 핵심임을 역설했고, 파산 직전의 항공사를 재건하는 데 성공했다.

식당에서 '진실의 순간'이 왜 중요한가?

식당은 고객이 입장하는 순간부터 나가는 순간까지 수많은 '진실의 순간'을 만들어낸다. 배달이나 포장 주문조차도 전화 응대나 배달원 전달, 포장 상태에서 진실의 순간이 발생한다. 고객은 이 짧은 순간들의 총합으로 식당에 대한 '종합적인 인상'을 형성하며, 재방문 여부와 추천 의사를 결정한다. 즉, 아무리 음식이 맛있어도 진실의 순간에서 실망하면 고객은 등을 돌릴 수 있다. 이 순간들을 전략적으로 관리하는 식당만이 고객의 마음을 얻고 지속적인 성장을 이룰 수 있다.

식당에서 마주하는 '진실의 순간'들, 어떻게 지배할 것인가?

대부분의 식당에서 고객과 마주하는 각 접점을 살펴보고, 긍정적인 경험을 제공하기 위한 행동 지침을 알아보자.

고객 방문 및 '안녕하세요' 인사

- 진실의 순간: 고객이 식당 문을 열고 들어서는 첫 1~3초. 직원이 누구보다 먼저 고객과 눈을 맞추고, 밝고 활기찬 목소리로 "어서 오세요!" 또는 "안녕하세요!"라고 인사(환영하라). 바쁜 와중에도 "잠시만요, 바로 안내해 드리겠습니다!" 등 고객이 인지하고 있음을 알리는 것이 중요하다. 첫인상이 식당의 분위기와 서비스 품질에 대한 기준(앵커)이 설정된다.
- 제안: 남들과 다른 고객 인사 방법은 없을까? 목소리 톤과 직원의 미소 등은 아주 다양한 사례를 통해 개선할 수 있다. 고객이 식당에 들어서는 순간, 이 1~3초 사이에 무엇을 바꾸고 더 좋은 경험을 제공할 수 있을지 면밀히 살펴라.

'몇 분이세요?' 질문 및 자리 안내

- 진실의 순간: 고객 일행 수 파악 및 자리로 안내하는 과정. 공손하면서도 정확한 목소리로 "몇 분이세요?"라고 묻고, 고객의 동선을 고려하여 편안한 자리로 빠르게 안내하고 "이쪽으로 편하게 앉으세요." 또는 "창가 쪽으로 안내해 드리겠습니다."와 같이 친절한 안내를 하라.
- 제안: 룸 또는 테이블마다 이름과 테마를 만들어 방문한 고객과 딱 어울리는 자리를 안내하는 순간으로 만들 수도 있는 구간이다. 또한 다른 사례를 찾아서 내 식당에 적용하는 것도 좋은 방법이다.

메뉴판과 물 제공(또는 키오스크 안내)

- 진실의 순간: 고객이 자리에 앉아 메뉴를 확인하는 첫 경험. 물컵과 물은 청결한 상태로 정성스럽게 제공하고, 메뉴판은 펴서 테이블에 놓아주라. 키오스크 운영 시에도 친절하게 사용법을 안내하거나, 노약자 고객에게는 직접 도와주는 적극적인 자세가 필요하다.
- 제안: 고객 앞에 놓인 물컵을 접시 위에 뒤집어 놓고 물을 먹기 위해 컵을 드는 순간, 식후에 마시라고 비타민, 또는 술을 마시러 온 예약 손님에게는 숙취 해소 알약이 '짠' 하고 나온다면 어떨까? 이미 수많은 식당이 이런 경험을 제공해서 좋은 결과를 보고 있다. 고민하지 말고 무조건 실행하는 게 답이다.

잠시 뒤 주문 접수

- 진실의 순간: 고객이 주문을 위해 직원을 호출하거나, 직원이 주문을 받으러 가는 순간. 고객이 주문 준비를 마쳤는지 살피고 적절한 타이밍에 다가가라. "주문하시겠어요?", "궁금한 메뉴 있으신가요?" 등의 질문으로 고객의 불편함을 해소해 주고, 주문 내용을 명확하게 반복 확인하며 마무리하라. (Ex: "네, 짜장면 하나에 짬뽕 하나 맞으세요?")

주문한 음식 제공

- 진실의 순간: 조리된 음식이 고객 테이블에 놓이는 순간.

음식을 고객에게 전달할 때는 메뉴명을 말해주고, "맛있게 드십시오"와 같은 따뜻한 인사와 함께 음식을 안정적으로 놓아주고, 필요한 식기가 모두 있는지 확인하라.

- 제안: 머리가 긴 여성 고객에겐 머리끈을, 옷에 국물 튈 걱정 없이 청결한 1회용 앞치마를 제공하라. 추운 날 짧은 치마 고객에게 무릎 담요를 제공하는 것도 좋다. 뜨거운 음식에는 그릇을 따뜻하게 하고, 차가운 음식에는 그릇을 더 차갑게 해서 제공하는 것도 좋다.

고객 결제

- 진실의 순간: 식사 후 고객이 돈을 지불하는 순간. 밝은 미소와 함께 정확하고 신속하게 계산을 처리하고 카드 전달 시에는 양손으로 공손하게 건네라. "맛있게 드셨습니까?"와 같은 질문으로 고객의 만족도를 확인하라.

돌아서 나가는 고객에게 인사

- 진실의 순간: 고객이 식당을 떠나는 마지막 접점. 고객과 눈을 맞추고 밝게 "감사합니다. 또 찾아주십시오!"라고 인사하라. 문 앞까지 배웅하며 다음 방문을 기약하는 한마디는 고객에게 깊은 잔상을 남긴다.

나열한 것들이 대부분의 식당에서 고객과 접점이 이루어지는 진실의 순간 구간이다. 물론 이보다 더 많은 고객의 접점이 있는 식당도 있을 것이고, 현저히 적은 식당도 있겠지만, 중요한 건 고객과 접점이 이루어지는 순간을 어떻게 하면 고객에게 좀 더 긍정적인 경험을 제공할까를 고민해야 한다. 위에서 예로 들어준 것들 대부분은 짬뽕작전에서 이미 했던 것과 지금도 하고 있는 것들이며, 또 이미 많은 고수들의 식당은 진실의 순간을 디테일하게 설계해서 고객에게 충분히 긍정적인 경험을 주고 있다.

진실의 순간을 지배하는 식당이 고객을 끌어 모은다

미국의 항공사가 이 짧은 '진실의 순간'의 중요성을 깨닫고 위기에서 벗어났듯, 식당에서도 이 접점들을 완벽하게 관리한다면 고객은 식당의 가장 강력한 지지자가 될 것이다.

고객은 이 사소해 보이는 순간들에서 식당의 진심과 서비스 품질을 느끼고 기억한다. 매 순간 고객의 기대를 뛰어넘는 작은 감동을 선사하라. '음식의 맛'은 기본이다. 하지만 '고객 경험의 맛'이 더해질 때, 식당은 단순한 식사를 넘어 고객의 마음을 사로잡고 지속적으로 고객이 찾아오게 하는 식당으로 자리매김할 것이다. 지금부터 식당의 모든 접점을 '진실의 순간'으로 여기고, 고객에게 잊지 못할 긍정적인 경험을 심어주자.

사장님이 봐야 할 것은
직원이 아니고 고객입니다

식당 문을 열고 사장님들이 하루에 더 많이 바라보는 대상이 누구인가? 대부분은 '내부 고객(직원)'이다. 업무 동선, 태도, 숙련도 등 작은 실수라도 체크하며 많은 에너지와 시간을 쓴다. 하지만 진짜 봐야 할 것은 내부 고객(직원)이 아니다. 식당의 생존을 결정하는 건 고객이다. 오직 고객만이 식당의 매출, 리뷰, 재방문, 입소문 등 모든 것을 결정한다. 그런데 정작 고객을 제대로 관찰하는 사장은 많지 않다. 바로 이 잘못된 시선이 식당을 위기로 내몰고 침몰시킨다. 식당을 살려 줄 고객보다 직원에게 더 많은 관심과 관찰을 하게 되면 무슨 일이 벌어질까?

1) 관점 왜곡: 고객의 불편은 보이지 않고, 직원의 실수만 크게 보인다. 직원을 꾸짖는 동안 식당은 '고객이 떠나는 이유'를 전혀 모른 채 곪아 간다.

2) 기회 상실: 고객의 식사 패턴 변화, 표정, 동선, 체류 시간, 메뉴 선택과 같은 고객의 잠재적 니즈의 힌트를 놓치게 된다. 경쟁 식당으로 이동하는 고객의 심리 등 시장의 미세한 흐름은 오직 고객의 반응 속에서만 발견할 수 있다. 직원의 움직임만을 살피는 사장은 '우물 안 개구리'가 되어 세상 변화의 신호를 듣지 못해 대응이 늦는다.

3) 메뉴·공간의 미스매치: 고객 니즈를 모른 채 메뉴를 늘리거나 인테리어만 손본다. 하지만 고객은 여전히 "불편"을 느낀다.

4) 평판 악화의 누적: 고객은 말로 불만을 표현하지 않는다. 조용히 떠나거나, 리뷰에 남긴다. 뒤늦게 알면 이미 늦는다.

5) 직원들의 사기 저하: 직원들은 자신이 감시받고 있다는 느낌을 받을 때 위축되거나 반발심을 느낀다. 사장이 자신을 믿고 고객에게 집중하게 해 줄 때, 그들은 더 적극적으로 고객을 대하고 더 나은 서비스를 제공하려는 태도를 갖게 된다.

식당의 성공과 실패, 그리고 식당 생존의 원인과 결과는 오직 '고객'으로부터 나온다. 고객이 그 식당을 찾는 이유, 고객이 그 식당에서 돈을 쓰는 이유, 고객이 그 식당을 다시 찾지 않는 이유, 그 모든 해답은 내부 고객(직원)이 아니라 고객에게 있다.

반대로, 식당 사장들이 시선을 고객에게로 돌리는 순간, 식당에는 마법 같은 일들이 벌어지기 시작한다.

- 진짜 고객의 목소리 경청: 고객의 말 한마디, 표정 하나, 몸짓 하나에 식당의 미래가 담겨 있다. 메뉴를 보고 망설이는 손님, 물 잔이 비었을 때의 제스처, 식사 후 잔반의 양 등 무수히 많은 '고객 시그널'을 포착하게 된다.
- 니즈의 정밀 포착: 고객이 어떤 메뉴에서 망설이는지, 어떤 좌석을 선호하는지, 대기/결제/화장실 등에서 어디서 불만을 드러내는지 (고객의 표정만 관찰해도 알 수 있다.) 작은 불편 제거만으로 체감 만족이 확 높아진다.
- 직원의 변화: "왜 이렇게 해야 하지?"가 고객 관찰로 인해 "이게 고객에게 먹히니까!"로 바뀌며 직원은 이해하고 행동하게 된다.
- 예측 가능한 미래 설계: 고객의 반복되는 행동 패턴과 반응을 통해 신메뉴 개발이나 서비스 개선에 대한 영감을 얻어 경쟁에서 한 발 앞서 나갈 수 있는 경쟁력을 갖출 수도 있다. 즉 고객만을 관찰하게 된다면 무수히 많은 '고객 시그널'을 포착하게 되고 거기에 '숨겨진 니즈'까지 발견하게 된다.

내가 자문과 코칭한 경기도에서 고깃집을 운영하는 사장의 사례가 있다. 오픈하고 장사 초반에는 매출이 좋았지만 꾸준하게 매출이 하락하고 있었고, 주변 다른 식당과 같은 업종의 고깃집은 다들 장사가 잘되고 있었지만 유독 의뢰한 사장의 식당만 손님이 줄고 있는 상황이었다. 메뉴 구성과 맛, 청결 등 전반적으로 문제가 될 만한 것들은 눈으로 보이지 않았다.

며칠에 걸쳐 원인을 분석하기로 하고 손님이 한참 몰릴 저녁 시간대에 가서 살펴보기로 했다. 식당 한쪽 테이블에 앉아서 지켜본 결과는 며칠 지켜볼 필요도 없었다. 원인이 되는 문제가 보일 때마다 나는 스마트폰 카메라로 영상을 찍었다. 나는 다음 날 방문하여 문제가 담긴 영상을 보여 드렸다. 거짓말 조금 보태서 사장이 초 단위로 직원에게 잔소리와 지적을 하고 있는 모습을 담은 것이었다. 직원들의 표정이 하나같이 어두운 이유를 나도 그 상황을 찍을 때 알게 되었고, 이러니 좋은 말과 행동, 표정으로 고객에게 전달할 수 없는 것이며 또 사장이 초 단위로 직원에게 잔소리와 지적을 할 때 고객도 아주 많이 불편했을 것이다.

문제가 담긴 영상을 본 사장은 처음엔 당황했다. 하지만 곧 자신의 시선과 태도가 직원들에게 어떤 영향을 주었는지 깊이 깨달았다. 그날 이후, 사장은 지적 대신 격려를 선택했고 직원에게 따뜻한 말 한마디를 건네기 시작했다.

불과 몇 주 만에 식당의 분위기는 눈에 띄게 달라졌다. 직원들의 표정은 밝아졌고, 말투는 부드러워졌으며 고객을 대하는 태도는 이전과는 확연히 달라졌다. 자연스럽게 고객의 반응도 달라졌고, 매출은 다시 상승 곡선을 그리기 시작했다.

사실 이 식당은 메뉴 구성, 맛, 청결 등 외형적인 문제는 전혀 없었다. 자문과 코칭이 필요했던 건 식당의 구조나 컨셉이 아니라 오직 '사장의 시선과 태도'였다.

식당은 맛이 기본이다. 하지만 고객은 '맛'만 기억하지 않는다. '맛있게 먹은 경험'을 기억한다. 그 경험이 좋을수록 음식은 더 맛있게 느껴지고, 그 기억이 강할수록 고객은 다시 찾아온다. 문제 해결은 의외로 단순했다. 사장의 시선을 100% 고객에게만 집중하게 했다. 그 순간부터 식당은 달라지기 시작했다. 직원들의 표정은 한결 부드러워졌고, 고객은 그 공기를 통해 식당의 진심을 느끼기 시작했다.

이 사례는 식당 경영에서 가장 먼저 점검해야 할 것이 메뉴도, 마케팅도 아닌 바로 '사장의 태도'라는 것을 보여주는 증거다. 사장이 바뀌면 식당이 바뀐다. 그 변화는 생각보다 빠르고, 강력하다.

이제 '고객 관찰' 전문가가 되기로 목표를 설정하자.

홀과 주방을 오가는 사장의 상황이라면 바쁜 시간에 고객을 관찰하기란 쉽지 않다. 그래도 포기하지 말고 관찰해야 한다. 인기가 많은 테이블에 앉아보고, 반대의 테이블에도 앉아보고, 거기서 고객처럼 식사도 해 보라. 직접 고객이 되어 보기를 꾸준하게 연습해야 한다. 조리가 없을 때 잠시라도 홀에서 식사하고 있는 고객을 관찰하라. 직원들과 다 같이 점심을 먹는 시간에도 직원에게 고객의 피드백을 수시로 묻고, 고객의 특이 사항이나 반응을 공유하게 해자. 직원이 고객과 직접 소통하며 얻는 정보는 그 어떤 시장 조사보다 생생하며, 반복되면 고객의 니즈와 원츠까지 알 수 있게 된다. 사장과 직원이 지금 눈앞에 단 한 명의 고객에게 집중하면 그 결과는 고객의 표정과 식당의 생존력으로 나타나게 되어 있다.

직원 아닌 고객만 관찰하자

사장이 직원이 아닌 고객에게 시선을 집중하고 철저히 관찰할 때, 식당은 놀랍도록 발전하고 성장하게 된다. 막연한 예측이 아닌, 고객 관찰에서 얻은 실제 관찰 데이터를 메뉴 개발과 서비스 개선은 곧바로 매출 증대와 직결된다. 강력한 '팬덤' 구축이 가능해진다. 고객의 불편함을 먼저 찾아내 해결하고, 고객이 미처 생각지 못한 감동을 선사할 때 고객은 충성 고객을 넘어 당신 식당의 강력한 입소문 전파자가 된다.

고객의 변화를 가장 먼저 감지하고 선제적으로 대응함으로써 경쟁 우위를 확보하고 지속 가능한 성장을 이룬다. 이 모든 것은 '사장의 시선'이 어디를 향하는가에 달려 있다.

식당을 움직이는 진짜 주체는 누구인가? 직원이 아니다. 식당을 먹여 살리는 것은 오직 고객의 지갑이다. 그리고 그 지갑은 고객의 마음에서 열린다. 그러니 오늘부터 시선을 돌려라. 직원의 등 뒤가 아닌, 고객의 얼굴을 살피고 고객의 눈빛 속에서 식당의 문제를 발견하고, 고객의 미소 속에서 식당의 성장 가능성을 발견할 것이다. 고객은 식당의 모든 것이자 미래다.

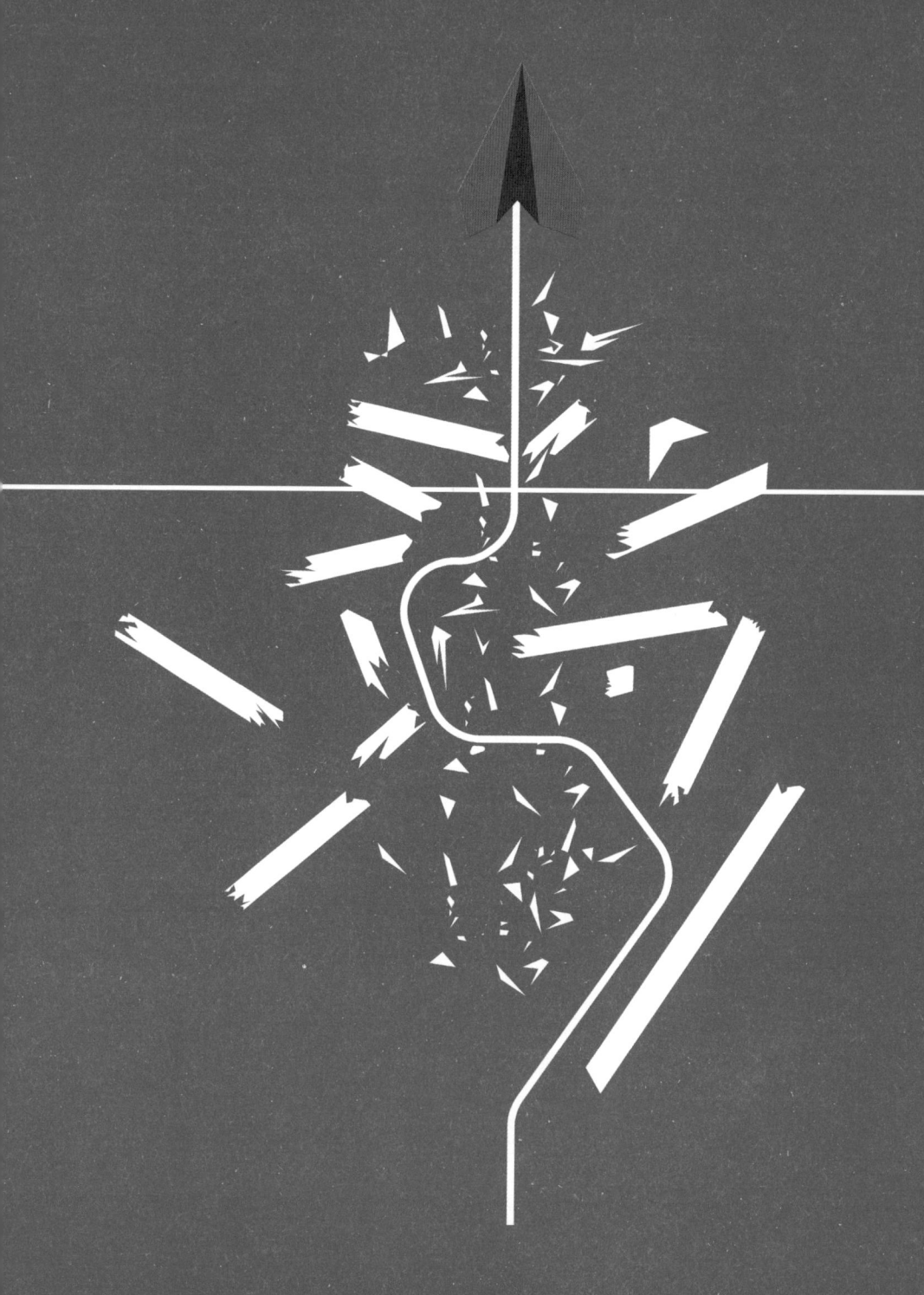

3장
맛은 기본, 경험 설계가 줄을 세운다

욕망을 자극하는 새로운 대안이
돈 버는 식당의 비밀이다

　식당을 한다면 정말 돈을 벌 수 있을까? 아주 원초적인 질문이지만, 외식업을 준비하는 예비 창업자라면 한 번쯤 품는 의문이다. 주변에서 흔히 듣는 말이 있다. "요즘 식당은 너무 포화 상태야." "배달앱 수수료에 다 털려." 맞는 말이다. 외식업은 결코 쉬운 장사가 아니다. 하지만, 정말 그게 전부일까? 잠시 생각해 보자. 과포화, 높은 수수료. 이 조건은 모든 식당에게 동일하게 적용된다. 그렇다면 왜 같은 조건에서도 어떤 식당은 살아남고, 어떤 식당은 돈을 버는가? 그 답의 실마리를 찾으려면 인간의 가장 근본적인 소비 욕망을 들여다보면 보인다. 수만 년간 인류가 멈추지 않은 소비. 가장 많은 돈이 오간 4대 시장이 존재한다.

　이 시장은 인류가 살아 있는 한 절대 소비를 멈추지 않는

'가장 많은 돈이 오가는 욕망의 4대 시장'이라고 한다.

- Food(음식) : 먹는 욕망은 생존 그 자체다. 끊임없이 반복되는 시장이다.
- Beauty(뷰티) : 먹는 것이 해결된 인간의 다음 소비는 더 아름답고 싶다는 욕망. 나이, 성별을 가리지 않는다.
- Health(건강) : 더 오래 살고 싶다는 욕망은 시대를 초월한다.
- Living(생활) : 내 주변과 생활을 더 편하고, 안전하고, 감각적으로 바꾸려는 욕망이 끊임없이 진화한다.

위 네 가지 시장 외 더 많은 시장이 존재하지만, 그 시장들은 대부분 잠깐 반짝하고 사라지는 시장이다. 그렇다면 왜 욕망의 4대 시장만이 인간이 가장 많은 돈을 쓰는 곳인지 알아야 한다. 그 이유는 지금까지 없었던 새로운 대안이 끊임없이 나온다는 점이다. 인간이 먹고 마시는 Food(음식) 시장만 보더라도 "김치찌개"라는 흔한 메뉴도 수없이 다른 형태로 다시 재창조된다. "지금까지 먹어왔던 김치찌개 말고, 다른 거 없을까?" 이 질문이 돈의 흐름을 바꾼다. 더 아름다워지고 싶은 욕망도 마찬가지다. 새로운 대안이 매일 같이 매 순간 쏟아져 나온다.

생활 시장과 건강 시장도 마찬가지다. 인테리어를 비롯해 내 생활을 꾸미는 일, 새로운 영양제와 다이어트 보조제 같은 더 건강해질 수 있는 전혀 다르거나 새로운 대안이 쉼 없이 시장에 나온다. 이 네 가지는 단순 소비가 아니라, 인간의 욕망을 자극하는 새로운 것을 지속적으로 선보이는 절대적 시장이다. 그리고 그중에서도 'Food'는 가장 빈도가 높고, 가장 직접적인 만족을 주며, 콘텐츠·문화·감정·취향으로 확장 가능한 무한 잠재력을 지닌 영역이다. 지금까지와 다른 새로운 대안을 선보인다면 돈은 그곳으로 정확하게 쏠린다.

시장에 없던 새로운 대안이란 쉽게 말해서 같은 상품(음식)이라도 "어떻게 팔 것인가?"다. 이 '어떻게 팔 것인가'를 아주 명확하게 보여주는 브랜드가 있다. 치킨 시장은 포화 상태다. 모두가 같은 방식, 비슷한 소스, 차별 없는 경쟁이 반복된다. 이때 등장한 브랜드가 있다. "매일 새 기름에 60마리만." 이 단 한 줄의 슬로건으로 소비자의 욕망을 자극했다. 정말 기름 한 통에 60마리만 튀겨 파는 것일까? 고객의 의심을 신뢰로 전환시켜주는 주방 CCTV를 설치했다. 애플리케이션을 통해서 고객 누구나 볼 수 있게 공개했다. 기름 한 통에 60마리만 튀겨 팔기 때문에 기름이 깨끗하다는 결론이다. 60계치킨을 먹어야 하는 충분한 가치를 제공한 것이다. 60계치킨은 지금까지 세상에 없던 새로운 대안을 선보였다.

원칙		의심을 신뢰로		가치제공
기름한통 60마리만 튀긴다		어플을 통해 주방공개		그래서 기름이 깨끗하다

원칙 → 의심을 신뢰로 → 가치제공 새로운 대안을 보여주는 60계치킨의 브랜드 철학

▌같은 상품이라도 '어떻게 팔 것인가'

- 하루 판매 수량 제한 → 희소성
- 새 기름 강조 → 위생 & 품질

주방 CCTV 공개 → 신뢰 확보 60계치킨은 '치킨의 맛'보다도 '어떻게 팔 것인가'의 방식 자체를 콘텐츠화한 사례다. 같은 상품이라도 '어떻게 팔 것인가'를 정의하는 것이 식당의 본질이다. 이것이 바로 식당의 콘셉트이며, 즉 기존 시장에서 보지 못했던 방식, 소비자의 감각을 새롭게 건드리는 대안이다. 인간의 욕망을 자극하는 새로운 대안에는 돈이 쏠리게 되어 있다.

그렇다면 이제 질문해야 한다. 내 식당은 어떤 방식으로 팔고 있는가? 고객의 감각을 새롭게 건드리는가? 기존 시장에서 보지 못했던 대안을 제시하고 있는가?

식당 사장이라면 다음 세 가지를 반드시 점검해야 한다.

- 무엇을 팔고 있는가? 메뉴가 아니라 고객의 욕망을 팔고 있는가?
- 어떻게 팔고 있는가? 가격이 아니라 방식으로 차별화하고 있는가?
- 왜 팔고 있는가? 단순한 생존이 아니라 브랜드로 기억되기 위해 팔고 있는가?

이 세 가지 질문에 답할 수 있어야 식당은 단순한 공간을 넘어 고객의 머릿속에 남는 브랜드가 된다.

60계치킨은 치킨을 팔지 않았다. 새로운 방식, 새로운 감각, 새로운 신뢰를 팔았다. 그 결과, 포화된 시장에서 독점적 브랜드로 자리 잡았다.

이제 당신의 식당도 같은 상품이라도 '어떻게 팔 것인가'를 다시 정의해야 한다. 그 정의가 곧 생존이고, 그 방식이 곧 브랜드다.

블루오션은 착각이다.
진짜 돈은 레드오션에 있다

외식업은 이미 경쟁의 바다, 레드오션(Red Ocean)이다. 인구밀도 대비 식당이 많기로는 세계 1등이 대한민국이다. 어딜 가더라도 좁은 골목마다 겹겹이 쌓인 식당들 숨통이 막힐 정도의 경쟁이 치열하다.

누구나 쉽게 창업할 수 있고, 누구나 쉽게 망할 수 있다. 이런 영역에서도 돈을 버는 사람은 확실히 존재한다. 레드오션은 경쟁이 치열한 만큼, 수요가 명확하고 시장이 크다. (한마디로 먹을게 많다는 뜻이기도 하다.)

이 영역에서 살아남는 자는, 압도적인 수익과 브랜드 파워를 얻는다.

경쟁이 심한 레드오션을 두고 그곳은 너무나 살아남기 힘든 영역이니 다른 이론의 영역을 말하기도 한다. "경쟁자가 없는 블루오션(Blue Ocean)을 찾아야만 성공할 수 있다!"

정말 그럴까? 과연 블루오션만이 성공의 답일까? 결론부터 말하자면 착각이다. 돈을 벌고 부자가 되고 싶다면, 오히려 이 피 튀기는 레드오션 한가운데서 장사해야 한다.

이 두 영역의 정의와 차이점을 살펴보자

- 레드오션(Red Ocean) : 피 튀기는 경쟁의 영역 레드오션은 경쟁자가 많고 고객을 빼앗기 위한 치열한 싸움이 펼쳐지는 곳. 정의만 본다면 돈을 벌거나 성공하기 희박하다는 것처럼 들림
- 블루오션(Blue Ocean) : 미개척지의 환상 블루오션은 아직 존재하지 않는 경쟁 없는 새로운 시장 영역을 의미합니다. 새로운 수요를 창출하고, 가치 혁신을 통해 비용은 낮추고 가치는 높여 독점적인 지위를 확보하려는 전략이지요. 언뜻 듣기에는 모든 자영업자들이 꿈꾸는 '꿈의 시장'처럼 들림

많은 사람들이 블루오션을 꿈꾼다. "경쟁 없는 시장에서 나만의 브랜드를 만들겠다." 원가를 낮추고 고객의 가치를 올린다. 언뜻 보기에는 그럴싸하게 보이겠지만 현실은 그렇지 않다. 블루오션에서 잘된 브랜드는 거의 없거나 찾아보기 힘들다.

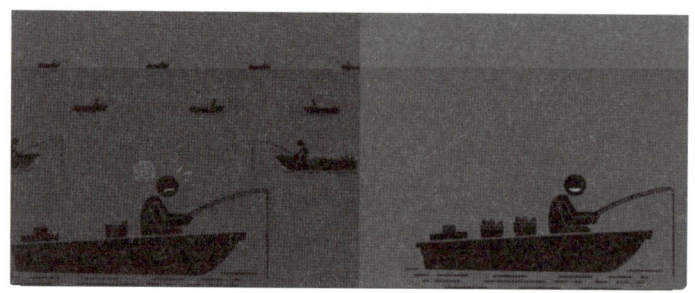

블루오션은 나만 잘하면 독점할 수 있는 영역으로 보이지만 자세히 보면 수요가 적다. 즉 잡아 먹을 물고기가 적거나 없다. 반면 경쟁이 치열한 레드오션은 잡을 물고기가 많다는 뜻이다.

왜 블루오션은 사장님을 부자로 만들지 못하는가?

문제는 외식업에서 진정한 의미의 '블루오션'을 만들거나 찾기 어렵고, 찾았다 해도 대부분 사장님을 부자로 만들어주지 못한다. 오히려 실패로 이끄는 경우가 많다.

첫 번째 수요가 불확실하다. 완전히 새로운 것을 만들어내는 것은 '수요'가 존재한다는 보장이 없다. 고객은 생각보다 보수적이며, 낯선 것을 쉽게 받아들이지 않는다. '아무 경쟁자가 없다'는 말은 '고객이 없다'는 말과 같다. 수요가 검증되지 않은 시장은 리스크가 가장 크다. 한마디로 먹을게 없으니 경쟁자가 없다는 뜻이다.

두 번째 시장 교육 비용이 크다. 고객에게 '왜 이걸 먹어야 하는지'를 설명해야 한다.

새로운 시장을 창출하려면 고객에게 그 가치와 존재 이유를 '교육'시켜야 하는데 이 교육에는 막대한 마케팅 비용과 시간이 들어간다. 영세한 식당 사장님이 감당하기에는 역부족인 경우가 대부분이다.

검증되지 않은 아이템, 실패 확률이 높고, 반복 구매율이 낮다. 고객이 무엇인지도 모르는 새로운 (낯선) 제품(음식)을 쉽게 구매하지 않는다.

세 번째 대중성이 부족하다. 소수 취향에 의존하면 확장성이 떨어진다. 식당은 결국 '먹는 것'이다. 인간은 생존을 위해 익숙하고, 칼로리가 높으며, 맛있다고 검증된 음식을 선호하는 본능이 유전자에 코딩되어 있다. 완전히 새로운 재료나 조리법으로 혁신을 꾀하기보다 기존에 익숙한 음식에서 새로움을 추구하는 경향이 강하다. 너무 독특하면 대중성을 확보하기 어렵다.

결국 레드오션 된다. 만약 기적처럼 성공적인 블루오션을 찾았다고 해도, 그 시장은 결코 오래 푸르게 머물러 있지 않는다. 수익성이 입증되는 순간 수많은 경쟁자들이 피라냐처럼 달려들어 카피에 카피로 순식간에 붉은 바다로 만들어버린다. 경쟁자의 눈에 띈 순간 그 시장은 더 이상 당신만의 것이 아니게 된다. 결국 블루오션은 경영자의 자기만족에 머무를 가능성이 크다. "새롭다"라는 이유만으로는 고객의 지갑을 열 수 없다.

그렇다면 왜 피 튀기는 경쟁 속 레드오션에서 장사해야 할까? 레드오션은 이미 고객의 수요가 확실하게 존재하고 검증된 시장이다. 짜장면, 김치찌개, 삼겹살, 치킨 등과 같은 대중성이 강한 것들이다. 그렇다면 고객을 '설득'할 필요 없이, '어떻게 하면 우리 가게로 오게 할까'만 고민하면 된다.

새로운 대안을 고객에게 제시한다

레드오션의 진짜 경쟁력은 '똑같이' 하는 것이 아니라, '뻔한 익숙함' 속에서 '새로움'을 발견하고 '가치'를 만들어내는 것이다. 김치찌개 하나를 팔아도 고객의 감정을 건드리고 '이득의 감정'을 선사하거나 익숙한 김치찌개에 약간의 낯선 새로움을 줌으로써 고객에게 공감대를 이끌어 낸다면 그 식당은 분명 줄을 서게 된다. 소위 와우포인트(Wow Point)라는 게 있다. 고객에게 감탄사("와우!")가 나올 만큼의 특별하고 놀라운 경험이나 서비스 요소를 의미한다. 이것이 경쟁사와 차별화하는 핵심 전략이다. 남들 다 하는 메뉴라도 우리 식당만의 '와우 포인트'를 찾아내어 가치를 극대화한다면, 식당은 그 레드오션 속에서 독보적인 존재로 떠오를 것이다. 이것이 바로 레드오션 안에서의 '작은 블루오션' 전략이다.

초밥 하나로 대한민국 1등이 된 이유

서울 왕십리 지하에서 시작된 작은 초밥 전문점 이야기다. 고슬고슬한 밥에 초대리를 하고 밥알은 대략 320개에서 350

개 사이에 작은 밥 위에 코끝을 찡하게 만드는 와사비와 잘 숙성된 회가 올라간 초밥을 감칠맛 좋은 회 간장을 살짝 찍어 먹는 게 일반적인 과정이다.

그 과정에서 이곳 경영자 손영래 대표는 번뜩이는 문제점을 발견했다. 정성스럽게 만들어진 초밥을 간장에 살짝 찍는 과정에서 잘 뭉쳐진 밥이 가끔 부서진다는 것이다. 이렇게 되면 밥알이 간장 속으로 빠지거나 자칫 조금 짜게 초밥을 먹어야 한다.

초밥을 간장에 찍다가 밥이 부서졌다고 항의하는 고객은 없다. 하지만 손영래 대표는 초밥을 먹을 때 생기는 문제를 해결하고자 고민 끝에 '초밥은 간장에 찍어 먹는 게 아니라 간장을 발라 먹는 것'이라고 새롭게 정의했다. 그 결과로 초밥이 고객에게 나갈 때 도구가 같이 나간다. 간장을 초밥 위에 발라 드실 수 있게 하기 위한 도구다.

"초밥을 간장에 찍어 먹는게 아니다. 간장을 발라 먹는 것이다"로 초밥을 새롭게 정의한 스시도쿠의 초밥

간장을 바르면 밥알이 부서지는 일은 없다. 손영래 대표의 끊임없는 관찰력덕에 흔하게 접할 수 있는 초밥에 새로움을 더 하게 되었더니 입소문 전염병처럼 퍼져나갔고 작은 홀에 초밥집은 매일 매일 대기줄이 생겨났으며 배달 매출까지 올라 초밥으로 서울 배달 1위라는 업적도 달성했다. 서울에서 초밥 주문 건수 1등이면, 사실상 대한민국 1등이다. 대한민국에서 가장 까다로운 고객들이 선택한 결과니까.

초밥은 분명 레드오션이다. 먹는 방법도 모양도 식재료도 뻔하고 익숙하다. 하지만 그 속에서 새로운 대안을 고객에게 제시했다.

"간장에 찍지 마세요 간장을 바르세요"라는 아이디어를 통해 가치를 제공하는 와우 포인트를 만든 것이다. 그래서 초밥 집에 상호도 '스시도쿠' 다. 이를 통해 하나의 콘셉트로 브랜딩 까지 이루었다.

레드오션은 죽음의 바다가 아니라, 기회의 바다다

레드오션 시장에는 경쟁자가 많다. 이는 그만큼 그 시장에 '먹을 게 많다'는 뜻이다. 반대로 블루오션에 경쟁자가 거의 없다는 것은, 겉으로는 기회의 땅처럼 보이지만 실제로는 먹을 게 별로 없다는 의미일 때가 많다. 따라서 경쟁을 피하려고만 하지 말고, 오히려 경쟁 속에서 선택받을 분명한 이유를 만들어야 한다. 그것이 식당이 살아남는 전략이다.

대중적이고 익숙한 메뉴일수록 새로운 대안을 제시함으로써 비범한 가치를 만들어내야 한다. 고객에게 '돈이 아깝지 않은' 경험과 감동을 제공해야 한다. 바로 그것이 레드오션 속에서도 당신의 식당이 단순한 생존을 넘어, 누구도 넘볼 수 없는 독점적 가치를 만들어 내는 핵심이다.

줄 서는 식당은
어떻게 만들어지는가?

경기 침체에도 줄을 서는 식당은,
과연 무엇이 다른 걸까?

장사가 잘되는 식당은 과연 무엇을 팔고 있을까. 또 어떤 이유로 손님의 선택을 끌어내는 것일까.

"그 이유만 알 수 있다면 우리 식당도 다시 살아날 수 있을 텐데."

많은 사장님들에게 이 질문은 오래된 숙제이자, 동시에 꿈 같은 이야기이다. 그런데 의외로 해답은 늘 '고객의 경험' 속에 숨어 있다. 하지만 많은 사장님들은 이 단순한 사실을 잘 모른다. 식당에서 식사를 하는 동안 고객은 무의식중에 이런 생각을 한다.

"내가 여기 온 게 잘한 선택인가."

"내 돈이 아깝지 않은가."

"누군가에게 추천할 만큼 좋았는가."

그렇다면 이런 감정을 무의식중에 만들어 내는 것은 무엇일까. 고객을 맞이하는 따뜻한 환대와 서비스, 사진을 찍고 싶어지는 감각적인 공간, 나를 SNS에서 돋보이게 만드는 디자인, 직원의 친절한 말투와 미소, 상식을 뛰어넘는 풍성한 가성비, 혹은 둘이 먹다 죽어도 모를 것 같은 압도적인 맛일 수도 있다.

이 모든 이유를 하나로 정리하면 결국 하나의 결론에 도달한다. 바로 '돈이 아깝지 않다'는 이득의 감정이 생겼다는 점이다. 이러한 요소들이 단순한 물리적 만족을 넘어, 고객의 마음에 특별한 가치를 각인시키는 것이다.

반대로 손해의 감정을 주는 식당은 고객에게 단순한 불편을 넘어 '분노'에 가까운 감정을 남긴다. 그리고 그 분노는 "가지 마세요, 돈 아까워요."라는 리뷰로 전염병처럼 퍼지기 시작한다. 결국 고객은 그 식당을 부정적인 감정으로 기억하고, 그 기억대로 행동한다.

그렇다면 '이득의 감정'을 주는 식당은 무엇이 다를까. 고객은 음식을 먹고 돈을 지불하는 바로 그 순간, 뇌 속에서 '이득'과 '손해'를 빛의 속도보다 빠르게 저울질한다. 그 찰나의 순간 기준이 되는 것은 물론 맛도 있다. 하지만 그보다 더 강력하게 작동하는 것은, 고객이 식당에서 경험한 감정이 만들어 낸 가치이다.

"돈이 아깝지 않았어."

"다음에 친구랑 또 오고 싶어."

"사진 찍으면서 기분이 정말 좋았어."

이런 감정은 단순한 만족을 넘어, 재방문과 경험 공유를 이끄는 핵심 동기가 된다.

앞서 던졌던 질문, "경기 침체에도 장사가 잘되는 식당은 어떤 이유로 손님의 선택을 끌어내는가"에 대한 해답은 분명하다. 고객에게 좋은 경험을 제공하고, 그 좋은 경험이 누군가에게 추천할 만큼의 가치를 만들어 내는 식당이기 때문이다.

식당의 재방문율을 높이고, 누군가를 데리고 오게 만들고, 또 그 사람이 다른 누군가를 데리고 오게 만들며, 전염병처럼 입소문이 퍼져 매일같이 줄 서는 식당이 되는 비밀도 결국 같다. 죽어가는 식당을 다시 살려 내는 힘도, 모두 '가치가 있느냐 없느냐'의 차이에서 비롯된다. 가치는 이렇게 식당의 성패를 가르는 결정적 기준이다.

생존 장사 법칙: 목숨 걸고 식당의 가치를 만들어라!

식당 생존 장사의 법칙은 명확하다. "내 식당에는 고객이 충분히 입소문을 낼 수 있는 가치가 있는가?"라는 질문에 답할 수 있어야 한다. 아직 내 식당에 그런 가치가 없다고 해서 실망할 필요는 없다. 없으면 새로 만들면 되고, 찾아보니 있다면 그 가치를 더 날카롭고 뾰족하게 다듬어 고객에게 '좋은 경험'이라는 강렬한 자극을 줄 수 있도록 만들면 된다.

여기서 잠깐, 도대체 '가치'라는 말의 정확한 뜻은 무엇일까. 사전을 검색해 보면 이렇게 나온다. '어떤 대상이 인간의 욕구나 관심을 충족시키는 중요성이나 사물의 쓸모'를 의미한다. 다른 사전들을 찾아봐도 비슷한 의미로 설명한다. 하지만 장사 현장에서 한 번에 와닿기에는 다소 직관적이지 않은 정의이다.

그래서 이제부터는 이렇게 이해하면 된다. "식당의 가치란, 꼭 그 식당에서 먹어야 하는 이유이다." 다시 말해, 같은 메뉴라도 왜 굳이 그 식당에서 먹어야 하는지를 설명해 주는 힘이 바로 가치이다. 고객에게 좋은 감정의 가치를 만들어 낼 수 있다면, 이미 기울어져 가는 식당이라도 다시 살아나는 마법 같은 변화를 경험하게 되는 것이다.

▎가치를 만들기 위한 시작 사장님의 '태도 변화'

그런 가치를 만들기 위해서는 무엇보다 중요한 공식이 하나 있다. 바로 식당 사장님의 태도가 바뀌어야 한다는 점이다. 이 태도의 변화가 먼저 이루어지지 않는다면, 식당이 살아나거나 줄 서는 식당이 될 수 있다는 희망과 기대는 사실상 0퍼센트라고 보아야 한다.

생존을 위한 태도의 변화는 "내 지식과 경험이 부족하다"는 사실과 "우리 식당에는 분명 문제점이 있다"는 현실을 인정하는 데서 출발한다. 이것은 결코 부끄러운 일이 아니며, 단 1원의 비용도 들지 않는 일이다. 그럼에도 불구하고 많은 식당 사장님들이 이 단순한 진실을 인정하지 못하고, 생존을 위한 최소한의 입장권조차 스스로 포기한다는 점이 안타까운 현실이다.

살아남기 위한 태도가 갖춰지지 않은 사장님들에게는 공통된 특징이 있다. 아무리 날고 기는 식당 경영 전문가가 문제점을 짚어주고 해결 방법을 알려줘도, 정작 본인은 그것을 인정하지 않는다는 점이다. 문제를 보려는 태도도 없고, 무엇을 바꾸려는 태도도 없다. 나는 그런 분들을 '입으로만 절박한 사람'이라고 정의한다.

결국 이런 태도는 아무것도 실행하지 못하게 만들고, 스스로를 합리화하는 데에만 에너지를 쓰게 만든다. 그 결과, 제대로 시도해 보기도 전에 망하는 식당이 끝없이 반복해서 생겨나는 것이다.

공부하는 사장님은 살아남는다. 지식의 힘

태도가 바뀐 식당 사장님들은 분명 '내 식당에 아직 없는 가치', 즉 '꼭 내 식당에서 먹어야 하는 이유'를 찾고 만들어 내기 위해 애쓴다. 하지만 대부분의 식당 사장님들은 전문가의 도움 없이는 문제점이 잘 보이지 않는다고 호소한다. 자신의 식당이 너무 익숙해 객관적인 시선으로 바라보기 어렵기 때문이다. 더구나 모든 것을 인정하고 문제점을 보려는 태도까지 갖추었음에도 여전히 문제점이 보이지 않는다면, 그 이유는 식당 경영에 관한 경험과 지식이 부족하기 때문인 경우가 대부분이다.

식당을 살리고 싶다면 선택지는 단 두 가지뿐이다.

첫째, 비용이 들더라도 식당을 살리는 전문가, 즉 컨설턴트를 찾는 방법이다. 전문가를 찾으면 시행착오를 줄여 귀중한 시간을 아낄 수 있다는 큰 장점이 있다. 매출 상승이라는 결과도 비교적 빠르게 나타나기 때문에 매우 효과적인 방법이다. 다만 문제가 생길 때마다 계속해서 전문가의 힘을 빌려야 하고, 그때마다 비용이 발생한다는 한계가 있다.

둘째, 스스로 전문가가 되는 방법이다. 스스로 전문가가 된다는 것은 우선 시간이 많이 필요하다는 뜻이다. 매출이 실제로 오르는 결과를 보게 되기까지 더 오랜 시간이 걸릴 수 있다. 하지만 그 과정에서 자신만의 지식과 경험이 차곡차곡 쌓이고, 비로소 스스로 문제를 진단하고 해결할 수 있는 능력이 생긴다. 이 경우에는 추가적인 비용도 들지 않는다.

결국, 식당 사장님이 스스로 전문가가 될 때, 식당의 생존 확률은 한계 없이 끌어올릴 수 있게 되는 것이다.

공부하는 사장님의 실제 이야기, 지식이 만든 기적

태도의 변화가 얼마나 많은 것을 바꾸고, 모두가 불가능하다고 말하는 일들까지 가능하게 만드는지 보여 주는 결과와 사례는 차고 넘친다. 나 역시 그 증거 중 하나이다. 아무것도 모르던 시절의 나는 안 되는 모든 이유를 나 자신이 아닌 외부 탓, 남 탓으로만 돌렸다. 매달 적자를 내는 식당의 사장으로서 월세를 걱정해야 했고, 하루 매출 0원이라는 처참한 기록도 남겼다. 그러던 어느 날, '장사를 책으로도 배울 수 있겠구나'라는 작은 생각 하나가 내 태도를 완전히 바꾸어 놓았다.

처음부터 전문가가 되겠다는 생각은 단 1도 없었다. 단지 내 식당을 살리고 싶었을 뿐이다. 그래서 내가 했던 수많은 공부와 실행 중 하나의 사례를 들자면, 온라인 마케팅, 그중에서도 네이버와 SNS에 관한 노력이다.

처음에는 네이버플레이스와 SNS의 중요성을 전혀 몰랐다. 모르면 용감하다고, "그런 건 안 해도 된다"라고 스스로 단정 짓고 무시했다. 대신 아무 생각 없이 전단지만 무턱대고 돌리고 있었다. 2015년 즈음 일이다. 지금 돌아보면, 무식해도 그렇게 무식할 수가 없었다는 생각이 든다. 나중에 공부를 하면서 알게 되었는데, 전단지 1,000장을 배포했을 때 실제로 식당을 방문하는 고객은 겨우 1명 수준일 수 있다는 사실을 뒤늦게 깨달았다. 물론 동네 마트 전단지처럼 예외적인 경우는 결과가 다를 수 있다.

하지만 네이버플레이스의 중요성을 깨닫고 식당의 생존을 진지하게 고민하기 시작한 이후, 나는 밤낮없이 온라인 마케팅 서적을 파고들었다. 네이버 비즈니스 스쿨의 무료 강의도 빠짐없이 들었다. 그러면서 직접 플레이스를 설정해 보고, 문구와 사진, 해시태그를 바꿔 가며 테스트했고, 그 과정에서 수많은 시행착오를 겪었다.

단순히 '많이 알리는 것'이 목적이 아니라, '고객이 어떤 키워드로 검색하고, 무엇에 반응하는가'를 스마트콜 데이터를 통해 분석하고 전략을 계속해서 수정해 나갔다.

소상공인 진흥공단과 다른 여러 곳에서 장사와
온라인 마케팅 강의도 하게 되었다.

그 결과, 고객들이 우리 식당을 찾아오는 '이유'를 내가 직접 찾고 만들어 낼 수 있게 되었고, 이는 곧 매출 상승으로 이어졌다. 내 식당을 살리고 싶다는 마음 하나로 밤낮없이 공부하고 실행했던 일이, 어느새 나도 모르게 나를 '온라인 마케팅 전문가'로 만들어 놓았다. 이제는 내가 가진 온라인 마케팅 역량으로 다른 식당 사장님들을 도울 수 있는 수준이 되었고, 외부에서 강의 요청까지 들어온다. 전혀 예상하지 못했던 일이다. 작은 태도의 변화가 만들어 낸 결과인 셈이다.

부산약콩밀면 조창루 대표,
위기에서 배움을 찾아 건물주가 되다!

밀면 하나만큼은 자신이 있다고 믿었던 사람이 바로 조창루 대표이다. 그는 잘 다니던 금융권 직장을 과감히 그만두고 밀면 전문점을 창업했다. 하지만 결과는 처참했다. 하루에 단 1그릇 팔기도 어려운 지경까지 몰리는 뼈아픈 실패를 경험했다. 자신의 요리에 대한 확신만으로는 이 치열한 전쟁터에서 버틸 수 없다는 냉혹한 현실을 마주한 것이다.

그러던 중, 우연히 참석한 식당 관련 모임에서 스쳐 지나가듯 들은 한마디가 그의 인생을 뒤흔들었다.

"사장님, 식당 공부는 하시죠?"

이 짧은 질문 하나가 그날 이후 조창루 대표의 모든 것을 바꾸어 놓았다. "장사도 공부를 해야 하는구나."라는 깨달음이 머리를 세게 얻어맞은 듯한 충격으로 다가왔다고 한다.

그때부터 그는 밤낮없이 공부하며 배운 내용을 식당에 즉시 적용하기 시작했다. 메뉴, 동선, 서비스, 온라인 마케팅까지 손보지 않은 영역이 없었다. 쉼 없이 실행을 반복한 끝에, 지금은 부산을 대표하는 밀면 전문점 중 한 곳으로 당당히 이름을 올리게 되었다. 밀면만 잘하는 사장이 아니라, 네이버플레이스와 온라인 마케팅 분야에서도 전문가로 활동하고 있으며, 급기야 자신이 운영하는 매장의 건물주 자리까지 오르게 되었다. 그렇게 치열하게 이어간 공부와 실행이 그를 어느새 외식 전문가로 성장시켰고, 이제는 많은 소상공인들에게 자신의 노하우를 기꺼이 나누는 입장이 되었다.

조창루 대표의 이야기는 매우 명확한 메시지를 던진다. 아무리 절박한 상황이라도 스스로의 부족함을 인정하고 '배움' 속으로 뛰어들면, 이전까지 '불가능'이라 여겼던 일조차 '가능'으로 바꿀 수 있다는 사실이다. 그는 처음부터 성공을 꿈꾸며 공부한 것이 아니라, 단지 살아남기 위해 공부했을 뿐이다. 하지만 그 과정에서 스스로를 전문가로 만들었고, 예상하지 못했던 수준의 성공까지 거머쥐었다. 이것이 바로 공부와 실행이 함께 만들어낸 기적이라는 점이다.

QR코드를 스캔하면 부산약콩밀면의 장사이야기 블로그를 통해서 더 많은 정보를 볼 수 있다.

▍당신의 식당, 이제 줄 서는 식당이 될 시간이다

경기 침체 속에서도 줄 서는 식당은 특별한 마법을 부리는 곳이 아니다. 그들은 '고객에게 이득의 감정을 주는 가치'가 무엇인지 명확히 이해하고, 그것을 만들기 위해 사장 스스로 태도를 변화시키고 공부하여 결국 '전문가'가 되는 길을 선택한 식당이다.

이 길은 결코 쉽지 않은 길이다. 시간과 노력이 필요하며, 때로는 예상치 못한 시행착오도 반복해서 겪게 되는 과정이다. 하지만 이 길은 식당을 죽음의 문턱에서 살려내고, 매일 줄 서는 식당으로 성장시키며, 진정한 식당 경영 전문가로 나아가게 만드는 길이다. 그러니 이제 더 이상 망설이거나 입으로만 절박하다고 외쳐서는 안 된다. 정말로 자신의 식당을 살리고 싶다면, 지금 당장 생존의 입장권을 손에 쥐어야 한다.

구체적으로 실천해야 할 핵심은 다음과 같다.

첫째, '인정하기'이다. 눈에 보이는 문제점부터 인정하고, 잘 안 되는 이유를 외부 탓으로 돌리지 않는 태도이다.

둘째, '공부하는 사장님 되기'이다. 관련 서적을 읽고, 온라인 강의를 듣고, 성공 사례를 분석하며 꾸준히 지식을 쌓는 과정이다. 이때 네이버 비즈니스 스쿨과 같은 무료 자료를 적극적으로 활용하는 것이 도움이 되는 방법이다.

셋째, '작은 것부터 직접 실행하기'이다. 네이버플레이스를 관리하고, 고객 리뷰에 정성껏 답글을 달고, 메뉴 사진을 개선하는 등 배운 내용을 즉시 적용하고, 그 결과를 통해 다시 배우는 일이다.

넷째, '꾸준함을 통해 데이터 쌓기'이다. 한두 번 시도해 보고 포기하지 않고, 꾸준히 실행하고 데이터를 분석하면서 자신의 식당에 맞는 최적의 가치를 찾아내는 일이다.

줄 서는 식당의 비밀은 '맛'이 아니라 '경험'을 파는 것이었다!

생존하는 식당으로 남으려면 끊임없는 공부와 실행, 그리고 장사가 잘되는 식당을 벤치마킹하는 노력이 필수이다. 하지만 많은 이들이 벤치마킹 과정에서 비슷한 의문과 좌절을 경험한다.

오랜 대기 시간을 감수하며 식사를 했지만 도무지 왜 줄을 서서 먹는지 납득되지 않는 식당이 있다. 너도나도 맛집이라고 해서 찾아가 보았지만, 정작 맛에서는 어떤 설득력도 느낄 수 없는 식당도 있다. 3대를 넘어 대를 잇는 노포라 하여 이른 아침부터 오픈런을 하며 찾아갔음에도, 왜 줄을 서서 먹고 왜 전국에서까지 찾아오는지 끝내 이해할 수 없었던 경험 역시 한 번쯤은 있을 것이다.

그럼에도 불구하고 이런 식당들은 줄이 끊이지 않고, 시간과 계절에 관계없이 매일같이 대박 행진을 이어 간다. 이 현상의 비밀은 사실 우리가 그동안 놓치고 있었던 아주 중요한 한 가지에 있다.

오늘날 1년에 수십만 개의 식당이 문을 닫는 '100만 폐업' 시대라고들 말한다. 하지만 이 상황을 단순히 경기 탓으로만 돌리기는 어렵다. 코로나19 팬데믹 시기에도 매일같이 줄을 세우던 식당들은 분명 존재했다. 모두가 어려운 상황 속에서도 승승장구하던 이 식당들은 어떻게 설명해야 할까. 모두가 추풍낙엽처럼 쓰러지는 시기에도 외부 환경의 충격을 거의 받지 않는 곳들이 있다. 이 식당들의 장사는 분명 다른 지점이 있는 것이다.

우리는 "시대의 흐름에 맞추어 식당도 달라져야 한다"는 말을 수없이 들어 왔다. 하지만 실제로 무엇이 어떻게 변했는지, 그 결과 어떤 현상들이 나타났는지에 대해 진지하게 고민해 본 경우는 많지 않다. 시대가 변함에 따라 식당은 어떤 방식으로 진화해 왔는지, 수많은 식당을 벤치마킹하면서도 정작 '도저히 납득할 수 없는 맛과 음식'으로 매일 줄을 세우는 식당들이 어떻게 고객에게 사랑받는지, 그 핵심은 잘 보이지 않는다. 그 장점들을 반드시 배우고 오겠다고 마음먹고 찾아가지만, 막상 무엇이 본질인지 알아채지 못한 채 돌아오는 경우가 대부분이다.

이 보이지 않는 핵심을 제대로 파악하기 위해서는 먼저 우리가 지금 어떤 시대에 살고 있는지, 외식의 역사가 어떻게 변해왔는지부터 이해할 필요가 있다.

1970년대는 외식은 '특별한 날의 사치', '배불리 먹는 기쁨'이었던 시대이다. 이 시기의 외식은 특별한 행사나 나들이의 일부였다. 경제적 여유가 많지 않았기 때문에 식당은 주로 '배불리 먹는 곳', '평소에 접하기 어려운 귀한 음식을 맛보는 곳'으로 인식되었다. 생일, 기념일, 명절과 같은 날에만 외식을 하는 경우가 많았고, 맛 그 자체보다 '집이 아닌 밖에서 먹는다'는 사실이 더 큰 가치였다.

　그러다가 1980년대에는 외식의 대중화가 본격적으로 시작되었다. 경제가 안정되면서 외식 산업이 본격적인 성장 궤도에 올랐다. 서구식 식생활의 유입과 함께 육류 소비가 급증했고, 패스트푸드 프랜차이즈가 속속 등장하며 외식의 형태가 다양해졌다. 이 시기에는 '맛있고 푸짐하면 성공한다'는 공식이 비교적 잘 통하던 때였다. 경쟁자가 많지 않았고, 외식 자체가 주는 특별함만으로도 고객은 충분히 만족했다.

　하지만 1990년대에 접어들어 맛의 경쟁이 본격화되고, '분위기와 서비스'라는 외형적 경험이 중요해지기 시작했다. 국민소득이 7,000~1만 달러 선을 넘어서면서 고객의 눈높이가 눈에 띄게 높아졌다. TGI 프라이데이스와 같은 패밀리 레스토랑이 큰 인기를 끌었고, 퓨전 음식의 등장과 함께 선진국형 외식 문화가 확산되었다. 이때부터 고객은 단지 음식의 맛뿐 아니라 '어떤 공간에서, 어떤 서비스를 받으며 먹는가'를 함께 따졌다. 외식은 단순한 끼니 해결을 넘어 '하나의 문화적 경험'으로 자리 잡기 시작했다. '맛있으면 된다'는 공식에 '분위기가 좋고 친절한 곳이어야 한다'는 조건이 더해진 시기이다.

이어서 2000년대는 정보의 시대, 고객이 본격적으로 똑똑해진 시대이다. 블로그, 카페, 포털 리뷰, 이후 SNS의 확산으로 고객은 메뉴, 가격, 분위기, 서비스까지 꼼꼼히 비교·검증할 수 있게 되었다. "맛있다더라"라는 말만으로는 충분하지 않게 되었고, "왜 굳이 이 집에 가야 하는가"에 대한 이유가 필요해졌다. 정보의 비대칭이 줄어들면서, 고객은 이미 많은 것을 알고 식당을 선택하는 존재가 되었다.

그리고 최근, 2020년대 이후는 경험의 시대, 고객이 '감정'을 소비하는 존재가 된 시대이다. 지금의 고객은 단순히 배를 채우기 위해 식당을 찾지 않는다. '기억에 남는 경험'을 원한다. 음식의 맛은 기본 조건에 불과하며, 공간, 서비스, 스토리, 브랜드가 주는 감성까지 모두 합쳐진 '총체적 경험'을 소비한다. 이제 외식업은 '맛'만 파는 업이 아니라 '경험'을 파는 업이 되었다. 인터넷과 스마트폰, 소셜 미디어의 등장은 고객을 완전히 다른 존재로 바꾸어 놓았다. 지금의 고객은 한 번의 검색으로 수많은 식당의 메뉴, 가격, 리뷰를 손쉽게 비교한다. 더 이상 '아는 게 힘'이 아니라, '모르는 것이 거의 없는' 고객의 시대이다. 자신의 경험을 사진과 글, 영상으로 즉각 공유하고 평가하는 일도 일상이 되었다. 나쁜 경험은 폭발적인 속도로 확산되어 식당의 생명줄을 단숨에 끊어놓을 수 있고, 좋은 경험은 강력한 바이럴 효과를 내며 식당의 성장을 견인한다.

고객은 이제 '가성비'를 넘어 '가심비'를 추구한다. 합리적인 가격뿐 아니라, 내 마음이 얼마나 만족했는지를 더 중요하게 여긴다. 남들과 똑같은 경험이 아니라, '나만의 특별한 경험'을 원한다. 그렇기 때문에 오늘날 내 식당을 찾아와 줄 '굳이 찾아와서 먹어야 하는 이유'가 무엇인지, 그 가치를 누구보다 선명하게 정의하고 구현해야만 하는 시대인 것이다.

▌아직도 '맛만 있으면 된다'고 믿는 사장님들에게

이제 '맛있으면 통하는' 시대는 완전히 끝났다. '우리 음식 맛있어요'라는 말은 더 이상 차별화가 되지 않는다. 맛있어야 한다는 것은 이미 기본 조건이기 때문이다. 이제는 유튜브만 켜도 누구나 쉽게 따라 할 수 있는 맛있는 레시피가 넘쳐나는 세상이다. 고객은 더 이상 음식 하나만으로 만족하지 않는다. 식당에 발을 들이는 순간부터 자리를 떠나는 순간까지, 모든 접점에서 '총체적인 경험'을 기대한다. 이 경험이 만족스럽지 않으면, 아무리 맛있는 음식도 '한 번 가본 곳'으로 끝나는 일회성 소비에 그칠 뿐이다. 고객은 맛만으로 움직이지 않는다. 같은 음식이라도 그 맛을 "어떻게 전달하느냐", 다시 말해 "어떻게 파느냐"가 더 중요해진 시대이다.

매일 줄 서는 식당의 비밀은 결국 고객에게 '경험'을 제공하고 있다는 데에 있다. 맛있는 집은 많지만, '특별한 경험'을 선사하는 집은 드물다. 고객은 단순히 맛이 좋아서가 아니라, 그곳에서 느꼈던 좋은 감정, 존중받고 대접받는 느낌, 함께한 사람과 나눴던 즐거운 순간 때문에 다시 찾는다. "이 집 음식 진짜 맛있어"라는 평가는 이제 기본 전제이다. 그보다 "여기 가면 특별한 대접을 받는 느낌이다", "음식 하나하나에 스토리가 담겨 있다"와 같은 '경험'에 대한 입소문이 강력한 바이럴 마케팅이 되는 시대이다.

다른 식당과의 경쟁에서 확실한 우위를 점하게 해 주는 요소는 더 이상 맛이나 가격만으로는 부족하다. 오직 그 식당만이 제공할 수 있는 '고유한 경험'이야말로 마지막이자 가장 강력한 차별화 무기이다.

살아남는 식당은 '경험'을 팔고 제공한다는 것이 핵심이다

이야기가 있는 음식이란 "이 재료는 어디에서 왔고, 어떻게 만들어지며, 어떤 철학이 담겨 있는지"를 고객에게 자연스럽게 들려주는 음식이다. 그렇게 되면 고객은 단순한 한 끼가 아니라, 그 안에 담긴 '가치'와 '진정성'을 함께 먹고 있다고 느끼게 되는 것이다.

친절 역시 이제는 기본을 넘어 '감동'의 수준이어야 한다. 고객의 작은 필요를 먼저 알아차리고 채워 주는 세심함, 특별한 날을 기억해 주는 섬세함은 고객에게 잊을 수 없는 경험으로 남는다. 어린이 고객에게 작은 선물을 건네거나, 생일을 맞은 고객에게 짧은 축하 메시지를 전하는 일들이 그 대표적인 예이다.

또한 고객이 예측하지 못한 순간에 감동을 주는 것이 중요하다. 고객이 전혀 기대하지 않았던 작은 선물이나 서비스는 만족감을 극대화하는 요소이다. 식전 웰컴 푸드, 식후에 제공되는 특별 디저트, 계산할 때 전하는 짧은 감사 인사 등은 모두 '기대 이상의 가치'를 제공하는 장치이다. 이러한 장치들이 쌓일 때 고객은 "여긴 뭔가 다르다"라는 감정을 품게 되는 것이다.

무엇보다 중요한 것은 오감을 자극하는 경험을 설계하는 일이다. 시각, 청각, 후각, 촉각, 미각, 이 다섯 가지 감각을 고루 자극하는 것이 곧 경험을 제공하는 일이다. 고객이 강한 자극을 받아야 오래 기억에 남고, 그 기억이 "다음에는 누구랑 같이 와야지"라는 감정적 연결로 이어진다. 맛은 이제 기본이다. 한 걸음 더 나아가, 경험 제공을 통해 남들과는 다른 '자극'을 주고 그것을 명확하게 '보여 줄' 때 비로소 생존을 넘어 줄 서는 식당이 될 수 있는 것이다.

대한민국에서 '오감 자극 경험 제공'이라는 관점으로 보았을 때, 나의 기준에서 단연 1등이라고 말할 수 있는 식당이 있다. 바로 진주냉면 '산홍'이다. 이곳의 경영자인 이종상 대표는 진주의 역사와 냉면 이야기에 완전히 몰입해 있는 사람이다. 식당은 진주냉면 한 그릇을 판매하기 위한 단순한 공간이 아니라, 진주냉면의 역사와 이야기를 고스란히 담아 낸 작은 박물관처럼 꾸며져 있다.

나 역시 진주냉면에 대해 잘 알지 못한 채 이곳을 찾았지만, 이곳에서 냉면 한 그릇을 먹는 동안 자연스럽게 진주냉면의 깊은 역사를 알아 가게 되었다. 식당 어느 곳에 시선을 두어도 진주냉면의 유래와 제조 방식, 그리고 그 안에 담긴 스토리가 눈에 들어왔다. 마치 냉면이 나오기 전부터, 그리고 냉면을 먹는 내내 나의 오감은 '맛 그 이상'의 무언가를 계속해서 흡수하고 있는 느낌이었다.

벽면에 걸린 옛 진주시의 사진들은 시간의 흐름과 도시의 기억을 전하고 있었고, 곳곳에 배치된 설명들은 내가 지금 맛보고 있는 것이 단순한 한 그릇의 면이 아니라 '전통과 장인의 정신'이 담긴 하나의 문화유산이라는 인상을 주었다. 젓가락을 들기 전부터 이미 냉면에 대한 지적 호기심과 기대감은 최고조에 달해 있었다.

이처럼 이야기와 역사를 공간 전체에 촘촘히 담아 낸 곳에서 맛보는 진주냉면은 더 이상 단순한 한 끼 식사가 아니다. 그것은 진주라는 도시의 정체성과 시간을 온몸으로 느끼게 하는 하나의 '문화 경험'인 것이다.

진주냉면 산홍의 벽면에는 진주의 역사를 담은 흑백사진이 전시되어 있다.

식당은 마치 박물관처럼 진주냉면관 산흥이 무엇인지 설명하고 있다.

이것이야말로 단순히 '맛있다'는 감탄사를 넘어, 고객이 식당을 다시 찾을 '결정적인 이유'를 만들어 내는 방식이다. 고객은 이곳에서 진주냉면의 '본질적인 맛'뿐만 아니라, 그 맛을 둘러싼 '진정성과 스토리'를 함께 경험하는 것이다. 계산을 마치고 식당을 나서는 순간, 배만 부른 것이 아니라 진주냉면에 대한 지식, 깊은 만족감, 그리고 특별한 추억까지 얻어 가는 특별한 경험을 선사받았다는 생각이 들었다.

이제 충분히 설명이 되었을 것이다. 전혀 이해할 수도, 납득할 수도 없었던 식당이 왜 매일같이 줄을 서게 되었는지, 전국에서 사람들이 몰려드는 이유가 무엇인지, 심지어 배울 마음으로 찾아가도 도무지 감이 오지 않았던 이유는 결국 하나이다. 바로 그 식당들이 고객에게 '경험'을 제공하고 있었기 때문이다. 우리가 미처 그것을 알아채지 못했을 뿐이다.

이제는 식당이 '무엇을 파는지'를 다시 정의해야 할 때이다. 식당은 더 이상 '맛있는 음식을 파는 곳'이 아니라, '잊지 못할 경험을 선사하는 곳'이어야 한다. 고객은 메뉴판 속 음식만을 보는 것이 아니다. 고객은 식당이 선사하는 공간, 서비스, 분위기, 이야기, 감정까지 모든 것을 총체적인 '경험'으로 받아들인다. 이제 외식업에서 '맛'은 더 이상 특별한 것이 아니다. 특별한 것은 오직 그 식당에서만 느낄 수 있는 '경험'이다.

　이 점을 깨닫고 식당을 '경험의 공간'으로 설계해야 한다. 그렇지 않으면 시대의 변화를 인정하지 못한 채 사라져 가는 수많은 폐업 식당 중 하나가 될 뿐이다. 고객이 머무는 시간 속에 어떤 경험과 감정을 남겼는지가 식당의 생존을 결정한다.

망하는 식당과 줄 서는 식당을 가르는 단 2가지 능력

외식 시장은 생존을 건 싸움이다. 단순히 열심히 하고 몸으로 부딪치는 열정만으로는 더 이상 살아남을 수 없다. 어제의 성공 전략은 금세 시대에 뒤처진다. 수많은 식당이 이름도 없이 소리소문없이 사라지는 가혹한 현실 속에 있다. 그럼에도 이런 혼돈 속에서 굳건히 버티고, 나아가 고객을 줄 세우며 우뚝 서는 식당들은 분명 존재한다. 과연 그들에게는 어떤 특별한 비법이라도 있는 것일까.

그것은 특출난 운이나 타고난 재능 때문만은 아니다. 나는 이전 책 『무패장사』를 통해 오직 실행만이 살길임을 강조했다. '배운 것은 닥치고 실행한다'는 강력한 의지로 월세 걱정에서 벗어나 줄 서는 식당으로 성장할 수 있었다. 이제는 그 '압도적인 실행력'마저 한 단계 더 진화해야 할 때이다. 칼날이 아무리 날카로워도 방향이 틀리면 무엇도 베지 못하고, 백전

노장의 용맹함도 적의 움직임을 읽지 못하면 한순간에 무너진다.

지금 식당 사장에게 필요한 것은 무작정 휘두르는 칼이 아니다. 위기의 순간마다 빛나는 두 가지 핵심 능력, 바로 고객의 결핍을 꿰뚫어 보거나 미리 알아채는 날카로운 결핍 센싱 능력과, 그 통찰을 현실로 만드는 압도적인 실행력이다. 이 두 가지 능력이야말로 어떤 어려운 상황 속에서도 식당을 생존시키고 성공으로 이끄는 강력한 무기가 된다. 그리고 이 글에서는 이 두 가지 능력을 체계적으로 갖추고, 실행력을 한 단계 더 업그레이드하기 위한 실질적인 방법을 다루고자 한다.

1. 남들보다 반템포 빠른 고객 결핍 센싱

식당 생존의 첫 번째 열쇠는 바로 '보는 능력'이다. 여기서 말하는 보는 능력은 단순히 눈에 보이는 것만을 의미하지 않는다. 고객이 진정으로 원하지만 아직 충족되지 못한 욕구, 즉 '결핍'이 무엇인지 알아채는 능력이다. '고객 결핍 센싱'이란 고객이 결핍 상태일 때 느끼는 고통을 포착하고, 그것을 해소할 수 있는 방안을 찾아내는 일이다. 식당 사장의 언어로 풀어 말하면, '남들보다 반템포 빠르게 고객의 결핍을 파악하는 능력'이라고 할 수 있다.

결핍 센싱의 태도란 매일 반복되는 식당 운영 속에서 무심코 지나칠 수 있는 작은 신호를 놓치지 않는 것이다. 단골손님의 표정이 왜 예전 같지 않은지, 최근에 새로 유입되는 손님들이 무엇을 더 원하는지, 옆 식당의 신메뉴가 왜 갑자기 북적이는지, 배달 앱 리뷰에는 어떤 불만이 반복해서 올라오는지 등 일상의 모든 것을 데이터로 인식하고 분석하는 태도이다. 이 작은 관찰들이 모여, 고객이 진정으로 결핍을 느끼는 지점을 읽어내는 통찰로 이어진다.

이러한 결핍 센싱 능력은 단순한 호기심에서 비롯되는 것이 아니다. 생존을 위한 필수 조건이다. 고객의 결핍을 먼저 감지해야 메뉴를 개선하거나 새로운 서비스를 도입할 수 있다. 또한 경쟁사가 채우지 못한 결핍을 파악해야 그 틈을 파고드는 맞춤 전략을 세울 수 있다. 즉, 문제가 터진 뒤에야 허둥지둥 대응하는 것이 아니라, 고객이 스스로 결핍을 자각하기도 전에 미리 준비해 두는 선제적 대응의 원천이 바로 날카로운 결핍 센싱 능력이다.

결핍이란 '있어야 할 것이 없어지거나 모자라는 상태'를 의미한다. 이 결핍을 남들보다 반 템포 먼저 읽어내는 사람이 결국 시장을 선점하는 사람이다.

2. 압도적인 실행 능력, 경영자의 핵심 역량

날카로운 결핍 센싱으로 고객의 욕구를 읽어냈다면, 이제 그 통찰을 현실로 만들어야 한다. 아무리 뛰어난 아이디어와 분석이 있어도, 그것을 실행할 능력이 없다면 아무 소용이 없다. 식당 경영에서 실행 능력이란 단순히 주어진 일을 처리하는 수준을 넘어, 고객의 결핍을 채우기 위해 과감히 새로운 시도를 하고, 시행착오를 두려워하지 않으며 목표를 향해 밀어붙이는 경영자의 핵심 역량이다.

실행력의 태도란 "요즘 고객들은 이런 부분에서 불편함과 아쉬움을 느끼고 있겠구나"라고 느끼는 순간, 거기서 멈추지 않고 새로운 마케팅 방안을 적용해 보는 용기와 추진력이다. 메뉴판 구성을 통째로 바꾸고, 주방 동선을 재설계하고, 필요하다면 식당의 콘셉트 자체를 바꾸는 일까지 포함한다. 변화에는 언제나 위험이 따른다. 하지만 그 위험을 감수하고 실행에 옮기는 사람이 진짜 능력자이다.

많은 식당들이 좋은 아이디어를 가지고도 실패하는 이유는 실행을 미루거나, 아예 해 보지도 않고 머릿속에서만 결론을 내리기 때문이다. 반대로 평범해 보이는 아이디어라도 강력한 실행력이 뒷받침되면 시간이 걸리더라도 결국 성과로 이어진다. 실행력은 아이디어를 단순한 생각으로 끝나지 않게 만들고, 고객에게 새로운 경험과 가치를 제공하는 힘이다. 줄 서는 식당의 비밀이자, 고객 만족이 완성되는 최종 지점이 바로 이 실행력이다.

▎능력을 향상시키고 생존의 열쇠를 쥐어라

"나는 원래 고객 결핍을 읽는 눈이 없어."

"실행력이 부족해서 뭘 못 하겠다."

혹시 이런 생각으로 이미 스스로를 포기하고 있지는 않은가. 절대 포기하기에는 이르다. 이 두 가지 능력은 타고나는 재능이 아니라, 끊임없는 노력과 학습을 통해 충분히 만들고 향상시킬 수 있는 능력이다.

고객 결핍 센싱 능력은 꾸준한 공부와 벤치마킹을 통해 키울 수 있다. 주변 식당들의 성공 사례를 분석하고, 관련 서적과 전문가 강연을 통해 계속해서 배우는 과정이 필요하다. 끊임없이 보고, 질문하고, 생각하는 습관을 들여야 한다. 다른 식당은 왜 줄을 서는지, 어떤 메뉴가 히트했는지, SNS에서는 어떤 콘텐츠가 인기를 끄는지에 대해 항상 안테나를 세워 고객의 숨겨진 결핍을 찾아야 한다.

실행력은 거창한 도전을 한 번에 해내는 능력이 아니다. 작은 변화부터 시작해, 그 결과에 대한 피드백을 통해 개선하는 과정을 반복하면서 자라나는 힘이다. 새로운 소스 한 가지를 개발해 보거나, 메뉴판의 문구를 조금 바꾸어 보거나, 서비스 방식에 작은 변화를 주는 것처럼 사소해 보이는 시도라도 괜찮다. 중요한 것은 꾸준히 시도하고 결과를 분석하는 일이다.

실행에 대한 실패를 두려워하지 않는 용기가 필요하다. 기껏해야 작은 실행의 실패일 뿐, 그런 실행이 당장 식당을 망하게 만들지는 않는다. 오히려 마음껏 해 보고, 그 과정에서 배우는 것이 중요하다. 이런 작은 실행과 피드백의 축적이야말로 실행력을 키우는 가장 강력한 자양분이다.

돈까스에 인생을 걸었다. 지구상에 존재하는 모든 식재료를 돈까스와 믹스하고 시도하고 있다. 이걸 보고도 실행하지 않는 사장님은 또 어떤 핑계를 대실 겁니까?
(자료 출처 : 돈까스 먹는 용만이)

절박하고 망하고 싶지 않다면 이 두 가지 능력을 갈고닦아야 한다. 식당은 이 강력한 무기를 통해 새로운 길을 열고, 실패의 위기에서 벗어나 성공을 현실로 만들 수 있는 존재이다. 망하지 않기 위해 몸부림치던 그때 나 역시 그랬고, 지금도 본질적으로는 다르지 않다. 배운 것은 무엇이든 실행으로 옮긴다. 그래야 살아남을 수 있다는 사실을 몸으로 깨달았기 때문이다.

식당 이름을 조금 바꿔볼까 하는 생각 하나에, 몇백만 원이 드는 간판을 1년에 한 번씩 통째로 교체해 보기도 했다. 메뉴판 구성부터 고객에게 건네는 첫인사까지, 사소한 요소 하나도 남기지 않고 이렇게도 해 보고 저렇게도 시도해 보았다. 놀라운 점은 이렇게 크고 작은 것들을 가리지 않고 끊임없이 실행할 때마다, 매출이 아주 조금씩이라도 꾸준히 상향 곡선을 그리기 시작했다는 사실이다. 그리고 예상치 못한 순간, 이러한 노력을 고객이 먼저 알아봐 주는 감동적인 경험도 했다.

"여기 사장은 참 노력 많이 하네."

고객의 이 한마디가 지금까지의 모든 노력을 보상해 주는 듯했고, 동시에 앞으로 더 큰 실행을 이어 갈 수 있는 강력한 동기가 되었다.

고객의 결핍을 꿰뚫어 보는 센싱 능력과 압도적인 실행력, 이 두 가지는 어떤 위기에도 살아남는 식당이 가질 수 있는 유일한 무기이다. 작은 변화라도 꾸준히 실행한다면, 식당은 반드시 생존을 넘어 성장하는 단계로 나아가게 된다.

작은 차이가
식당의 생존을 결정한다

많은 식당 사장들이 이렇게 말한다.

"맛만 있으면 된다."

"가격만 저렴하면 된다."

"친절하기만 하면 된다."

물론 틀린 말은 아니다. 하지만 이제 이런 요소들은 더 이상 경쟁 우위를 가져다주지 않는다. 기본적인 전제 조건일 뿐, 고객을 사로잡는 방법도, 전략도 아니다. 오늘날 고객은 단순한 만족을 넘어, 예상치 못한 감동과 특별한 경험을 원하고 있다.

그렇다면 감동과 특별함은 어디에서 오는가. 거창한 혁신이나 천문학적인 투자에서만 만들어지는 것이 아니다. 오히려 아주 사소한 차이를 발견하고, 그 이면에 숨어 있는 고객의 결핍을 해결하려는 집요함, 즉 '디테일'에 모든 것을 거는 데서 비롯된다. 보이지 않는 이 작은 차이가 결국 고객의 지갑을 열고, 충성도를 만들며, 그 식당을 잊지 못하게 기억하게 만드는 힘이 된다.

'디테일'은 단순한 완벽주의가 아니다. 그것은 앞에서 강조해 온 '고객 결핍 센싱'의 가장 예리한 형태이다. 고객이 입 밖으로 꺼내지 않는 불편함, 심지어 고객 스스로도 명확히 인식하지 못하는 미세한 니즈를 찾아내어 해소해 주는 것, 이것이 디테일의 본질이다.

다른 식당들이 무심코 놓치고 지나가는 아주 작은 요소들에서 고객의 불편을 발견하고, 이를 경쟁자가 쉽게 흉내 내지 못할 방식으로 해결해 줄 때, 고객은 비로소 특별한 가치를 느낀다. 이것은 결국 익숙한 80% 위에 낯선 20%의 감동을 더하는, 이른바 '낯설음과 공감대' 전략의 정점이며, 고객을 압도적으로 사로잡는 강력한 무기가 된다.

고객은 불편함과 아쉬움을 분명히 가지고 있지만, 그것을 쉽게 말로 표현하지 않는다. 식당이 먼저 그 신호를 알아채고 조용히 해결해 주는 것, 그 자체가 바로 디테일이 만들어 내는 강력한 경험 가치이다.

아래는 내가 경영하고 있는 '짬뽕작전'에서 대부분 실행했었고, 현재도 실행하고 있는 구체적인 디테일 사례들이다. 생존하고 싶다면 의심하지 말고 그대로 따라 해 보기 바란다.

• 스마트폰을 보며 식사하는 고객에게 휴대전화 및 태블릿 거치대를 제공하라.

- 변기 커버에 별도의 손잡이를 부착하라.
- 물은 일반 냉수 대신 보리차, 헛개차, 둥굴레차 등 부담 없이 마실 수 있는 차를 제공하거나, 개인별 생수를 제공하라.
- 충전이 필요한 고객에게는 빠른 충전이 가능한 보조 배터리를 제공하라(식사하면서 충전이 가능하도록 하라).
- 테이블마다 무선 충전 장치를 설치하라. 아니면 충전할 수 있는 보조배터리를 제공하라.
- 화장실에 1회용 칫솔, 치약, 치실, 구강 청결제, 여성용품 등 위생용품을 충분히 비치하라.
- 화장실에는 수건 대신 휴게소처럼 강력한 핸드 드라이어를 설치하라.
- 더위에 특히 취약해 보이는 고객에게는 개별 손풍기를 제공하라.
- 호텔에는 웰컴 음료가 있듯, 식당에는 '웰컴 국물'이 있을 수 있다. 제공할 수 있다면 과감히 도입하라.
- 유아 동반 고객을 위해 유아용 식판과 식기를 제공해 부모의 식사를 편하게 만들어라.
- 대형 식당에 어린이 놀이방이 있다면, 아이들이 노는 모습을 확인할 수 있는 CCTV 영상을 태블릿으로 보여 주어라. 아이가 잘 노는지 수시로 확인할 수 있게 해 엄마의 불안함을 줄여라.
- 추운 날 짧은 치마를 입은 고객에게는 무릎담요를 제공하

라.

- 소주 로고가 선명하고 국물 튄 자국이 남은 앞치마 대신, 자신의 식당 로고나 상호가 인쇄된 1회용 앞치마와 머리 끈을 제공하라.
- 겨울 화장실이 춥다면 전기 라디에이터, 또는 히터를 여성 화장실 칸만이라도 설치하라.
- 비가 오는 날이면 우산을 제공하라.
- 대리운전 홍보로 제공하는 사탕으로 고객에게 가치나 감동을 줄 수 없다. 얼마든지 더 좋은 후식이나 사탕을 줄 수 있다. (아깝다고 생각이 들면 식당 접는 게 낫다.)

이처럼 고객이 느끼는 작은 경험들이 차곡차곡 쌓이면, 그것이 곧 그 식당만의 독보적인 경험 가치가 된다. 물론 이런 방법은 누구나 따라 하기 쉽다. 하지만 문제는 이렇게 쉬운 정답을 알려 줘도 실제로 실행하지 않는 식당이 대한민국에 태반이라는 점이다. 같은 상권 안에서도 대부분의 식당이 여전히 아무것도 하지 않는다. 그러니 이 방법들이 정말 식당 매출과 생존에 영향을 줄지에 대한 불필요한 의심은 버리고, 일단 실행해 보기 바란다.

꾸준히 하나씩 실천하다 보면, 단언컨대 적어도 내가 속한 상권에서는 1등 식당이 되어 있을 것임을 나는 분명히 알고 있다. 먼저 실행하고, 고객의 시선을 사로잡아 경험 가치를 선점한 식당이 결국 시장을 주도한다. 이후에 모방하는 식당들이 분명 생기겠지만, 이미 먼저 선점한 식당과는 쉽게 좁혀지지 않는 간극이 생긴다. 그래서 남들보다 먼저 실행하고, 먼저 자리 잡는 것이 그토록 중요한 것이다.

나 역시 처음에는 책에서 보고 알게 된 것, 벤치마킹 과정에서 눈여겨본 것 등 어디에서든 배울 만한 것이 있다면 즉시 따라 했을 뿐이다. 그렇게 작은 디테일부터 실행한 것이 지금의 결과로 이어졌다는 사실을 기억해야 한다.

'오모테나시', 예상을 뛰어넘는 섬세함으로 고객을 감동시켜라

디테일의 정수를 보여주는 개념으로 일본의 '오모테나시(おもてなし)'가 있다. 오모테나시는 단순히 친절한 서비스를 넘어, 고객의 입장에서 잠재된 필요와 불편함을 미리 헤아려 행동하고, 어떠한 대가도 바라지 않는 순수한 환대를 의미한다. 이는 '신을 대하듯 상대를 미리 헤아려 마음 쓰는 행위'를 뜻하며, 고객이 말하기 전에 먼저 느끼고 행동하고, 예상치 못한 지점에서 감동을 선사하는 지극한 섬세함이다.

오모테나시 정신이 깃든 디테일은 다음과 같은 특징을 가진다.

- 선제적 배려: 고객이 요구하기 전에 먼저 필요한 것을 제공하는 태도이다.

- 세심한 관찰: 고객의 표정, 행동, 상황 등을 주의 깊게 살 피며 숨겨진 니즈를 파악하는 태도이다.
- 고객 맞춤형 서비스: 모든 고객을 획일적으로 대하지 않 고, 각 고객에게 최적화된 배려를 제공하는 태도이다.
- 순수한 마음: 대가나 칭찬을 바라지 않고, 오직 고객의 편 안함과 만족을 최우선으로 생각하는 마음이다.

쓰카다 농장 이자카야의 압도적 디테일 : 오모테나시의 정수

일본 도쿄의 '쓰카다 농장(塚田農場)' 이자카야는 오모테나시 철학을 디테일한 서비스로 완벽하게 구현한 대표적인 사례이 다. 이곳은 단순한 음식점이 아니라, 고객 경험의 모든 순간을 세심하게 디자인하여 감동을 전하는 공간이다.

먼저, 개인화된 환영 방식이 인상적이다. 손님이 매장에 들어 서면 전 직원이 일제히 손님의 이름(예약자명)을 부르며 맞이한 다. 이는 단순한 인사가 아니라 "고객을 기다리고 있었습니다" 라는 메시지를 전하는 의식이다. 재방문 고객의 경우 이전 방문 정보(좋아하던 메뉴, 선호 좌석 등)를 기록해 두었다가 자연스럽게 언 급하며, 고객 스스로를 특별한 존재로 느끼게 만든다.

테이블 위의 디테일도 남다르다. 자리에 앉는 순간부터 고객 이 옷이나 가방을 둘 곳을 고민하지 않도록 개인용 바구니가 준비되어 있다. 또한 여성 고객을 위해 특별히 디자인된 가방 걸이대를 제공하여 고급 가방이 바닥에 닿지 않게 배려한다. 이는 고객이 말로 표현하지 않은 '결핍'을 미리 헤아린 디테일이다.

계절감이 담긴 식기도 눈에 띈다. 쓰카다 농장은 매달 식기와 장식을 바꾸어 계절을 표현한다. 봄에는 벚꽃 무늬의 접시, 여름에는 시원한 유리 그릇, 가을에는 단풍 무늬 식기, 겨울에는 따뜻한 질감의 도자기를 사용하는 식이다. 이는 단순히 음식을 제공하는 수준을 넘어, 시각적인 즐거움과 계절의 감성을 함께 선사하는 디테일이다.

온도에 대한 미세한 배려도 이어진다. 고객이 자리에 앉으면 직원은 고객의 옷차림을 슬쩍 살펴보고 실내 온도가 적절한지 확인한다. 더위나 추위를 느낄 것 같다고 판단되면, 고객이 요청하기 전에 여름에는 차가운 수건, 겨울에는 따뜻한 수건을 먼저 제공한다. 이 역시 오모테나시의 정수가 담긴 서비스이다.

식사 흐름에 맞춘 서비스 타이밍도 탁월하다. 직원들은 고객의 식사 속도와 대화 흐름을 면밀히 관찰한다. 대화가 한창일 때는 개입을 최소화하고, 음식이 거의 비어 갈 즈음 자연스럽게 다음 메뉴를 제안하거나 "지금 드시는 음식을 더 맛있게 드시는 방법"을 알려준다. 고객의 경험 흐름을 방해하지 않으면서도 필요한 서비스를 적시에 제공하는 고도의 디테일이다.

떠나는 순간까지 이어지는 배려 역시 인상적이다. 계산을 마치고 나갈 때도 오모테나시는 끝나지 않는다. "아까 숯불구이를 정말 맛있게 드시더라고요. 조금 챙겨 두었다가 유자된장을 함께 드시라고 담아 보았습니다."와 같이, 작은 포장 용기에 곁들임을 담아 건네기도 한다. 비가 올 가능성이 있는 날에는 출입구에 우산을 준비해 두고, 추운 날에는 목도리나 장갑을 두고 가지 않았는지 자연스럽게 확인해 준다.

사후 관리의 디테일도 빼놓지 않는다. 방문 후 일주일 안에 감사 메시지와 함께 다음 방문 시 사용할 수 있는 작은 혜택을 제공하기도 한다. 이는 단순한 마케팅이 아니라 "당신의 방문이 우리에게 정말 소중했습니다"라는 메시지를 전하는 오모테나시의 연장선이다.

이러한 쓰카다 농장의 디테일한 오모테나시는 이곳을 단순한 맛집이 아니라, 고객에게 잊을 수 없는 경험과 감동을 선사하는 공간으로 만든다. 그 결과, 경쟁자가 쉽게 넘볼 수 없는 독점적인 가치가 형성되는 것이다.

사소한 디테일이 만들어내는 '와!'의 순간들

참기름 한 병에 담긴 디테일의 감동, 남관방앗간 이야기

나는 요리에 필요한 참기름을 살 때 늘 찾는 방앗간이 있다. 아주 오래된 노포로, 세월의 흔적이 고스란히 남아 있는 곳이다. 겉으로 보기에는 여느 방앗간과 다를 바가 없다. 그럼에도 이곳에는 늘 고객들이 줄을 서 있다. 처음에는 이해하기 어려웠다. 직접 짠 참기름 한 병을 사기 위해 줄까지 서서 기다리는 일이 도무지 납득되지 않았기 때문이다. '참기름이 거기서 거기지' 라는 생각도 들었다. 근처 다른 방앗간들도 똑같이 직접 짠 참기름을 팔고 있었고, 맛과 향, 가격도 거의 비슷했다. 그런데 왜 유독 이곳, 남관방앗간에만 사람들이 줄을 서는지 알 수 없었다.

식당에 빨리 돌아가야 했던 나는 처음에는 줄을 피해서 다른 방앗간에서 참기름을 샀다. 맛도, 향도, 가격도 거의 같았다. 그리고 다음번에야 다시 남관방앗간으로 향하게 되었다. 바로 그날, 나는 그 이유를 정확히 알게 되었다.

업소용 대용량 참기름 1.5리터를 구매하면 페트병 맨 윗부분에 약간의 빈 공간이 생긴다. 대기업 음료수 병도 마찬가지이다. 제조 공정과 유통 과정에서 어쩔 수 없이 생기는 기술적·물리적 여유 공간이다. 그런데 남관방앗간 사장님은 그 참기름 페트병을 고객 앞에서 직접 개봉한 뒤, 그 빈 공간을 끝까지 채워 넣는다. 참기름을 짜는 기계에서 갓 짜낸 참기름을 조심스럽고 정성스럽게 페트병의 꼭대기까지 가득 채운다. 그 순간, 내 뇌가 요동치는 느낌이 들었다. 그 장면을 보는 순간 비로소 이해했다. '아, 이 방앗간은 디테일의 힘을 알고 있구나'라는 생각이 들었다. 맛도, 향도, 가격도 비슷하지만, 고객의 감정을 움직이는 아주 작은 차이를 이 오래된 방앗간은 정확히 알고 있었던 것이다. 그 빈 공간을 채우는 행위는 단순한 서비스가 아니다. 그것은 고객에게 "당신은 특별한 사람입니다"라는 메시지를 조용하지만 강렬하게 전하는 디테일이다.

빈 공간을 채운 참기름. 이것은 단순히 가격만으로 설명할 수 있는 가치가 아니다. 고객 앞에서 직접 병을 가득 채워주는 그 행동은, 고객이 어디에서도 경험하지 못한 특별함과 동시에 저절로 '와!' 하는 감탄사를 내뱉게 되는 순간이다.

그날 이후로 나는 참기름을 살 때 다른 방앗간을 떠올리지 않는다. 줄을 서더라도 남관방앗간에 간다. 왜냐면, 그 작은 디테일 하나가 이미 내 마음을 깊이 움직여 버렸기 때문이다.

호텔의 '맞춤 베개 선택' 사례는 디테일이 어떻게 고객 경험의 수준을 끌어올리는지를 잘 보여 주는 예이다. 일본의 비즈니스 호텔 체인인 슈퍼호텔은 고객에게 다양한 베개 선택지를 제공하고 있다. 일반 호텔의 베개가 너무 높거나 낮아 잠자리가 불편해지는 상황에서, 이 브랜드는 그 결핍을 정확히 포착한 것이다.

각 객실에는 기본 베개가 비치되어 있지만, 프런트에서는 푹신한 것, 단단한 것, 낮은 것 등을 포함해 총 8종류의 베개를 준비해 두고 고객이 직접 선택할 수 있도록 하고 있다. 이를 통해 고객은 자신의 취향과 체형에 맞는 베개를 고를 수 있고, 호텔은 그 과정에서 최적의 수면 환경을 제공하게 되는 것이다.

이 서비스는 잠자는 동안에도 최대한 편안함을 추구하고자 하는 고객의 숨겨진 욕구를 충족시키는 디테일이다. 단순한 하룻밤 숙박을 넘어, '편안한 휴식'이라는 호텔 이용의 본질적 가치를 극대화하는 정교한 장치이며, 작은 차이가 어떻게 강력한 경험의 가치로 전환되는지를 잘 보여주는 사례이다.

슈퍼호텔 프론트 입구에는 고객이 직접 자신이 원하는 기능의 베개를 고를 수 있게 되어 있다.

만두 전문점의 '맞춤 간장' 사례가 좋은 예이다. 대부분의 식당은 만두를 내놓을 때 아무 생각 없이 일반 간장 종지 하나만 함께 낸다. 하지만 내가 오래전에 부산에서 경험했던 한 만두 전문점은 달랐다. 이곳은 고객이 주문한 만두의 종류(김치만두, 고기만두, 새우만두 등)에 따라 간장의 배합을 다르게 맞춰 내어 주었다. 심지어 즉석에서 갈아낸 생강을 소량 곁들여 내기도 했다.

이 아주 작은 '간장의 디테일'이 고객으로 하여금 "이 집은 정말 만두 맛을 아는구나", "사소한 것 하나까지 신경 쓰는구나"라는 인상을 심어 주었다. 평범한 만두가 이 집에 오면 특별한 미식 경험으로 승화되는 느낌이었다. 이 개념은 그대로 확장해 삼겹살 식당에서 소금을 한 종류만 내는 것이 아니라 다양한 소금을 제공하는 방식으로 응용이 가능하다. 초밥 전문점이나 횟집에서도 간장과 와사비를 하나의 정해진 조합으로만 내지 않고, 다양한 맛과 종류로 구성해 '맞춤 조합'을 제안하는 방식으로 확장할 수 있다.

화장실의 '완벽한 센스'도 마찬가지이다. 맛있게 식사를 마친 뒤 고객이 화장실을 이용할 때 기대하는 것은 단순한 청결만이 아니다. 짬뽕작전의 화장실에는 방향제 하나만 덩그러니 놓여 있지 않다. 여성용품, 면봉, 머리끈, 손 소독제 등 "혹시 필요하지 않을까" 싶은 물품들이 정갈하게 비치되어 있다. 이러한 '고객이 잠재적으로 필요로 할 것'을 미리 예측한 준비는 단순한 청결을 넘어선 극진한 배려로 다가온다. 그리고 이는 식당의 이미지를 한 단계 끌어올리는 강력한 디테일로 작동한다.

스테이크 전문점의 '완벽한 온도 조절 접시'도 눈여겨볼 만한 디테일이다. 스테이크 전문점에서 고기가 식는 것을 방지하기 위해 따뜻한 접시를 사용하는 것은 이제 기본이다. 하지만 어떤 곳은 여기에서 한발 더 나아간다. 단순히 접시를 데우는 수준이 아니라, 전자레인지에 5분가량 가열하면 40~50분 동안 70~80℃를 유지하도록 특수 제작된 접시를 사용하거나, 개별 워머를 제공해 마지막 한 조각까지 최적의 온도로 즐길 수 있게 한다. 이는 고객이 "고기를 끝까지 따뜻하게 먹고 싶다"는 잠재적인 결핍을 해소해 주며, '음식의 맛을 극대화하기 위한 디테일'이라는 강한 인상을 남긴다.

커피 전문점의 '맞춤형 얼음' 사례도 있다. 아이스 아메리카

노를 주문했을 때 시간이 지나면서 얼음이 녹아 커피 맛이 점점 옅어지는 것을 싫어하는 고객은 생각보다 많다. 이런 불편함을 해소하기 위해 어떤 커피 전문점은 일반 얼음과 더불어 '커피로 만든 얼음'을 따로 제공하거나, 녹는 속도가 훨씬 느린 크고 단단한 얼음을 사용한다. 이 작은 디테일이 음료 맛의 유지에 민감한 고객에게 큰 만족감을 선사하고, "이곳은 정말 커피를 제대로 즐길 줄 아는 곳이다"라는 평판으로 이어진다.

결국 이러한 디테일은 단순한 아이디어 차원이 아니다. 포기하지 않는 고객 관찰이 뒷받침될 때 비로소 현실이 되는 결과물이다. 작은 차이를 발견하는 '결핍 센싱'의 날카로운 눈, 그리고 그 차이를 끝까지 놓치지 않고 실제 서비스로 구현해 내는 끈기가 더해질 때, 그 식당은 경쟁자가 감히 모방하기 어려운 독점적인 가치를 창출하게 된다.

무심코 지나쳤던 식당 안의 모든 요소를 다시 보아야 한다. 메뉴판의 글자 크기, 테이블 간의 간격, 음식의 온도, 식기가 놓이는 위치, 심지어 음악의 볼륨과 재생 곡까지 고객의 입장에서 '아주 사소한' 불편함이나 아쉬움은 없는지 집요하게 찾아야 한다. 그리고 그 지점을 경쟁자가 쉽게 따라 하지 못할 방식으로 해결하는 데 모든 역량을 쏟아부어야 한다.

이 작은 디테일들이 하나둘 쌓여, 결국 그 식당만의 브랜드가 된다. 그리고 그 브랜드는 단순한 경쟁을 넘어, 고객의 압도적인 선택을 이끌어 내는 결정적인 힘이 된다.

낯설지만
공감대가 있는 상품이 줄을 세운다

　이젠 평범함으로는 살아남을 수 없는 시대이다. 천편일률적인 메뉴와 가격, 서비스가 넘쳐나는 시장에서 식당은 무엇으로 고객을 끌어들일 것인가를 스스로에게 물어야 한다.

　살아남기 위해서는 고객이 보고, 듣고, 경험하고 난 뒤 저절로 "와~"라는 감탄이 터져 나오는 제품을 만들어야 한다. 아무리 훌륭한 전략과 마케팅이 있어도 '감탄이 절로 나오는 좋은 제품'이 없다면 모든 것은 무의미하다. 고객이 재방문하고, 다른 사람에게 적극적으로 추천하며, 식당의 열렬한 팬이 되도록 만드는 유일한 길은 결국 고객의 입에서 자연스럽게 "와~!"라는 감탄이 나올 수 있는 제품을 만드는 일이다.

　자신의 식당만의 '남다름'과 '차별화'가 없이는 결국 고객에게 외면받을 수밖에 없다. 그렇다면 과연 어떻게 해야 고객의 탄성을 자아내는, 진정한 의미에서의 '좋은 제품'을 만들어 낼 수 있을까. 그 비밀은 인간의 뇌가 무의식적으로 반응하는 '낯설음과 공감대의 법칙'에 있다.

좋은 제품이란 고객의 뇌와 감정을 동시에 자극하는 제품이다. 단순히 "맛있다"라는 주관적인 평가를 넘어선다. 고객에게 예상치 못한 기쁨과 만족을 전해 주고, 그 결과 진심 어린 "와~!"라는 감탄사를 이끌어 내는 제품이다. 이러한 제품은 고객에게 단순한 한 끼를 넘어 '잊을 수 없는 경험'을 제공하며, 그 강렬한 인상이 뇌리에 깊이 박혀 다시 찾아오고 싶은 충동을 불러일으킨다.

그 핵심이 바로 '낯설음'과 '공감대'의 조화이다.

- 공감대: 고객이 익숙하게 느끼는 부분 (약 80%)
- 낯설음: 고객이 새롭게 느끼는 포인트 (약 20%)

이 비율이 맞아떨어질 때 고객은 "이건 내가 아는 것 같은데… 그런데 뭔가 다르네?"라는 심리적 반응을 보인다. 이 지점에서 관심 → 호기심 → 구매 → 감탄으로 이어지는 흐름이 만들어진다.

왜 하필 '8 대 2'가 '와~'를 이끌어 내는 황금 비율일까. 그 이유는 고객이 익숙한 것과 새로운 것에 반응하는 심리적 특성에 있다.

- 공감대가 너무 많으면 → 평범하다, 눈에 띄지 않는다.

- 낯설음이 너무 많으면 → 낯설다, 불편하다, 거부감이 생긴다.
- 공감대 8 : 낯설음 2 → 익숙함 속의 새로움 → 감탄을 유도한다.

이것은 단순한 감각이 아니라 인지심리학과 소비자 행동 분석에서 도출된 원리와 맞닿아 있는 법칙이다. 공감대 80%는 익숙함과 안전을 의미한다. 인간은 본능적으로 익숙한 것에서 편안함과 안정감을 느낀다. 너무 낯선 것은 경계하고 거부하려는 성향이 있다. 우리가 자주 찾는 '편안하고 맛있는 집'들은 대부분 이러한 공감대를 충분히 형성하고 있다. 이 80%의 공감대는 고객으로 하여금 "이건 믿을 수 있다", "내 취향에 맞는다"라고 느끼게 만든다. 기본적인 맛, 식재료, 콘셉트, 서비스 등 고객이 이미 익숙하게 느끼는 안정적이고 대중적인 만족 요소들이 여기에 해당한다. 여기에 낯설음 20%가 더해져야 비로소 제품이 '각인'된다. 만약 100% 공감대만으로 구성된 음식과 서비스라면, 고객은 그 식당을 "맛은 있는데 평범하다"라고 기억한다. 다시 굳이 찾아갈 필요까지는 없는, 수많은 유사 아이템과 비슷한 식당 중 하나로 남게 된다. 이때 필요한 것이 바로 20%의 '낯설음'이다. 이 낯설음은 고객에게 "뭔가 다르다", "새롭다", "특별하다"라는 느낌을 주는 요소이다. 과하지는 않지만 신선한 자극을 줌으로써 호기심을 불러일으키고, 결국 "와~"라는 감탄으로 이어지게 만드는 핵심 포인트이다. 이 작은 낯설음이 식당을 '기억에 남는 곳'으로 변화시킨다.

즉, 고객이 이미 좋아하고 신뢰하는 익숙함 80% 위에, 예상하지 못한 신선한 반전 20%를 살짝 얹어 주는 것이 '와~'를 이끌어 내는 최적의 전략이라는 의미이다. 낯설음이 지나치면 '괴상한 음식', '이상한 콘셉트'가 되어 거부감을 사고, 익숙함만으로 채워지면 '그냥 그런 평범한 집'으로 잊히기 쉽다. 이 80 대 20의 균형을 설계하는 것, 바로 그것이 지금 식당이 만들어야 할 '좋은 제품'의 전략적 출발점이다.

▍메뉴에 공감대 80% + 낯설음 20% 법칙 적용하기

그렇다면 자신의 식당 메뉴에 이 황금 비율을 어떻게 적용할 수 있을지 살펴보자.

공감대 80%는 기본적으로 많은 사람이 좋아하는 '파스타', '덮밥', '찜 요리' 등과 같이 얼마나 대중적인 음식인가를 기준으로 생각하면 된다. 낯설음 20%는 여기에 예상치 못한 특별한 재료를 한 스푼 더하는 것이다. 예를 들면 다음과 같다.

- "토마토 파스타"(공감대 80%) + "트러플 오일"(낯설음 20%)
  = "트러플 향 가득한 토마토 파스타" → 익숙하지만 고급스러운 풍미에 '와~'가 나오는 조합이다.
- "제육볶음"(공감대 80%) + "허브 훈연 돼지고기"(낯설음

20%) = "불맛 가득 허브 제육볶음" → 익숙하지만 새로운 풍미에 '와~'가 터지는 메뉴이다.

친숙한 맛에 '조리법의 낯설음' 한 끗 더하기 (20%)

공감대 80%는 전통적인 조리법으로 만드는 친숙한 맛을 기본으로 삼는 것이 좋다. 여기에 낯설음 20%는 독특하거나 재해석된 조리법을 적용해 신선함을 더하는 방식이다. 예를 들면 다음과 같다.

- "스테이크"(공감대 80%) + "저온 숙성·수비드 조리법"(낯설음 20%) = "겉은 바삭하고 속은 촉촉한 수비드 스테이크" → 익숙한 스테이크이지만 새로운 식감과 부드러움에 '와~'가 나오는 메뉴이다.
- "떡볶이"(공감대 80%) + "화덕에 구운 떡"(낯설음 20%) = "화덕 떡볶이" → 익숙한 메뉴이지만 기대 이상의 쫄깃함과 불향에 '와~'가 터지는 조합이다.

일상적인 메뉴에 '비주얼·플레이팅'의 낯설음 더하기 (20%)

공감대 80%는 맛 자체는 익숙하지만, 시각적으로 예상치 못한 아름다움이나 기발함을 더하는 방식이다. 낯설음 20%는 기존 메뉴와는 확연히 다른 플레이팅, 독특한 그릇, 연출 방식을 통해 구현할 수 있다. 예를 들면 다음과 같다.

- "김치찌개"(공감대 80%) + 돼지고기를 배추보쌈처럼 정성스럽게 말아 전골 냄비 안에 담고, 재료 하나하나의 모양과 배치를 눈길이 가도록 설계한 '연출'(낯설음 20%) = "오감을 만족시키는 보쌈 김치찌개" → 친숙한 음식이지만 한층 고급스러운 비주얼과 경험에 '와~'가 나오는 메뉴이다.
- "빙수"(공감대 80%) + "화려한 토핑의 조형미와 분명한 테마 연출"(낯설음 20%) = "보는 재미까지 더한 예술 빙수" → 맛은 기본이고, 압도적인 비주얼에 '와~'가 절로 나오는 제품이다.

결국 제품이 식당 생존의 답이다. 익숙함 80% 위에 낯설음 20%를 정교하게 설계해 고객의 입에서 '와~'라는 감탄이 터져 나오게 만드는 순간, 그 메뉴는 단순한 한 끼가 아니라 식당의 운명을 바꾸는 전략 자산이 되는 것이다.

팥빙수의 대중적 요소와 신선로에 담은 약간에 낯설음이 만나서 무조건 사진을 찍게 만들었고 SNS 타고 입소문은 바이러스처럼 번지게 만들었다. 팥빙수 와 신선로를 믹스 한 결과다.
(사진출처 : 남양주 카페 아인슈페너)

이제 제품을 만들 때 "맛있게 만들자"에 올인하지 말고 맛있게 만든 음식에 "고객이 감탄할 수 있을까?"를 고민해야 한다. 경쟁이 치열한 시장에서 고객의 선택을 받기 위해선 익숙함 속의 새로움, 공감 속의 낯설음이 반드시 필요하다.

지금 내가 팔고 있는 상품을(음식) 다시 들여다보자. 고객이 "와~" 할 만한 포인트가 있는지, 그 포인트가 공감대 위에 잘 얹혀 있는지. 이렇게 감탄이 나오는 메뉴를 만든다면 부탁하지 않아도, 말하지 않아도 고객 스스로가 SNS와 입소문을 전염병처럼 퍼뜨린다. 고객 스스로가 적극적인 홍보대사가 되는 힘까지 얻는다. 그것이 바로 생존하는 제품의 시작점이다.

해체하고 나열하고
믹스(MIX)해라

남들과 다른 차별화만이 살길이다

상권 내에 새로 오픈을 준비하는 식당이 또 하나 생겼다. 인테리어 공사가 한창이고, 입구에는 언제 오픈한다는 안내 현수막이 걸려 있다. 그런데도 이상하게 별 기대감이 들지 않는다. 이런 생각은 비단 나만의 문제일까. 그 현수막을 지나치며 스쳐 보는 수많은 잠재 고객들 역시 비슷한 느낌일 것이라고 나는 확신한다.

이유는 분명하다. 외식 시장은 이미 '포화의 시대'에 들어섰기 때문이다. 새로 오픈 준비로 분주한 식당들을 자세히 들여다보면, 상권 안에서 이미 쉽게 찾아볼 수 있는 콘셉트가 반복되고 있다. 비슷한 콘셉트, 비슷한 음식, 비슷한 서비스. 결모습만 조금 다를 뿐, 결국 모두가 비슷하다. 이런 식당이 너무 많다. 그래서 별 기대도 없는 것이다. 오픈 초반, 이른바 '오픈빨'일 때만 잠시 북적이다가, 그 시기가 지나면 언제 그렇게 바빴냐는 듯 조용해질 그림이 눈에 선하다.

새로운 상품, 새로운 브랜드, 새로운 경쟁자는 정말 많다. 많아도 너무 많다. 하루에 한 사람이 접하는 광고가 3,000개에 달한다는 통계까지 있을 정도이다. 그 수많은 자극과 정보 속에서, 내 식당이 차별화를 통해 고객에게 선택받아야 하는 상황이다. 말로는 쉽지만 실제로는 결코 만만한 일이 아니다. 남들과 다르게, 진짜 차별화를 만들어 낸다는 것은 쉬운 과제가 아니다. '몰라서 못했다'면 어쩔 수 없었겠지만, 이제는 다르다. 공부하고, 배우고, 이해하고 나면 차별화를 만들어 낼 방법은 생각보다 훨씬 많다. 그래서 배워야 하는 것이다.

그렇다면 어떻게 해야 음식으로 압도적인 차별화를 만들어 낼 수 있을까. 고객의 입에서 저절로 "와~!"라는 탄성이 터져 나오고, 한 번 맛본 뒤에도 뇌리에 강렬한 인상이 남는 제품을 어떻게 설계할 수 있을까.

앞에서 말했듯, '낯섦 20% + 공감대 80%' 법칙이 좋은 제품(음식)을 만들어 내는 핵심이라고 했다. 여기에 한 걸음 더 들어가, 이 법칙을 실제 메뉴 설계에 적용하는 보다 디테일한 접근 방법이 있다. 그 해답이 바로 '해체하고, 나열하고, 믹스(MIX)'하는 3단계 전략이다.

이 3단계 전략은 남들과의 '다름'과 명확한 '차별화'를 만들어 내는 가장 강력한 방법이다.

▎음식 차별화의 3단계 전략 = '해체 → 나열 → 믹스'

음식 차별화의 첫걸음은 가장 익숙한 것부터 다시 보는 데서 시작된다. 바로 식당의 모든 메뉴를 가장 작은 구성 요소까지 '해체'하고, 그것을 글로 세세하게 '나열'하는 작업이다. 이는 단순히 재료를 나누는 수준이 아니다. 고객이 익숙하게 여기는 메뉴의 본질을 속속들이 파헤쳐, 새로운 경험으로 재구성할 준비를 하는 과정이다. 머릿속으로만 어림잡아 생각하지 말고, 반드시 종이 위에 모두 펼쳐 놓아야 한다. 머릿속에서만 굴리다 보면 결코 좋은 결과에 도달할 수 없기 때문이다.

식당에서 팔고 있는 모든 메뉴를 하나하나 해체(분석)하고, 그 안에 들어가는 재료 하나, 조리법의 순서, 양념의 종류, 조리 온도와 시간, 플레이팅 방식, 심지어 사용하는 식기나 곁들임 반찬까지 생각할 수 있는 모든 요소를 빠짐없이 분해해 글자로 목록을 만들어 나열해야 한다.

예를 들어 보자.

예시 1) 김치찌개 해체와 나열
* 재료: 김치(신김치/익은 김치), 돼지고기(목살/삼겹살), 두부, 파, 양파, 콩나물, 고춧가루, 액젓, 된장, 육수(멸치/사골/다시마), 조미료(다시다/미원), 식용유 등

- 조리 과정: 김치를 볶는 시간, 고기를 볶는 온도, 물을 붓는 시점, 재료를 넣는 순서, 끓이는 시간, 불 조절 방식
- 제공 방식: 냄비 종류(뚝배기/양은 냄비), 가스 버너 유무, 국자, 곁들임 반찬 종류
- 맛 요소: 매운맛, 신맛, 감칠맛, 단맛의 강도

예시 2) 짬뽕 해체와 나열
- 재료: 밀가루(면 종류), 육수(돼지/닭/해물/야채), 해물(오징어, 새우, 홍합), 고기(차돌, 돼지고기), 고춧가루, 마늘, 양파, 배추, 부추, 식용유(고추기름) 등
- 조리 과정: 재료를 볶는 온도, 볶는 시간, 육수를 붓는 타이밍, 끓이는 시간, 불 조절 방식
- 제공 방식: 그릇 종류, 면의 양, 국물의 양, 곁들임 반찬(단무지, 양파 등)
- 맛 요소: 얼큰함, 불맛, 해물의 시원함, 고기의 깊은 맛, 기름진 정도

이 과정을 거치면 내가 팔고 있는 메뉴를 완전히 새로운 시각으로 보게 된다. 메뉴 하나하나가 맛을 만들어 내는 '퍼즐 조각'이라고 생각하고 접근하는 것이다.

예를 들어 짬뽕에 들어가는 밀가루만 따로 떼어 해체해 보자.

- 곰표 대한제분(수입 밀 사용)
- 국산 밀가루
- 통밀
- 메밀

이와 같이 훨씬 더 세분화할 수도 있다. 면의 굵기도 마찬가지이다.

- 대·중·소 굵기
- 납작한 칼국수 면
- 우동처럼 굵은 면

이처럼 면의 형태와 식감을 기준으로 다시 해체할 수 있다. 이렇게 해체하고 나열한 요소들을 이제 하나씩 믹스(MIX)해 보는 것이다. 예를 들어,

- 밀가루: 국산 밀가루
- 면: 칼국수 면
- 육수: 동충하초 버섯과 닭 육수
- 해물: 홍합, 조개, 꽃게
- 제공 방식: 뚝배기

이렇게 조합하면 "뚝배기 해물 칼짬뽕"이라는 전혀 새로운,

충분히 설득력 있는 짬뽕이 탄생한다. 이 순간이 바로 '낯설음 20% + 공감대 80%' 법칙이 발현되는 지점이다. 고객에게는 익숙한 짬뽕이라는 큰 틀(80% 공감대)을 유지하되, 국산 밀 칼국수 면과 동충하초 버섯을 더한 닭 육수라는 예상치 못한 변주(20% 낯설음)를 통해 특별함을 제공하는 것이다.

이처럼 해체하고 나열한 조각들을 끊임없이 믹스(섞기)하면서, 고객의 '와~'라는 탄성을 이끌어낼 초석을 다지는 것, 이것이 바로 '해체하고, 나열하고, 믹스하는 방법'의 핵심이다. 우리 식당에만 있는 독특하고 매력적인 메뉴는 바로 이 끝없는 믹스의 시도에서 탄생한다.

이 과정을 통해 이미 수많은 잠재적 아이디어와 조합을 손에 쥐게 된 셈이다. 이제 해야 할 일은 이 가능성들 가운데서 고객에게 가장 강한 감동을 줄 '최고의 믹스'를 찾아내고, 그것을 식당만의 독자적인 색깔로 정착시키는 일이다. '최고의 믹스'를 찾는다는 것은, 짬뽕에 들어가는 면의 종류, 육수의 베이스, 해물 토핑, 고추기름의 종류에 이르기까지, 해체하고 나열해 둔 모든 아이디어를 다시 검토하면서, 그중에서 고객의 마음을 가장 강하게 움직일 조합을 골라내는 작업이다. 이때 식당이 추구하는 정체성과 맛의 방향성, 그리고 실제 고객 반응을 종합적으로 고려해 최적의 믹스를 최종 메뉴로 결정해야 한다. 이는 단순한 재료 조합을 넘어, 식당 경영자가 할 수 있는 '창조의 영역'이자 '선택과 집중'의 과정이다.

이렇게 찾아낸 '최고의 믹스'를 고객에게 어떻게 제시하느냐 역시 중요하다. 해체 → 나열 → 믹스를 통해 얻은 노하우를 바탕으로, 고객이 직접 조합을 선택하며 '나만의 메뉴'를 만들어 가는 참여형 낯설음을 제공할 수도 있고, 운영자가 엄선한 '오늘의 추천 믹스'를 전면에 내세워 기대감을 높일 수도 있다.

일본의 유명 라멘 브랜드 '이치란 라멘'을 모르는 사람은 거의 없을 것이다. 이 브랜드는 "오직 한 분의 고객만을 위한 맞춤 라멘"을 제공한다는 콘셉트를 가진다. 다른 라멘 전문점, 다른 브랜드, 다른 경쟁자에게서 찾아보기 힘든 독특한 매력이다. '우리 라멘집은 오직 단 한 명의 고객에게만 집중하겠습니다'라는 메시지를 공간 전체로 보여주는 곳이다. 라멘을 주문하고 경험하는 전 과정이 1인석을 중심으로 설계되어 있다. 마치 독서실처럼 오롯이 한 사람에게 집중하기 위한 1인용 좌석이 전부인 구조이다.

이치란 라멘의 주문서는 단순히 취향을 체크하는 종이가 아니다. 라멘 한 그릇을 구성하는 맛의 농도(싱거운 맛/기본/진한 맛), 기름진 정도(넣지 않음/담백/기본/진함/매우 진함) 등, 이미 해체된 요소들을 한눈에 볼 수 있도록 나열해 둔 결과물이다. 고객은 이 나열된 선택지를 직접 믹스해 세상에 하나뿐인 '나만의 라멘'을 만들어 낸다.

이는 80%의 친숙한 라멘이라는 공감대 위에, 20%의 '내가 직접 선택해 만드는 낯설음'을 절묘하게 더한 성공 사례이다. 고객은 "오직 나만을 위한 맞춤 라멘"이라는 특별한 경험에 감탄하며 기꺼이 지갑을 연다.

고객의 '와~'라는 탄성을 이끌어 내기 위해서는 무(無)에서 유(有)를 창조할 필요가 없다. 기존에 존재하는 제품과 요소들을 해체하고, 나열하고, 믹스(섞기)하는 과정에서 답을 찾는 편이 훨씬 빠르고 현실적이다. 이미 있는 것을 새로운 방식으로 섞어, 아직 세상에 없던 조합을 발견하는 것이다.

궁극적으로는 이러한 '믹스'를 통해 식당만의 독자적인 브랜드 콘셉트를 만들어야 한다. 이것이 포화 시대의 외식 시장에서 살아남는 길이며, 동시에 고객의 뇌리에 깊이 각인되는 가장 강력한 전략이다.

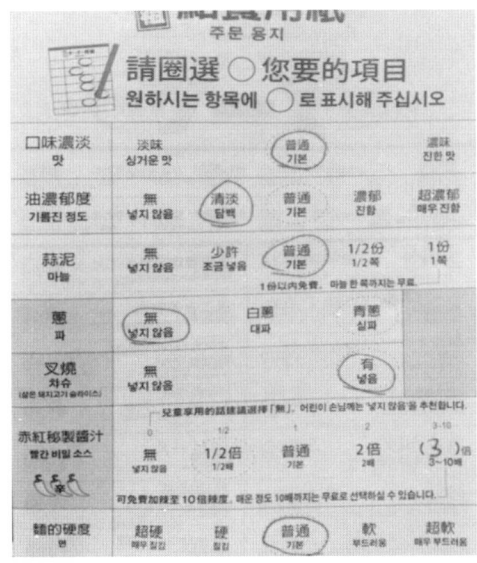

"고객 한 사람 만에 특별한 라멘을 만들어 드립니다."라는 메시지가 주문서에 담겨있는 셈이다.

'최고의 믹스'는 곧 식당의 강력한 무기가 된다. 고객의 입에서 "이건 처음인데 맛있다!"라는 감탄이 터져 나오는 순간, 비로소 그 식당만의 시그니처 메뉴가 탄생하는 것이다. 이 시그니처 메뉴는 해체하고 나열하는 과정을 통해 발견한 수많은 가능성 가운데 가장 빛나는 결과물이며, 동시에 식당만의 독자적인 가치를 만들어 내는 핵심 자산이다.

1. 해체 → 나열 → 믹스 사례

부대찌개 해체 & 나열: 심슨 부대찌개의 경우

익숙한 부대찌개는 대체로 하나의 냄비에 햄, 소시지, 라면, 채소 등을 모두 넣은 상태로 조리되어 손님상에 올라온다. 하지만 심슨 부대찌개는 이 익숙한 방식을 과감하게 해체하고, 전혀 다른 경험으로 재구성한 사례이다.

- 재료 구성: 햄, 소시지, 고기, 라면 사리, 콩나물, 치즈 등 부대찌개의 기본 재료들을 냄비 안에 한데 넣지 않고, 별도의 접시에 마치 한 폭의 그림처럼 가지런히 나열하여 제공한다.
- 조리 과정: 먼저 육수를 부어 끓인 냄비가 제공되고, 고객은 그 옆에 놓인 접시에서 재료를 하나씩 골라 직접 냄비에 넣는다. 이 과정에서 고객은 단순히 '완성된 부대찌개를 먹는 사람'이 아니라, 재료를 투입하고 끓이는 타이밍

을 조절하며 '나만의 부대찌개를 완성하는 사람'이 된다.
- 제공 방식의 특징: 이미 조리된 음식을 받아먹는 수동적 방식이 아니라, 고객이 직접 참여해 완성해 가는 '체험형 부대찌개'라는 점에서 차별화가 이루어진다. 음식 한 그릇을 통해 식사와 놀이, 경험이 동시에 이뤄지는 구조인 것이다.
- 맛 요소의 변화: 국물의 시원함, 햄과 소시지의 짭조름함, 라면의 식감 등은 고객이 어떤 재료를 언제, 어떤 순서로 넣는지에 따라 달라진다. 고객이 자신의 취향에 맞게 재료를 믹스하면서, 스스로 최적의 맛 균형을 찾아가는 경험을 하게 되는 것이다.

이처럼 심슨 부대찌개의 사례는 부대찌개라는 대중적인 메뉴(공감대 80%)를 그대로 유지하면서도, '고객이 직접 완성하는 참여형 조리 경험'이라는 낯섦 20%를 더해 시그니처 콘셉트로 승화시킨 대표적인 해체 → 나열 → 믹스 전략의 결과물이라 할 수 있다.

부대찌개의 재료들을 해체하고 나열해서 직접 고객이 부대찌개를 완성
해 먹는다는 경험을 제공하는 심슨부대찌개 상차림

이 방식은 고객에게 익숙한 부대찌개의 틀을 유지하면서도 20%의 낯설음을 더해 전혀 새로운 경험을 제공하는 전략이다. 해체와 나열을 통해 재료 하나하나의 가치를 재발견하게 하고, 고객 스스로가 믹스하는 과정을 통해 자신의 입맛에 맞는 부대찌개를 창조하도록 이끄는 방식이다. 이는 단순한 식사를 넘어서는 경험으로, 고객의 만족도와 재방문율을 동시에 높이는 강력한 차별화 전략이다.

해체와 나열, 그리고 믹스의 힘은 이미 다양한 산업에서 수많은 성공 사례로 증명된 바 있다. 식당 역시 이 전략을 활용한다면, 이전에는 존재하지 않았던 독점적 가치를 충분히 만들어 낼 수 있다.

싸이 – 날라리와 정장의 믹스

먼저 대중문화에서의 사례를 보자. 싸이는 무대에서 늘 B급 날라리 캐릭터를 보여 주지만, 동시에 단정한 정장을 입는 상반된 이미지를 믹스해 왔다. 이 이질적인 조합이 팬들에게 신선한 충격을 주었고, 결국 글로벌 스타로 성장하는 데 중요한 역할을 했다. 싸이의 믹스 핵심은 대중적인 '날라리' 캐릭터에 격식 있는 이미지를 섞어 누구도 따라 하기 어려운 차별화된 캐릭터를 만든 데에 있다.

손정의 – 발명 카드 믹스

다음은 기술·혁신 분야의 사례이다. 손정의 회장은 하루에 한 가지씩 발명 아이디어를 만들기 위해 낱말 카드를 섞는 방식을 활용했다고 알려져 있다. 전혀 연관 없어 보이는 단어들을 서로 조합해 음성 전자 번역기와 같은 혁신적 제품을 구상했다. 발명 카드 믹스의 핵심은, 겉보기에는 무관한 요소들을 과감히 결합해 전혀 새로운 기술과 가치를 창출하는 데에 있다.

돌짬뽕, 돌짜장 – 짬뽕작전의 제공 방식 믹스

내가 경영하는 '짬뽕작전'의 메뉴인 돌짬뽕과 돌짜장은, 대중적인 짬뽕과 짜장면에 '매우 뜨거운 돌판'이라는 제공 방식을 믹스한 사례이다. 짬뽕·짜장면의 핵심인 면과 소스는 그대로 두어 80%의 익숙한 맛을 유지한다. 대신 뜨겁게 달군 돌판에 담아 제공함으로써 마지막 한 젓가락까지 온기를 유지하고, 면발에 소스가 더욱 깊이 스며들도록 설계했다.

특히 돌짜장의 경우, 돌판의 강한 열기에 살짝 눌어붙는 면을 긁어 먹는 재미와 누룽지처럼 바삭하게 변한 식감이라는 20%의 '새로운 경험'을 제공한다. 이는 단순히 온도를 유지하는 차원을 넘어, 지글지글 끓는 비주얼, 소리, 냄새, 바삭한 식감까지 더해 마지막 한 입까지 맛있게 즐기게 만드는 전략적 믹스의 대표적인 예이다.

고객에게는 익숙한 짜장면·짬뽕이지만, 돌판이라는 낯선 요소가 더해지는 순간 "와, 이런 짜장면, 짬뽕은 처음이다."라는 감탄이 터져 나온다. 바로 이 지점에서 '낯설음 20% + 공감대 80%' 법칙이 실제 매출과 재방문으로 이어지는 힘을 발휘하게 된다.

전략은 공개됐다. 이제 행동만이 생존을 결정한다

식당의 음식 차별화는 단순히 '신메뉴 개발'이라는 단편적인 접근이 아니다. 재료와 조리법, 그리고 고객 경험을 철저히 '해체'하고 '나열'하여 깊이 있게 이해한 뒤, 운영자의 철학을 담아 새롭게 '믹스(섞기)'하는 종합적인 과정이다. '해체하고 나열하고 믹스하는 방법'은 고객에게 '선택권', '발견의 즐거움', '감탄'을 선사하며, 낯설음의 시작점과 공감대를 이어 주는 연결고리를 만드는 전략이다. 궁극의 '믹스'는 식당만의 독보적인 색깔을 만들고, 고객이 다시 찾아올 수밖에 없는 강력한 이유를 만들어 내는 무기이다.

이 모든 과정이 자연스럽게 조화를 이룰 때, 식당은 '그저 그런 곳'이 아니라 고객의 뇌리에 깊이 박히는 독보적인 '브랜드'로 우뚝 서게 된다. 고객은 익숙한 것 속에서 새로운 경험을 찾고 싶어 하며, 진심으로 '와~' 소리가 나오는 제품 앞에서는 기꺼이 지갑을 열고 열렬한 팬이 되는 존재이다.

이제 자신의 식당 제품(음식)을 다시 바라봐야 한다. 그리고 '해체하고, 나열하고, 믹스하는' 전략으로 재구성해 보아야 한다. 이 전략은 식당을 재탄생시키고, 경쟁을 압도하며, 지속 가능한 생존을 가능하게 할 가장 강력한 무기가 될 수 있는 방법이다.

반대로 이 전략을 실행하지 않는다면, 생존은커녕 언제 망해도 이상하지 않을 식당이 되는 것이다. 그러니 정말 절박하다면 반드시 실행해야 한다. 월세를 걱정하던 그때의 나처럼 말이다.

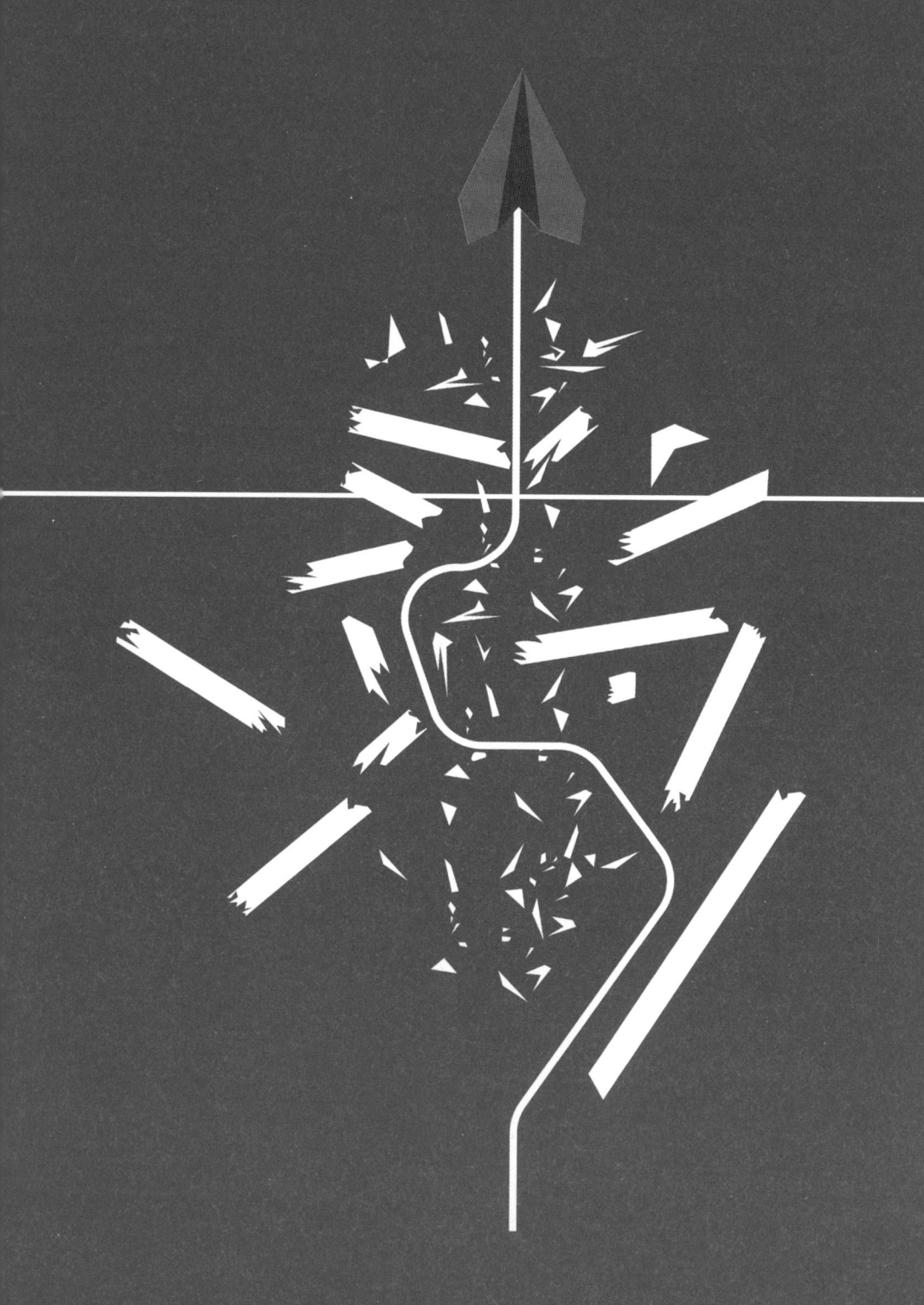

4장
매출 1.7배!
고객의 뇌를 흔드는 가격 전략

가격은 이렇게 제시해야
지갑이 열린다

월급 빼고 다 올랐다는 말이 지겹도록 들린다. 하지만 식당 사장들이 체감하는 현실은 조금 다르다. 음식 가격 빼고는 다 올랐다는 것이다. 식재료 값은 브레이크 없이 계속 오르고, 매년 인건비는 상승하고, 임대료까지 이중·삼중으로 치솟는 물가 속에서 버티고 또 버티지만, 살아남아 경영을 이어 가기가 점점 더 어려워지고 있다.

문제는 오르는 물가에 맞춰 음식 가격도 함께 올릴 수만 있다면 고민이 줄어들겠지만, 그게 결코 쉬운 일이 아니라는 데 있다. 가격을 올리자니 손님이 떨어질까 걱정되고, 가격을 낮게 유지하자니 남는 것이 없어 답답한 상황에 갇힌 식당이 너무 많다. 이러지도 저러지도 못하는 것이다.

그렇다면 만약 가격을 조금 더 과감하게 올려도 전혀 문제가 없고, 오히려 저가 메뉴가 아닌 고가의 메뉴가 더 잘 팔리게 만들 수 있다면 어떨까. 나아가 그렇게 가격을 올렸음에도 고객이 "오히려 이득을 봤다"라고 느끼게 만들 수 있는 방법이 있다면 어떨까. 결론부터 말하자면, 그런 방법은 분명 존재한다.

다만 그 방법을 알기 전에 한 가지를 먼저 이해해야 한다. 우리는 돈을 쓸 때, 고객의(즉 인간의) 뇌에서 무슨 일이 벌어지는지부터 알아야 한다. 고객이 돈을 쓰는 행위는 겉으로 보면 단지 지갑에서 현금이나 카드를 꺼내는 행동에 불과하다. 하지만 그 찰나의 순간, 우리는 자각하지 못할 뿐 뇌는 돈을 쓰는 순간 상당한 수준의 '고통'을 느낀다.

돈 쓰는 고통, 과학이 증명하고 있다

인간의 뇌는 돈을 지출할 때 '상실감'과 '고통'을 느낀다. 이는 의식의 표면이 아니라, 무의식 깊은 곳에서 일어나는 본능적인 반응이다. 신경경제학 연구에 따르면, 돈을 쓰는 순간 고객의 뇌에서는 매우 흥미로운 현상이 관찰된다고 한다.

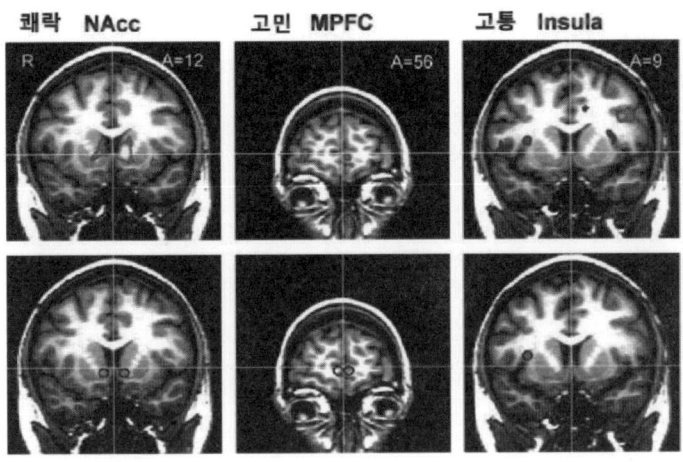

우리는 느끼지 못하지만 돈을 쓰면 우리의 뇌는 화상을 입은 듯한 고통을 느끼고 보상을 받을 때면 쾌락을 느낀다는 것을 증명한 MRI 사진
(상단의 QR을 찍으시면 원본 사진을 통해 더 확실히 식별할 수 있습니다.)

사랑하는 사람을 떠올리거나 좋아하는 것, 맛있는 음식을 생각할 때 우리의 뇌는 쾌락을 담당하는 부위인 NAcc에서 강하게 반응한다. 반대로 물건을 고를 때처럼 이러지도 저러지도 못하고 고민하는 순간에는 의사결정을 담당하는 MPFC 부위가 활성화된다. 그리고 고통을 담당하는 인슐라(insula) 부위는 우리가 불에 화상을 입거나 칼에 찔릴 때와 같은 강렬한 고통을 느낄 때 활성화되는 곳인데, 흥미롭게도 우리가 돈을 쓸 때도 바로 이 인슐라가 활성화된다는 사실이 MRI 촬영 결과를 통해 확인된 바 있다. 우리는 이러한 뇌의 반응을 의식적으로 인지하지 못할 뿐이다. 하지만 무의식 속에서는 분명히 영향을 받고 있으며, 그 결과 '돈 쓰는 것을 주저하는' 행동으로 나타난다.

　정리하자면, 맛있는 음식을 먹는 장면을 떠올리거나 식당 방문을 기대할 때 우리의 뇌는 먼저 쾌락을 느낀다. 그리고 자리에 앉아 메뉴판을 펼치고 가격을 확인하며 "무엇을 먹을까"를 고민하는 순간에는 MPFC 부위가 활성화된다. 마지막으로 오늘 점심에 8,000원을 쓰기로 마음먹고 특정 메뉴를 선택해 결제하는 바로 그 순간, 불에 덴 듯한 고통을 담당하는 인슐라 부위가 함께 활성화되는 것이다.

　따라서 식당 사장들은 가격 전략을 설계할 때, 고객의 뇌에서 쾌락 구간의 반응은 극대화하고 고통 구간의 반응은 최소화하는 방향으로 생각해야 한다. 여기에서 중요한 포인트는, 실제로 가격을 인하(가격 할인 전략)하면 물론 인슐라가 느끼는 고통을 줄일 수 있겠지만, 실제 가격을 낮추지 않고도 인슐라가 느끼는 고통을 덜하게 만들 수 있는 방법이 존재한다는 점이다.

지갑은 감정으로 열린다.
고객의 고통을 지연시키는 11가지 기술

　고객의 지불 고통을 효과적으로 줄이면, 같은 가격이라도 고객은 심리적인 부담을 덜고 더 큰 만족감을 느끼게 된다. 다음은 고객의 지불 고통을 최소화하는 구체적인 전략들이다.

1. 지불 시점 지연 및 고통 분산 전략

- 신용카드 결제: 당장 돈이 나가지 않아 지불 고통을 미래로 미룬다.
- 후불제/외상 시스템: 소비를 먼저 경험하고 나중에 지불하게 하여 고통을 분산시킨다.
- 할부 결제: 큰 금액의 지불 고통을 여러 번의 작은 고통으로 나누어 완화한다. (식당은 고가 메뉴에 적용 가능)

2. 지불 인식 완화 및 쾌락 연결 전략

- 기프트카드/선불 충전: 선불로 이미 지불된 돈은 '내 돈'이라는 인식이 약해져 지불 고통이 줄어든다.
- 포인트/마일리지 사용: 마치 '공짜'처럼 느껴져 지불 고통이 거의 없다.
- 구독 서비스/정기권: 한 번의 지불로 일정 기간 동안 무제한 이용하는 느낌을 준다.

3. 가격 표현 및 비교 심리 활용 전략

- 세트 메뉴/패키지 상품: 각각의 단품 가격을 일일이 더해서 손익을 계산하는 고통을 덜어준다. 고객은 묶음 가격 자체에 앵커를 내린다.
- 가격 표시 방법 변경: 월 단위, 일 단위 등으로 표시하여 가격이 저렴하게 느껴지도록 유도한다. (예: "한 달이면 커피 한 잔 값으로!")

- 비율 강조: "30% 할인"처럼 상대적 이득을 강조하여 고객이 얻는 가치를 부각한다.
- 캐시백/페이백 프로모션: 지불 고통 이후에 보상 심리를 자극하여 고통을 상쇄한다.
- 할인 근거 제시: "원가 강조 앵커"처럼 할인의 폭과 그 이유를 명확히 제시하여 고객이 '현명한 소비'를 했다고 느끼게 한다.
- 비교 기준 제시: 더 비싼 메뉴를 먼저 보여줌으로써 다른 메뉴가 상대적으로 저렴하게 느껴지도록 앵커링 효과를 활용한다.

이러한 '지불의 고통'을 줄이는 전략은 이미 우리의 일상 곳곳에 스며 있다. 가격 전략의 교과서라고 할 수 있는 홈쇼핑 채널을 보면 "300만 원의 제품을 월 3만 원이면 가능합니다"라는 문구가 대표적인 예이다. 한 번에 300만 원을 지불한다는 인식을 '매달 3만 원'이라는 작은 단위로 쪼개 지불 시점을 지연시키고, 고통을 시간에 따라 분산시키는 전형적인 방식이다.

또한 스타벅스의 선불카드나 각종 멤버십 포인트 제도는 고객에게 '내 지갑에서 지금 막 빠져나가는 현금'이 아니라, 이미 충전해 두었거나 적립해 둔 '다른 종류의 돈'을 쓰는 듯한 심리를 만들어 지갑을 훨씬 쉽게 열게 만든다.

이처럼 우리가 인식하지 못하는 사이에도 수많은 기업은 이런 전략들을 영리하게 활용해 고객의 지불 고통을 낮추고, 지갑을 부드럽게 열고 있다. 이제 식당에서도 이 전략을 가격 설계와 메뉴 구성에 적용할 차례이다.

▍가격은 심리다. 고통을 줄여야 팔린다

고객이 돈을 쓰는 행위가 단순한 소비가 아니라 무의식적인 '고통'을 동반한다는 사실을 우리는 이미 과학적으로 이해하게 되었다. 그럼에도 이 고통을 외면한 채 그저 '싸게 팔기'에만 매달리는 것은 바닥이 보이지 않는 가격 경쟁의 늪으로 스스로 뛰어드는 것과 다름없다. 진정한 생존과 성장은 고객의 지불 고통을 이해하고, 그 고통을 얼마나 영리하게 완화하느냐에 달려 있다. 앞서 살펴본 12가지 전략은 "어떻게 해야 우리가 원하는 가치를 인정받는 가격을 받으면서도, 고객에게 불필요한 고통을 주지 않을 것인가"에 대한 실질적인 해답을 제시하는 도구들이다.

앞으로는 "얼마나 싸게 팔 것인가"가 아니라 "어떻게 고객의 지불 고통을 줄여 우리가 원하는 가격을 당당히 받을 수 있을 것인가"에 집중해야 한다. 또 이제부터는 '얼마에 팔 것인가'보다 '어떻게 덜 아프게 느끼게 할 것인가'를 고민해야 한다. 바로 그것이 매출 반등과 지속 가능한 생존을 향한 첫걸음이다.

고객의 첫 정보가
매출을 결정한다

식당을 운영하면서 고객의 선택을 이끌어내기 위해 수많은 고민을 하게 된다.

'어떻게 해야 손님이 내가 원하는 메뉴를 고르게 만들까?'

'어떤 가격을 제시해야 손님이 합리적이라고 느낄까?'

이런 질문들에 대한 답은 결국 고객의 뇌가 작동하는 방식, 특히 '처음 접하는 정보'에 어떻게 반응하는지에서 찾아야 한다.

사람은 스스로 꽤 합리적으로 생각하고 판단한다고 믿지만, 실제로는 뇌가 훨씬 더 비합리적인 지름길을 통해 의사결정을 내리는 경우가 많다. 그중에서도 가장 강력하고 널리 알려진 심리 현상 가운데 하나가 바로 앵커링 효과(Anchoring Effect), 이른바 '닻 내림 효과'이다. 앵커링 효과란 사람이 처음 접한 정보나 이미지에 과도하게 의존해 이후의 판단이나 결정이 그 정보에 크게 영향을 받는 심리적 현상을 말한다. 바다 위에 떠 있는 배가 한 번 닻을 내리면 그 주변을 크게 벗어나지 못하고 맴도는 것처럼, 인간의 뇌도 처음 접한 정보에 한 번 닻을 내려 버리면 그 기준점 주변에서 사고와 판단을 반복하게 되는 것이다.

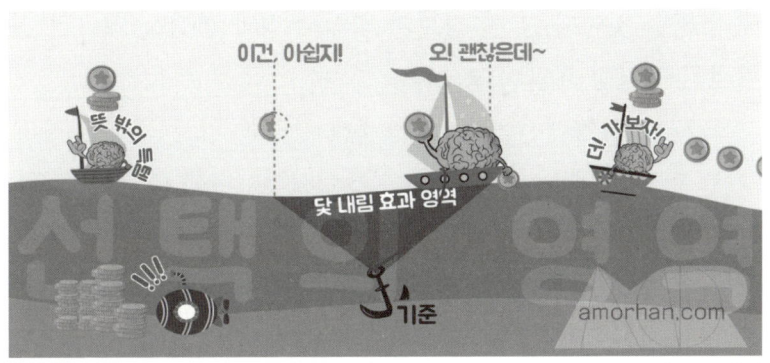

배에 닻이 내려지면 배는 그 주변을 벗어날 수 없다. 인간의 뇌도 첫 정보가 닻이라는 기준이 되어서 결정을 내린다.

뇌는 왜 첫 정보에 닻을 내릴까?

앵커링 효과는 이미 다양한 연구를 통해 명확하게 입증된 심리 현상이다. 연구진은 이를 확인하기 위해 다음과 같은 실험을 진행했다. 먼저 실험 참가자들에게 1부터 100까지 숫자가 적힌 돌림판을 돌리게 한 뒤, 낮은 숫자가 나온 그룹(A)과 높은 숫자가 나온 그룹(B)으로 나누었다. 그리고 두 그룹 모두에게 동일한 질문을 던졌다.

"아프리카 국가들의 UN 가입 비율이 10%보다 높은가?"

그 결과는 흥미로웠다. 낮은 숫자를 본 A그룹은 아프리카 국가들의 UN 가입 비율을 10%대 수준으로 예측했지만, 높은 숫자를 본 B그룹은 65%에 가까운 수치를 제시했다. 돌림판 숫자와 UN 가입 비율은 아무런 상관도 없지만, 참가자들은 자신도 모르는 사이에 처음 접한 숫자에 판단 기준을 '닻처럼' 내려 버린 것이다. 앞선 정보가 뒤의 추정과 판단을 왜곡한 전형적인 앵커링 효과이다.

또 다른 실험에서는 두 그룹에게 간단한 암산 문제를 제시했다. 한 그룹에는 '8×7×6×5×4×3×2×1'을, 다른 그룹에는 '1×2×3×4×5×6×7×8'을 보여 준 뒤, 결괏값을 빠르게 추정해 보라고 요청했다. 앞에서 큰 숫자부터 본 그룹은 2,250에 가까운 값을, 작은 숫자부터 본 그룹은 512에 가까운 값을 제시했다. 식은 완전히 동일하지만, 처음 마주한 숫자의 크기와 인상이 전체 판단을 왜곡한 것이다. 즉, 사람의 뇌는 처음 접한 한 번의 정보에 생각보다 훨씬 강하게 묶여 버리며, 이후의 모든 판단과 계산을 그 기준점 주변에서만 반복하는 경향이 있다는 의미이다.

8x7x6x5x4x3x2x1 = 2,250

1x2x3x4x5x6x7x8 = 512

이처럼 인간의 뇌는 불확실한 상황에서 빠르게 결정을 내려야 할 때, 가장 먼저 접한 정보를 기준점으로 삼고 그 안에서 판단하려는 경향이 강하다. 합리적이든 아니든 상관없다. 뇌는 에너지를 아끼기 위해 가장 쉬운 기준점에 닻을 내린다.

▌앵커링 효과, 마케팅의 무기이자 소비자의 함정

이 강력한 앵커링 효과는 비즈니스와 마케팅 전반에서 매우 널리 활용되고 있는 심리 법칙이다. 식당도 예외가 아니며, 메뉴판 한 장을 어떻게 설계하느냐에 따라 고객의 선택과 매출 구조가 완전히 달라질 수 있다.

1. 고객의 지갑을 여는 메뉴판 전략

가장 비싸고 프리미엄한 메뉴를 메뉴판 상단이나 가장 눈에 띄는 위치에 배치하면, 고객은 그 비싼 메뉴를 보는 순간 이미 머릿속에 '가격 닻'을 내리게 된다. 그 메뉴를 실제로 주문하지 않더라도, 그 가격이 기준점이 되어 그 다음에 보이는 메뉴들이 상대적으로 저렴하거나 합리적으로 느껴지게 되는 것이다. 예를 들어 메뉴판 첫머리에 20만 원짜리 스테이크를 넣어 두면, 8만 원짜리 스테이크가 꽤 괜찮은 선택처럼 보이기 시작한다. 사실 8만 원이라는 가격도 결코 저렴한 금액은 아니지만, 이미 20만 원이라는 높은 닻을 본 뒤에는 8만 원이 상대적으로 합리적인 선택처럼 인식되는 것이다.

2. 원하는 메뉴로 고객을 유도하는 가격 설계

특정 메뉴를 더 많이 판매하고 싶다면, 그 메뉴보다 더 비싼 메뉴를 먼저 보여 주어야 한다. 예를 들어 '슈퍼 패밀리 세트 5만 원'을 가장 먼저 보여 준 뒤, 그 아래에 '패밀리 세트 3만 5천 원'을 배치하면 후자의 판매율이 높아지는 경향이 있다. 고객은 첫 번째로 본 5만 원짜리 메뉴에 이미 닻을 내리고, 3만 5천 원짜리를 '적당한 타협점'이자 합리적인 선택으로 인식하게 되는 것이다. 가격이 위에서 아래로 내려갈수록 낮아지는, 이른바 가격 내림차순 방식이다. 반대로 메뉴판을 가장 낮은 가격부터 시작해 점점 높은 가격 순으로 배열하면, 고객의 머릿속에는 낮은 가격에 앵커링이 형성된다. 그 이후에 등장하는 메뉴들은 가격이 올라갈수록 "점점 비싸진다"라는 인상을 강하게 심어 주게 된다. 이런 이유로 식당에서는 가능한 한 가격 오름차순 배열 전략은 피하는 것이 좋다.

3. 소비자가 빠지는 앵커링의 함정

앵커링 효과는 판매자에게는 강력한 무기가 되지만, 소비자 입장에서는 쉽게 빠지는 함정이 되기도 한다. 대표적인 예가 원가 대비 할인율을 강조하는 방식이다.

"원가 10만 원! 70% 할인 → 3만 원!"

실제 원가가 정말 10만 원인지, 정상 판매가가 얼마였는지 정확히 알 수 없어도, 한 번 10만 원이라는 숫자에 닻을 내리면 3만 원이라는 가격이 엄청난 할인처럼 느껴지게 된다.

부동산이나 중고차 거래에서도 마찬가지이다. 처음 제시된 호가가 곧 기준점이 된다. 설사 비합리적인 가격이라 하더라도, 일단 그 가격이 먼저 제시되고 나면 이후의 모든 협상은 그 기준점을 벗어나지 못한 채 이루어지는 경우가 대부분이다.

이처럼 앵커링 효과는 고객의 판단과 선택을 눈에 보이지 않게 이끄는 숨은 힘이며, 식당 경영자는 이를 이해하고 메뉴판과 가격 전략에 적극적으로 활용해야 한다.

첫 정보가 모든 것을 결정한다. 뇌를 이해하는 전략

결국 인간의 뇌는 처음에 주어진 정보에 닻을 내리고, 그 이후의 판단을 그 기준점 안에서 반복하는 경향이 있다. 이는 이성보다 직관과 심리가 먼저 작동하는 인간의 본능 때문이다.

식당을 운영하는 사장이라면 이 앵커링 효과를 정확히 이해하고, 고객의 뇌에 어떤 '첫 닻'을 내릴지 전략적으로 설계해야 한다. 고객은 무의식적으로 사장이 제시한 첫 정보에 따라 식당의 이미지, 메뉴, 가격에 대한 인식을 형성하게 된다.

지금, 당신은 고객의 뇌에 어떤 닻을 내리고 있는가? 앵커링 효과를 제대로 활용하면 당신의 식당은 단순히 맛있는 음식을 파는 곳을 넘어, 고객의 마음과 지갑을 동시에 움직이는 강력한 비즈니스 모델이 될 수 있다. 이제부터는 고객의 첫인

상과 첫 정보에 어떤 닻을 내릴지 치밀하게 설계해야 한다. 그
닻이 곧 식당의 매출을 결정하기 때문이다.

앵커링 효과,
식당 매출을 설계하는 심리 기술

고객의 뇌는 처음 접한 정보에 강력하게 닻을 내리고 판단하는 존재이다. 단순히 음식이 맛있고 서비스가 좋다고 해서 외식 시장에서 자동으로 살아남을 수 있는 시대는 이미 지났다. 이제는 고객의 뇌리에 식당과 메뉴에 대한 강력한 첫인상, 즉 긍정적인 '닻'을 심어 두는 전략이 필요하다.

그 닻을 어디에, 어떤 모습으로 박아 넣을지는 온전히 사장님의 설계에 달려 있다. '박아 넣는다'는 표현이 다소 과격하게 들릴 수 있지만, 그만큼 고객에게 전달되는 첫 정보의 앵커링 효과가 강력하다는 의미이다.

이제 앵커링 효과를 제대로 활용하기 위해 무엇을, 어떻게 바꾸어야 할지 하나씩 짚어 볼 때이다. 자신의 식당 상황에 맞게 적용해 본다면, 분명히 눈에 보이는 변화가 시작될 것이다.

메뉴판 설계의 마법, '가격 앵커링'으로 고객의 지갑을 열어라

많은 사장들은 메뉴판을 단순히 음식 이름과 가격을 나열한 목록 정도로만 생각한다. 하지만 앵커링 효과를 이해하고 나면, 메뉴판은 고객의 구매 심리를 좌우하는 가장 강력한 '가격 앵커'이자 '판매 전략 도구'가 된다는 사실을 알게 된다.

1. 고가 앵커 메뉴 배치

가장 비싼 메뉴를 메뉴판 상단이나 가장 눈에 띄는 위치에 배치해야 한다. 그 메뉴가 실제로 많이 팔리지 않아도 상관없다. 중요한 것은 고객이 그 가격에 먼저 닻을 내리고, 그 아래의 메뉴들을 상대적으로 저렴하거나 합리적인 선택으로 인식하게 된다는 점이다.

- 예: "프리미엄 해산물 코스 89,000원"을 상단에 배치하면 "짬뽕 + 탕수육 세트 29,000원"이 '가성비 최고'인 메뉴처럼 느껴진다. 실제로 내가 팔고 싶은 메뉴는 29,000원짜리 세트이다. 89,000원짜리 메뉴는 비교 기준을 만들어 주는 미끼 메뉴 역할을 하는 것이다.

2. 수량 제시 앵커: 가치 강조형 할인

"정상가 6만 원 상당 → 4만 5천 원!"과 같은 문구는 고객에게 6만 원이라는 기준점(앵커)을 먼저 심어 준다. 고객은 4만 5

천 원을 단순한 가격이 아니라 '할인된 이득'으로 인식하게 된다.

- 예: "가장 인기 있는 세트 메뉴! (정상가 6만 원 상당) → 4만 5천 원!"

고객은 이 문구를 보고 '내가 혜택을 받고 있다'라는 감정을 느끼며 구매를 결정한다.

- 팁: 단순히 '얼마 할인'이라고만 쓰지 말아야 한다. '원래 가격'을 먼저 크게 제시하고, 그다음에 할인가를 보여주는 방식이 효과적이다. 취소선, 색상 강조, 화살표 등의 시각적 요소를 함께 활용하면 앵커 효과가 더욱 강해진다.

3. 초기 제시 가격의 중요성

"원래 100만 원짜리 코스 요리! 오늘만 50만 원!"이라는 문구를 보게 되면 고객은 100만 원이라는 높은 가격에 먼저 닻을 내리게 된다. 그러고 나서 50만 원을 '절반 가격'으로 받아들이며 큰 혜택을 보는 것처럼 느낀다.

- 예: "VIP 코스 요리, 정가 100만 원 → 오픈 기념 50% 할인!"

고객은 이 문구를 보며 단순히 코스를 주문하는 것이 아니라, '프리미엄 경험'을 평소보다 훨씬 저렴하게 얻는다고 판단한다.

4. 비율 앵커: 신뢰와 기대 유도

"주문 고객의 70%가 재주문하는 메뉴!"라는 문구는 고객의 머릿속에 70%라는 강력한 수치를 닻처럼 심어준다. 고객은 그 메뉴에 대해 높은 신뢰와 기대를 형성하게 된다.

- 예: "전 직원이 추천! 고객 만족도 92%"

고객은 이 메뉴를 '검증된 메뉴'로 인식하고 선택할 확률이 높아진다.

앵커링 효과를 강화하는 문구의 예는 다음과 같다.
- 5년 연속 지역 맛집 선정!
- 재주문율 85%의 마법 같은 맛!
- ○○만 그릇 판매 돌파!
- 네이버 평점 4.8점 (누적 리뷰 2천 건 이상)

이런 수치들은 식당 내부 홍보물, 배달 앱 설명, SNS 콘텐츠 등에 적극적으로 활용해야 한다. 식당의 긍정적인 역사와 인기를 구체적인 숫자로 표현하면, 고객의 뇌에 강력한 닻을 내려 식당에 대한 신뢰와 호감을 단숨에 끌어올릴 수 있기 때문이다.

나 역시 앵커링 효과를 이해한 뒤 메뉴 구성을 전면적으로 수정했다. 고객의 시선이 가장 먼저 가는 상단에, 팔려도 좋고 안 팔려도 괜찮은 5만 원짜리 고가 메뉴를 배치했다. 그리고 그 바로 아래에 내가 주력으로 판매하고 싶은 '돌짜장 + 모둠 딤섬 3만 원' 세트를 넣었다. 결과는 매우 분명했다. 돌짜장 + 모둠 딤섬 세트의 판매율이 이전보다 2배 이상 증가했다. 고객이 5만 원 메뉴를 기준점으로 삼으면서 3만 원 세트를 '가성비 최고'인 메뉴로 인식했기 때문이다. 이 전략을 반복·실행·수정·보완하는 과정을 거쳐 짬뽕작전만의 앵커링 가격 구조를 만들었고, 평균 결제 단가도 35,000원에서 37,000원으로 끌어올릴 수 있었다. 고객은 손해 보지 않았고, 오히려 '이득을 보고 있다'는 감정을 느끼도록 설계한 것이다. 이것이 바로 앵커링 효과의 힘이다.

앵커링 효과는 식당 매출을 '설계'하는 전략이다. 단순한 심리학 용어가 아니라, 식당의 생존과 성장을 좌우하는 강력한 전략적 설계 도구이다. 고객의 뇌는 처음 접한 정보에 맹목적으로 의존한다. 이것은 꼼수가 아니라, 인간의 DNA에 코딩되어 있는 작동 원리를 이해하고, 그 원리를 기반으로 고객에게 최적의 가치를 전달하면서 식당의 이윤을 극대화하는 지혜로운 전략이다.

앞서 제시한 메뉴판 설계와 수치 활용 전략은 당장 식당에 적용할 수 있는 실전 방법이다. 이를 실행하면 고객의 지갑이 자연스럽게 열리고, 내가 팔고 싶은 메뉴가 저절로 더 많이 팔리며, 식당의 매출 구조가 눈에 띄게 달라지는 경험을 하게 될 것이다.

더 이상 운이나 노력만으로 버티려 해서는 안 된다. 고객의 뇌를 이해하고, 고객의 뇌에 내가 원하는 닻을 의도적으로 내려놓는 전략만이 식당을 성공으로 이끈다. 실행하지 않는 지식은 아무런 힘이 없다. 지금 당장 메뉴판, 홍보물, 온라인·오프라인 메시지 전체를 앵커링 효과의 관점에서 다시 설계해야 한다. 실행하는 순간, 식당은 '우연히 잘 되는 식당'이 아니라 '고객의 마음을 읽고 의도적으로 성공을 만들어 가는 전략적인 식당'으로 거듭나게 된다.

고객은 가장 합리적인 선택을 '당하게' 된다

앵커링 효과를 활용한 세트 메뉴 전략

앵커링 효과를 제대로 활용하면 식당은 원하는 메뉴와 가격으로 고객을 자연스럽게 유도할 수 있고, 고객은 스스로 충분한 가치를 얻었다고 느끼며 만족하게 된다. 이제 한 단계 더 나아가야 한다. 이 전략을 통해 식당의 매출을 강력하게 끌어올리고, 고객에게 특별하고 유니크한 경험을 제공해 더 큰 가치에 기꺼이 지갑을 열게 만드는 방법을 하나씩 살펴보고자 한다. 진짜 변화를 원한다면 주저하지 말고 실행해 볼 필요가 있다.

앵커링 효과를 극대화한 세트 메뉴 구성

대부분의 식당은 세트 메뉴를 단순히 몇 가지 단품을 묶어 파는 '끼워팔기'나 '할인' 정도로만 여긴다. 그래서 눈에 띄는 효과를 느끼지 못하고 아예 시도조차 하지 않는 경우도 많다. 하지만 세트 메뉴는 고객의 인지 심리를 활용해 앵커링 효과를 적용하기에 가장 이상적인 전략 도구이다. 그렇다면 왜 고객은 세트 메뉴에 큰 거부감 없이 쉽게 손을 뻗을까. 여기에 분명한 심리적 이유가 있다.

- 1. 선택의 피로도 감소 : 메뉴 종류가 많을수록 고객은 일일이 단품을 살펴보고 조합해야 한다. 이 과정은 고객의 뇌에 생각보다 큰 피로를 준다. 인간의 뇌는 계산하고 고민하는 일을 본능적으로 싫어한다. 세트 메뉴는 '전문가가 추천한 구성'이라는 강력한 앵커를 제공함으로써 고객의 선택 부담을 극적으로 줄여 준다.
- 2. 가치 상승에 대한 인식 : 고객은 세트 메뉴가 단품을 각각 주문하는 것보다 가격적으로 유리할 것이라고 기대한다. 일일이 계산해 보지 않으려는 뇌의 습성 때문이다. 이미 '세트는 더 싸다'는 강력한 선입견이 닻처럼 자리 잡고 있다. 이 심리적 앵커를 활용하면, 실제 할인 폭보다 더 큰 심리적 이득을 느끼게 만들 수 있다.
- 3. 완결된 경험에 대한 기대 : 세트 메뉴는 단순히 한두 가지 음식을 먹는 것이 아니라, '제대로 차려진 한 끼'라는 만족감을 준다. 고객은 세트 메뉴를 보는 순간 이미 그

완결된 경험에 닻을 내린다. 그래서 단품보다 다소 높은 가격이어도 상대적으로 거부감이 적다.

결론적으로 세트 메뉴는 고객에게는 '쉬운 선택'과 '더 큰 가치'를, 식당에는 '객단가 상승', '주력 메뉴 판매 촉진', '재고 관리 용이성'을 동시에 가져다 주는 전략이다. 다만 단순히 이 것저것 묶어 놓는 것만으로는 충분하지 않다. 앵커링 효과를 치밀하게 계산해 설계해야 비로소 진짜 효과가 나타난다.

세트 메뉴를 전략으로 매출을 상승시키는 3가지 방법

1) 미끼 세트로 주력 세트를 돋보이게 하라

가장 많이 팔고 싶은 주력 세트가 있다면, 그 메뉴가 자연스 럽게 빛날 수 있도록 '미끼 세트'를 함께 설계해야 한다. 미끼 세트는 얼핏 보기에는 매력적으로 보이지만, 실제로는 구성이 나 가격이 직관적으로 그다지 합리적이지 않게 느껴지도록 설 계하는 것이 핵심이다. 그래야 그 옆에 놓인 주력 세트가 '가 장 합리적인 선택'처럼 보이게 된다.

예를 들어 다음과 같은 구성이 가능하다.

- A코스: 간편 정식 19,000원
- B코스: 오늘의 특선 코스 25,000원 ← 주력 세트
- C코스: VIP 상견례 코스 60,000원

이렇게 구성하면 고객은 19,000원과 60,000원 사이에서 25,000원을 가장 균형 잡힌 가격으로 인식하고, 자연스럽게 B 코스를 선택하게 된다.

팁을 하나 더 덧붙이면, 미끼 세트는 팔려도 좋고 안 팔려도 괜찮은 구성이어야 한다는 점이다. 그렇다고 지나치게 가성비가 좋아 보이게 설계해서는 안 된다. 역할은 '선택 기준점'이지 '베스트 메뉴'가 아니기 때문이다. 또한 높은 가격의 세트를 위쪽이나 가장 먼저 보이는 위치에 배치하는 것이 앵커링 효과를 더욱 강하게 만든다.

2) 원가 강조 앵커로 가성비를 폭발시켜라

세트 메뉴의 진짜 가치를 고객에게 명확하게 인지시키는 것이 중요하다. 단순히 세트 가격만 보여 주는 대신, 단품으로 모두 주문했을 때의 총합 가격을 먼저 제시해야 한다. 고객은 이 높은 기준점에 먼저 닻을 내리고, 세트 가격을 봤을 때 '엄청난 절약'으로 받아들이게 된다.

예를 들면 다음과 같다.

"단품 합계 60,000원 → 세트가 45,000원!"

이때 단품 합계 금액에는 취소선을 긋고, 세트 가격은 강조 색상이나 큰 글씨로 표시하면 효과가 배가된다. 배달 앱 설명란이나 매장 내 POP, 메뉴판 옆 문구 등을 적극 활용하면 좋다. 이렇게 설계하면 고객의 뇌는 "이건 놓치면 손해이다"라는 감정을 만들고, 구매 결정을 훨씬 빠르게 내리게 된다.

3) 이름과 스토리 앵커로 감성과 가치를 불어넣어라

이제 고객은 단순히 음식을 사지 않는다. '경험', '감성', '스토리'를 함께 소비한다. 이름 없는 세트보다는 상황과 감정을 자극하는 이름이 훨씬 강력한 앵커 역할을 한다.

물론 '패밀리 세트', '커플 세트'도 기본적으로 나쁘지 않다. 하지만 한 걸음 더 나아가 다음과 같이 고객의 일상과 감정을 건드리는 이름을 붙일 수 있다.

"퇴근길 힐링 세트"
"혼밥러를 위한 든든한 한 끼 세트"
"부모님과 함께하는 따뜻한 식사 세트"

앵커링 효과는 숫자에만 작동하는 것이 아니다. 감성에도 똑같이 작동한다. '지금 이 순간의 나를 위한 특별한 경험'이라는 인식이 생기는 순간, 고객은 동일한 메뉴 구성에도 더 높은 가치를 느끼고 기꺼이 더 많은 비용을 지불하려 한다.

나는 앵커링 효과를 이해한 후 메뉴 구성을 전면적으로 수정했다. 그 결과 지금 짬뽕작전의 매출 90% 이상이 세트 메뉴에서 나오고 있다. 배달도, 예약도 없이 순수히 홀 매출만으로 1시간당 100만 원 매출을 달성하기도 한다. 이 모든 것이 앵커링 효과를 활용한 세트 메뉴 전략 덕분이라고 자신 있게 말할 수 있다.

세트 메뉴는 과학이다. 앵커링으로 매출을 설계하라

이제 세트 메뉴는 더 이상 단순한 '끼워팔기'가 아니다. 앵커링 효과를 이해하고 적용하는 순간, 세트 메뉴는 식당의 매출을 전략적으로 설계하고 조정할 수 있는 강력한 도구가 된다.

- 미끼 세트 전략,
- 원가 강조 앵커,
- 이름과 스토리 앵커

이 세 가지 전략은 모두 현장에서 곧바로 적용 가능한 실전 도구이다. 이를 통해 고객의 선택을 자연스럽게 유도하고, 객단가와 매출을 동시에 끌어올릴 수 있다.

이제 메뉴판을 다시 펼쳐 보아야 한다. 앵커링 효과의 관점에서 세트 메뉴를 새롭게 설계한다면, 팔고 싶은 메뉴가 저절로 더 잘 팔리고, 고객은 충분한 가치를 느끼며 만족해 돌아가는 식당으로 거듭날 수 있다. 이는 우연한 행운이 아니라, 심리를 이해하고 전략적으로 설계한 결과이다.

매출을 1.7배 끌어올린
디코이 전략의 비밀

식당을 운영하다 보면 고객의 선택을 이끌어내기 위해 수없이 고민하게 된다.

'어떻게 해야 손님이 내가 원하는 메뉴를 고르게 만들 수 있을까?'

'어떤 가격을 제시해야 손님이 합리적이라고 느낄까?'

앞서 앵커링 효과를 통해 고객의 뇌에 '기준점'을 심어주는 전략을 살펴보았다. 이제는 그 기준점 안에서 고객이 어떤 선택을 하도록 유도할 것인가에 집중해야 한다. 그 핵심 전략이 바로 디코이 효과(Decoy Effect)이다.

디코이 효과란, 고객이 어떤 메뉴를 더 매력적으로 느끼도록 유도하기 위해 의도적으로 덜 매력적인 '미끼 메뉴'를 함께 노출하는 심리 전략이다. 고객은 겉으로 보기에는 스스로 자유롭게 선택한다고 느끼지만, 실제 선택은 이미 식당이 설계해 둔 구조 안에서 이루어지는 경우가 대부분이다.

디코이 전략은 '가격 인상에 대한 저항'을 줄이고, 고객의 선택 자체를 설계하는 기술이다. 이 전략이 효과적인 이유는 인간의 뇌가 가진 극단 회피 성향 때문이다. 가장 싼 옵션은 왠지 불안하고, 가장 비싼 옵션은 부담스럽다. 그래서 대부분의 고객은 자연스럽게 중간 가격대를 가장 합리적인 선택이라고 느낀다. 여기에 더해 여러 옵션을 비교한 뒤 선택하면, 고객은 스스로에게 "나는 합리적인 소비를 했다"라고 설득하며 자기 합리화를 하게 된다. 이 심리를 활용하면, 식당이 팔고 싶은 메뉴를 고객이 스스로 골라 담게 만들 수 있다.

한편 세트 메뉴는 고객의 '지불 고통'을 줄이는 심리 장치이다. 메뉴 하나하나에 각각 가격이 붙어 있으면, 고객은 항목마다 "이게 득일까, 손해일까?"를 무의식적으로 계산하며 작은 스트레스를 느낀다. 이렇게 아이템별로 가격이 나열된 방식은 지출에 대한 고통을 오히려 극대화한다.

반면 세트 메뉴는 하나의 묶음 가격으로 제시되기 때문에, 고객의 뇌는 일일이 항목별 손익을 계산하는 복잡한 과정을 피하고 곧바로 '가성비'라는 앵커를 인식하게 된다. 세트를 '가성비 좋은 선택'이라고 받아들이는 순간, 만족감과 쾌락은 올라가고 지불 고통은 눈에 띄게 줄어든다. 그 결과 가격에 대한 심리적 저항이 훨씬 낮아지게 된다.

정리하자면, 세트 메뉴가 지불 고통을 줄이는 장치라면, 디코이 전략은 고객의 선택을 설계해 인상된 가격조차 합리적으로 느끼게 만드는 기술이다. 이 심리를 제대로 활용하면 가격을 어느 정도 올리더라도 고객은 강한 거부감을 느끼지 않는다.

이제부터는 '얼마에 팔 것인가'보다 '어떻게 덜 아프게 느끼게 할 것인가'를 고민해야 한다. 그것이 고객의 지갑을 열고 매출을 끌어올리는 진짜 핵심 질문이다. 아래 전략들을 자신의 식당 상황에 맞게 적용해 보길 바란다.

1. 세트 메뉴에 '전략적 디코이' 배치하기

팔고 싶은 주력 메뉴를 먼저 명확히 정하고, 그 메뉴를 돋보이게 만들어 줄 상위·하위 미끼 메뉴를 함께 설계해야 한다. 이를 통해 고객의 시선과 선택이 자연스럽게 주력 메뉴로 향하도록 구조를 짜는 것이 디코이 전략의 출발점이다.

세트명	가격	특징
A세트	25,000원	양이 적고 핵심 메뉴 없음(하위 미끼)
B세트	35,000원	구성 균형, 마진 좋음(주력 메뉴)
C세트	50,000원	양은 많지만 부담스러움(상위 미끼)

2. 디코이의 '위치'가 선택률을 바꾼다

디코이 메뉴의 효과는 단순히 존재 여부가 아니라 '어디에 두느냐'에 따라 크게 달라진다. 가장 효과적인 방식은 중간 배치 전략이다. 팔고 싶은 주력 메뉴를 한가운데 두고, 그 양옆에 디코이 메뉴를 배치하는 것이다. 그러면 고객의 시선은 자연스럽게 중앙으로 모이게 되고, 가운데 있는 주력 메뉴를 가장 합리적인 선택으로 인식하게 된다.

따라서 메뉴판의 시선 흐름, 즉 고객이 위에서 아래로, 왼쪽에서 오른쪽으로 어떤 순서로 내용을 읽어 내려가는지를 고려해 디코이의 위치를 정교하게 조정해야 한다. 이처럼 배치 구조만 바꾸어도 주력 메뉴의 선택률은 극적으로 달라질 수 있다.

디코이 + 앵커링 = 선택 유도 + 가격 기준점 설정

디코이 전략은 앵커링 효과와 함께 사용할 때 진가를 발휘한다. 두 가지를 동시에 활용하면, 고객의 선택 방향과 가격 인식 기준점을 한 번에 설계할 수 있기 때문이다. 예를 들어, 메뉴판 상단에 18,000원짜리 VIP 세트를 먼저 배치해 고객의 뇌에 가격 기준점(앵커)을 심어 둔다. 그 아래에 12,000원짜리 점심 특선 세트를 배치하면, 고객은 12,000원 세트를 '상대적으로 합리적이고 가성비가 뛰어난 선택'으로 느끼며 자연스럽게 그 메뉴를 선택하게 된다. 이처럼 가격이 위에서 아래로 내려갈수록 낮아지는 가격 내림차순 방식이 효과적인 이유이다.

반대로 낮은 금액부터 보여 주는 가격 오름차순 방식으로 구성하면, 고객의 머릿속에는 가장 낮은 가격이 먼저 앵커로 자리 잡는다. 이후에 등장하는 메뉴들은 가격이 올라갈수록

"점점 더 비싸진다"라는 인상을 강하게 남기게 된다. 따라서 디코이와 앵커링을 동시에 활용하고자 한다면, 가능한 한 오름차순보다는 내림차순 가격 구조를 택하는 것이 좋다.

▌내 실전 경험, 디코이 전략의 놀라운 결과

오래전 한 식당이 경영이 어렵다며 내게 도움을 요청해 온 적이 있었다. 여러 요소를 진단하고 이것저것 자문과 코칭을 해 달라는 요청이 있었지만, 당시에는 여러 가지 여건이 좋지 않아 내가 실전에서 얻은 앵커링, 세트 메뉴, 디코이 전략의 노하우만 우선 적용하기로 했다. 결과는 예상과 정확히 같았다. 평균 객단가는 1.7배 상승했고, 고객 만족도 역시 함께 올라갔으며, 주력 세트 메뉴가 가장 많은 주문을 기록하면서 매출 또한 급증했다. 디코이는 단순한 가격 장치가 아니다. 고객의 선택을 설계하고, 식당의 수익을 극대화하는 심리적 무기이다.

이제 '싸게 팔기' 경쟁은 끝내야 한다. 고객의 뇌를 이해하고 지불 고통을 줄이며, 선택을 설계하고 기준점을 심고 디코이로 유도하면 가격은 저항 없이 올라간다. 그렇게 되면 팔고 싶은 메뉴는 저절로 팔리게 된다.

따라서 지금 당장 메뉴판을 다시 들여다볼 필요가 있다.

- 어떤 메뉴를 팔고 싶은가?
- 어떤 메뉴가 디코이가 되어야 하는가?

- 어디에 배치해야 고객이 저항 없이 선택할 것인가?

이 질문에 스스로 답하고, 그에 맞추어 전략을 다시 세워야 한다. 디코이가 없다면 새로 추가해야 하고, 잘못 설계된 부분이 있다면 과감히 다듬어야 한다. 그렇게 메뉴판을 재구성하면 매출은 저항 없이 자연스럽게 올라가게 된다.

회전초밥이 가르쳐준 매출 폭발 공식, 지불 고통 제거 전략

많은 식당이 가격 인상을 두려워한다. 하지만 고객의 심리를 이해하고 가격 구조를 전략적으로 설계하면, 큰 저항 없이도 원하는 가격을 받을 수 있고 팔고 싶은 메뉴를 더 많이 판매할 수 있다. 그 핵심이 바로 세트 메뉴 전략에 앵커링 효과와 디코이 전략을 결합하는 것이다.

세트 메뉴는 고객의 '지불 고통'을 줄이는 심리적 장치이다

메뉴 하나하나에 가격이 따로 표기되어 있으면, 고객은 각 항목마다 "이게 득일까, 손해일까?"를 무의식적으로 계산하며 작은 스트레스를 반복해서 경험한다. 이처럼 아이템별로 가격이 나열된 방식은 지출에 대한 고통을 오히려 극대화하는 구조이다. 반면 세트 메뉴는 묶음 가격으로 제시되기 때문에, 고객의 뇌는 항목별 손익을 일일이 따지는 복잡한 과정을 회피하고 곧바로 '가성비'라는 하나의 기준점(앵커)을 인식하게 된다. 세트를 가성비 좋은 선택이라고 받아들이는 순간, 만족감과 쾌락은 더 높아지고 지불 고통은 획기적으로 줄어든다. 그 결과 가격에 대한 심리적 부담이 사라지면서 저항 없이 결제하게 되는 것이다.

반대로 회전초밥은 지불 고통의 관점에서 보면 가장 고통을 주는 가격 전략 가운데 하나이다. 고객은 접시 한 개, 한 개가 쌓일 때마다 "벌써 이만큼 먹었네?", "이러다 얼마가 나올까?"라는 생각과 함께 지출에 대한 불안과 계산 스트레스를 끊임없이 느끼게 된다. 접시가 쌓일수록 그 불안감은 눈덩이처럼 커지고, 마지막 계산대에 서는 순간에는 예측하기 어려운 결제 금액 때문에 불쾌감까지 느낄 수 있다. 이는 고객에게 극심한 지불 고통을 안겨 주는, 가장 비효율적인 가격 전략의 전형이라 할 수 있다.

인간의 뇌 입장에서 본다면 쌓여가는 접시를 볼 때마다 식사는 불편하기까지 할 것이다. 고통은 접시 수만큼 증폭된다.
(사진 출처: 스레드 @pyeongtaekcouple)

회전초밥집이 써야 할 전략은 '지불 고통 제거'다

- 균일가 정책 전략: 접시 색깔과 상관없이 모든 접시를 동일한 가격으로 책정해 계산의 복잡성과 예측 불가능성을 제거하는 전략이다. 고객은 이 전략 덕분에 "얼마가 나올까?"를 계속 계산하지 않아도 되기 때문에 심리적 부담 없이 더 많은 초밥을 즐길 수 있다.
- 무제한 시스템 전략: 특정 시간대나 1인 기준으로 고정된 가격을 제시해 "1인 32,000원 무제한"과 같이 한 번만 지불하면 마음껏 먹을 수 있게 하는 방식이다. 지불 고통을 한 번에 끝내고 이후에는 가격 걱정 없이 즐길 수 있기 때문에 해방감이 커지고, 만족도 역시 극대화된다.
- 세트 구성 전략: "10접시 세트 18,000원"처럼 접시 수를 묶어 하나의 세트 가격으로 제시하는 방식이다. 고객 입장에서는 접시마다 가격을 따로 계산하지 않아도 되기 때문에 심리적 피로와 지불 고통이 줄어든다.
- 보너스 접시 제공 전략: "5접시마다 1접시 무료"와 같이 일정 수량을 주문할 때마다 추가 혜택을 주는 방식이다. 고객은 같은 금액을 지불하면서도 더 많은 가치를 얻는다는 느낌을 받게 되고, 지불 행위가 단순한 소비가 아니라 '보상을 받는 경험'으로 인식된다.

이러한 전략들은 공통적으로 고객의 뇌에 "나는 계산하지 않아도 된다"는 안도감과 해방감을 심어 준다. 그 결과 심리적 만족도와 소비량이 동시에 상승한다. 이는 회전초밥집에만 해당하는 이야기가 아니라, 가격 구조를 다시 설계하려는 모든 식당에 적용할 수 있는 강력한 심리 전략이다.

고객의 뇌를 속이는
가격 전략 3가지

지금까지 우리는 '싸게 팔겠다는 생각'을 버려야 진정으로 생존할 수 있다는 점을 살펴보았다. 그리고 고객의 '지불 고통'을 줄이면서도 우리가 원하는 가격을 당당하게 받을 수 있는 다양한 전략들을 하나씩 확인했다. 그럼에도 여전히 많은 사장들은 가격이라는 거대한 벽 앞에서 망설이고 주저한다.

하지만 고객의 지갑을 여는 비밀은 단순히 '숫자'에만 있지 않다. 고객의 뇌는 생각보다 단순하게 작동하며, 우리는 그 인지 구조와 심리적 허점을 공략함으로써 저항 없이 원하는 가격을 받고, 동시에 더 효과적으로 판매를 촉진할 수 있다.

이번 글에서는 인간 뇌의 인지적 특성을 활용하여, 고객이 스스로는 '합리적인 선택을 했다'고 믿게 만들면서도 식당의 수익을 극대화하는 세 가지 심리적 가격 전략을 살펴보고자 한다.

전략 1: 뇌의 '빈도·확률 계산 회피' 심리를 이용하라

고객은 메뉴를 고를 때 겉으로는 가격을 비교하고 손익을 꼼꼼히 따지는 것처럼 보인다. 하지만 실제로는 뇌가 계산을 회피하려는 경향이 매우 강하다. 왜냐하면 계산은 에너지를 많이 소모하는 행위이기 때문이다. 특히 '빈도'와 '확률'을 계산하는 데 인간의 뇌는 매우 약하다. 조건이 복잡하거나 숫자가 여러 개 등장하면, 사람들은 정확하게 따져 보려 하기보다 판단을 미루거나, 가장 단순해 보이는 선택으로 도망치듯 회피하려는 경향이 있다.

이 심리를 이해하면 식당은 고객이 스스로 선택했다고 느끼지만, 사실은 우리가 설계한 방향으로 자연스럽게 이끌려오게 만드는 강력한 가격 전략을 만들 수 있다.

사례: 똑같은 혜택, 다르게 보이는 쿠폰 이벤트

어떤 식당에서 10개의 스탬프를 모으면 보상을 받을 수 있는 쿠폰 이벤트를 진행한다고 가정해 보자. A쿠폰은 고객이 처음부터 끝까지 10개의 스탬프를 모두 직접 찍어야 보상을 받을 수 있는 형태이다. 다시 말해, 0% 상태에서 시작해 100%를 온전히 고객이 채워야 하는 구조이다. 반면 B쿠폰은 총 12개의 스탬프 칸이 있지만, 식당에서 '첫 방문 감사', '첫 구매 이벤트 참여' 등의 명분을 내세워 미리 2개의 스탬프를 찍어 준다. 실제로 고객이 채워야 하는 스탬프 수는 A쿠폰과 동일하게 10개이지만, 출발선이 다른 것처럼 느껴지게 설계한 것이다.

놀라운 점은 고객의 반응이 B쿠폰에서 압도적으로 더 좋게 나타난다는 사실이다. 고객은 심리적으로 A쿠폰은 0%에서 출발해 100%를 달성해야 한다고 느끼는 반면, B쿠폰은 이미 2/12, 즉 약 16.7%가 채워진 상태에서 나머지 83.3%만 채우면 된다고 인식한다. 남은 10개를 채워야 하는 실제 노력은 두 쿠폰이 완전히 동일하지만, 고객의 뇌는 이미 2칸이 채워진 B쿠폰 쪽에서 성공 가능성이 더 높다는 강력한 기준점(앵커)을 형성하는 것이다.

10개의 쿠폰을 모으는 고객의 소비와 구매는 같다. 하지만 빈도와 확률을 이용하면 B쿠폰이 고객에게 덜 고통을 준다.

A쿠폰과 B쿠폰의 구조를 나란히 비교해 보면, 10개의 쿠폰을 모으기 위해 고객이 지출하는 소비와 구매 행위는 같다. 하지만 빈도와 확률에 대한 인지 편향을 활용하면, B쿠폰이 고객에게 훨씬 덜 고통스러운 선택으로 느껴진다. (10개의 쿠폰을 모으는 과정 자체는 동일하지만, 빈도와 확률에 대한 인식을 조정함으로써 B쿠폰이 고객에게 심리적으로 더 가볍게 다가가는 것이다.)

| 전략 2: 가격은 '숨겨야' 더 잘 팔린다

고객의 뇌는 숫자, 특히 자릿수가 길고 복잡한 숫자를 보는 것만으로도 무의식적인 부담과 거부감을 느낀다. 이는 앞서 살펴본 것처럼 돈을 쓰는 순간 고통을 담당하는 뇌의 인슐라 부위가 활성화되기 때문이다. 따라서 메뉴판에 가격을 어떤 방식으로 표기하느냐에 따라 고객의 구매 심리는 크게 달라질 수 있다.

사례: 가격 표기 방식에 따른 고객의 선택 심리

예를 들어 15,000원짜리 메뉴를 다음과 같이 세 가지 방식으로 표기했다고 하자. 이때 고객은 어떤 표기에서 가장 적은 저항으로 지갑을 열게 될까.

- 15,0
- 15,000
- 만오천원

실제로 진행된 실험 결과, '15,0'이라는 표기 방식이 압도적으로 많은 선택을 이끌어냈다고 한다. 이유는 명확하다. '15,000'은 숫자 0이 여러 개 포함되어 있어 고객의 뇌에 더 많은 정보 처리를 요구하고, 그만큼 심리적 부담과 지불 고통을 키운다. '만오천원'은 글자로 표기되어 숫자에 대한 직접적인 압박은 다소 줄어들지만, 여전히 금액의 크기를 비교적 선명하게 인식하게 만든다. 반면 '15,0'은 시각적으로 짧고 간결해 뇌가 처리해야 할 정보량이 크게 줄어들고, 그 결과 고객이 느끼는 지불 고통 역시 현저히 감소한다.

고객의 뇌는 이러한 차이를 의식적으로 분석하지는 않지만, 무의식적으로는 더 덜 부담스럽고 덜 고통스러운 표현을 자연스럽게 선호하게 된다. 이 미세한 인지적 차이가 실제 구매율의 차이로 이어지는 것이다.

식당 적용 방안

식당의 메뉴판에 가격을 표기할 때에는 가능한 한 숫자를 짧고 간결하게 표시하는 것이 좋다. 쉼표(,) 뒤의 '00'을 과감하게 생략하는 방식으로 고객이 느끼는 지불 고통을 최소화할 수 있다. 이러한 표기법은 특히 주력 메뉴나 객단가를 끌어올리고 싶은 고가 메뉴에 적용할 때 더욱 큰 효과를 발휘한다. 가격 자체를 낮추지 않고도, 고객이 느끼는 심리적 부담을 줄이는 설계가 가능하다는 점이 핵심이다.

전략 3: '한정 판매'에 숨겨진 비밀

할인은 처음에는 강력한 고객 유입 장치가 되지만, 자주 반복되면 필연적으로 가치 하락을 불러온다. 할인 전략을 과도하게 사용하면 고객의 머릿속에는 점차 다음과 같은 의심이

자리 잡게 된다.

"원래 싼 제품인가 보다."

"원가가 도대체 얼마길래 이렇게 자주 할인하지?"

이처럼 반복적인 할인은 식당의 브랜드 가치와 메뉴의 정가 이미지를 스스로 깎아 내리는 결과를 초래한다.

이때 이러한 부정적인 인식을 완전히 제거하면서도, 고객에게는 '이득을 보는 경험'이라는 강력한 메시지를 전달할 수 있는 전략이 바로 '한정 판매'이다. 한정 판매는 단순히 가격을 낮추는 수준을 넘어, '희소성'이라는 심리적 가치를 덧입힘으로써 고객의 구매 욕구를 강하게 자극한다. 한정 조건을 설정하는 방식은 크게 네 가지로 구분할 수 있다.

- 수량 한정: "선착순 100인분 한정"과 같이 판매 수량 자체에 제한을 두는 방식이다. 지금 선택하지 않으면 기회가 사라진다는 압박과 희소성을 동시에 부여한다.
- 명분 한정: "오픈 1주년 기념", "단골 고객 감사 이벤트" 처럼 특정한 이유와 스토리를 부여하여, 한 번뿐인 특별한 혜택이라는 인식을 심어 주는 방식이다.
- 기간 한정: "이번 주말 단 3일간"처럼 시간에 제한을 두는 전략이다. 기한이 명확할수록 고객은 결정을 뒤로 미루기 어렵고, 지금 행동해야 한다는 동기를 강하게 느끼게 된다.
- 고객 한정: "종로구 주민 대상", "재방문 고객 전용 할인"

처럼 대상 고객을 제한함으로써, 혜택을 받는 이들에게 '선택받은 느낌'을 주는 방식이다.

사례: 고품격 스테이크의 한정 판매 전략

어떤 식당에서 고급 스테이크 메뉴를 평소보다 저렴한 가격에 판매한다고 가정해 보자. 아무런 장치 없이 단순히 가격만 낮추면, 이는 "이 메뉴는 원래 이 정도 가치가 아니다"라는 인식을 강화할 수 있다. 하지만 다음과 같이 한정 요소를 결합해 메시지를 구성하면 효과가 완전히 달라진다.

"오픈 1주년 기념, 이번 주말 3일간만 선착순 50분 한정으로 프리미엄 채끝 스테이크를 기존 가격에서 30% 할인된 가격에 제공합니다."

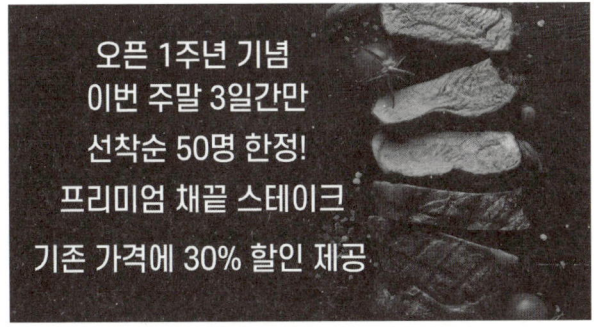

오픈 1주년 기념
이번 주말 3일간만
선착순 50명 한정!
프리미엄 채끝 스테이크
기존 가격에 30% 할인 제공

이 문장에는 명분 한정(오픈 1주년), 기간 한정(이번 주말 3일간), 수량 한정(선착순 50명), 그리고 할인 혜택(30% 할인)이라는 요소가 동시에 녹아 있다. 고객은 이를 단순한 가격 인하가 아니라, "이번이 아니면 경험할 수 없는 특별한 기회"로 받아들이게 된다.

이처럼 네 가지 한정 요소 중 최소 세 가지 이상을 조합해 활용하면, 훨씬 더 강력한 효과를 얻을 수 있다. 고객은 "지금이 아니면 안 된다"는 희소성을 강하게 느끼며, 단순 할인 행사가 아니라 자신만이 얻을 수 있는 특별한 혜택으로 인식한다.

그 결과, 가격 할인에 대한 부정적 인식은 사라지고, 식당의 가치를 훼손하지 않으면서도 고객의 구매를 폭발적으로 늘릴 수 있는 가장 효과적인 심리 가격 전략이 완성되는 것이다.

▎고객의 뇌를 이해하면 가격은 전략이 된다

이제 식당의 가격 전략이 어떤 모습이어야 하는지 조금씩 윤곽이 드러나기 시작했을 것이다. 식당의 가격 전략은 단순히 메뉴판에 숫자를 적어 넣는 행위가 아니다. 고객의 뇌가 정보를 어떻게 받아들이고 어떤 과정을 거쳐 선택을 내리는지를 이해한 뒤, 그 심리적 약점을 활용해 식당이 원하는 결과를 이끌어내는 고도의 '심리 게임'이다.

정리하자면, 다음과 같다.

첫째, 빈도와 확률을 회피하려는 심리를 이용해 고객이 복잡한 계산을 하지 않도록 설계하는 것이다.

둘째, 가격 정보를 노출하기보다 간결하게 숨김으로써 지불의 고통을 최대한 줄이는 것이다.

셋째, 한정 판매 전략을 통해 동일한 가격이라도 고객이 '이득을 보고 있다'고 느끼게 만드는 것이다.

이러한 전략들은 단순히 가격을 올리는 수준을 넘어, 고객에게 뚜렷한 저항감을 주지 않으면서도 식당의 수익성과 브랜드 가치를 동시에 높이는 강력한 도구이다.

앞으로는 '얼마에 팔 것인가'가 아니라 '어떻게 하면 고객의 심리를 읽고 유도해 저항 없이 원하는 가격을 받고, 원하는 메뉴를 팔 수 있을까'에 집중해야 한다. 그 관점에서 꾸준히 행동한다면, 고객은 스스로 합리적인 선택을 했다고 느끼면서도 저항 없이 지갑을 열게 될 것이다.

고객의 '뇌'를 움직여라!
호감은 전략이고, 곧 생존이다

　　치열한 외식 시장에서 고객의 시선을 끄는 것만큼이나 어려운 일이 있다. 바로 '고객의 마음'을 얻는 일이다. 식당이 특별한 맛과 경험을 제공했음에도 불구하고 고객의 기억에서 쉽게 지워지거나, 어떤 이유에서든 부정적인 인식이 한 번 박혀버렸다면, 그때부터는 고객의 마음을 다시 돌리고 지속적인 관계로 발전시키기가 매우 어려워진다. 이 문제의 해답은 결국 식당의 '호감도'를 반드시 끌어올리는 데 있다.

　　많은 사장들은 '호감'을 맛이나 서비스의 연장선 정도로만 가볍게 생각한다. 하지만 호감은 그 이상을 포함하는 심리적 작동 원리이며, 외식업에서 단순한 생존을 넘어 브랜딩으로 나아가기 위해 반드시 확보해야 할 핵심 조건이다. 여러 연구에서 학자들은 일관되게 '호감도'가 고객의 충성도와 구매 의사에 결정적인 영향을 미친다고 말한다. 식당 역시 하나의 브랜드이다. 고객에게 맛있는 음식과 특별한 경험을 제공하는 것을 넘어, 그 식당을 떠올릴 때 '심리적인 만족감'과 '긍정적인 감정'이 함께 떠오르도록 만들어야 한다.

그렇다면 우리는 고객의 호감을 어떻게 전략적으로 얻고, 그 호감을 실제 매출과 재방문으로 연결할 수 있겠는가. 그리고 그 과정 뒤에 숨어 있는 '뇌 과학'의 비밀은 무엇인지 이제 차근차근 살펴볼 필요가 있다.

▮ 뇌가 호감을 만드는 법, '단순 노출 효과'의 비밀

한 번쯤 이런 경험이 떠오를 것이다. 처음에는 싫어했거나 별 관심 없던 사람과 어쩔 수 없이 계속해서 일을 같이 하거나, 반복적으로 점심을 함께 먹어야 했던 기억 말이다. 분명 처음에는 내 스타일이 아니거나, 심지어 조금 불편하기까지 했는데 시간이 지날수록 어딘가 모르게 친근하게 느껴지고, 결국 호감까지 생기는 경우가 적지 않다. 이때 우리 뇌에서는 호감도가 서서히 상승하는 놀라운 일이 벌어지고 있는 것이다. 분명 싫어하던 사람이었고 관심도 없던 사람이었는데 말이다.

심리학에서는 이를 '단순 노출 효과'라고 부른다. 하버드, 스탠퍼드 등 다양한 연구에서 밝혀진 바에 따르면, 사람은 반복적으로 접한 대상에 대해 점점 더 호감을 느끼게 된다. 이 현상은 단순히 사람에게만 국한되지 않는다. 동물, 음악, 단어 등 어떤 대상이든 반복 노출될수록 긍정적인 평가를 받게 된다는 사실이 여러 연구를 통해 입증되었다. 처음에는 아무런 관심이 없거나, 심지어 다소 부정적으로 느껴지는 대상이라도 반복적으로 노출되면 그 대상에 대한 호감도가 상승하는데, 이것이 바로 단순 노출 효과이다. 쉽게 말해 "자주 보면 정든 다"는 말이 과학적으로 증명된 셈이다.

이 원리는 우연이 아니다. 우리 뇌는 낯선 것을 본능적으로 '위협'으로 인식하는 경향이 있다. 하지만 어떤 대상이 계속해서 반복적으로 등장하고, 그 과정에서 부정적이거나 해로운 경험이 일어나지 않으면 뇌는 서서히 학습하기 시작한다. '아, 이 대상은 나에게 안전하구나. 괜찮은 존재구나'라고 인식하는 것이다. 이러한 학습이 반복될수록 낯설음과 경계심은 사라지고 '익숙함'과 '친숙함'으로 대체되며, 점차 긍정적인 감정, 즉 '호감'을 형성하게 되는 것이다.

이 단순 노출 효과는 식당의 호감도에도 그대로 적용된다. 예를 들어 우리는 매일 수많은 광고에 노출되어 살아간다. 처음에는 전혀 관심이 없고, 심지어 귀찮게 느껴지는 광고라도 끊임없이 반복해서 보게 되면 어느 순간부터 슬며시 호기심이 생기기 시작한다. '한 번 사볼까, 한 번 먹어볼까?'라는 생각이 고개를 드는 것이다. 세계적인 대기업들이 엄청난 비용을 들여, 심지어 전쟁 중에도 광고와 홍보를 포기하지 않는 이유가 바로 여기에 있다. 단순 노출이 곧 호감과 매출로 이어진다는 사실을 정확히 알고 있기 때문이다.

식당도 마찬가지이다. 고객과 자주 접촉할수록 무의식적으로 그 식당에 대한 호감도가 쌓인다. 과거의 좋지 않은 경험이나 작은 오해로 인해 부정적인 인식을 가진 고객이라 하더라도, 일정 수준 이상의 긍정적인 재노출이 반복되면 그 인식이 서서히 희석되거나, 경우에 따라서는 긍정적으로 전환될 가능성까지 열리게 된다. 물론 여기에는 전제가 있다. 기본적인 맛과 품질, 위생, 그리고 최소한의 서비스 수준이 충족되어야 한다는 점이다. 이 기본이 무너진 상태에서의 반복 노출은 호감을 만들기는커녕 오히려 반감을 키우는 독이 될 뿐이다.

결국 핵심은 고객과 사장의 식당이 물리적으로, 그리고 심리적으로 자주 '만나는 구조'를 의도적으로 설계해야 한다는 데 있다. 고객과 식당이 자주 마주치는 접점을 만들지 못하면 호감은 결코 쌓이지 않는다. 이제부터는 그 '만남'을 어떻게 전략적으로 설계해 고객이 최소 3회 이상 재방문하도록 만들 것인지, 그리고 그 과정을 통해 매출을 어떻게 끌어올릴 것인지에 대한 실전 전략을 본격적으로 살펴볼 것이다.

▎전략적 개입: 3회 이상 방문하게 하면 매출이 오른다

식당에서 고객의 호감도를 높이는 가장 효과적인 방법 중 하나는 '반복 방문'을 전략적으로 유도하는 것이다. 고객이 식당을 자주 찾을수록 물리적인 친숙함은 물론, 긍정적인 경험이 차곡차곡 쌓이면서 심리적 유대감도 함께 깊어진다. 이는 마치 친구와 만나는 시간이 쌓일수록 관계가 더 단단해지는 것과 같은 원리이다.

문제는·수많은 식당 선택지 속에서 어떻게 해야 고객이 내 식당을 반복해서 방문하도록 만들 수 있느냐이다. 여기에서 필요한 것이 바로 고객의 행동에 자연스럽게 개입해 재방문을 이끌어내는 '전략적 개입'이다. 단순히 "한 번 더 오세요"라고 부탁하는 수준을 넘어서, 고객 스스로 '다시 오고 싶다'는 마음이 들도록 만드는 매력적인 장치가 필요하다.

첫 번째 전략: 고객의 감정을 설계하라. 첫 3번이 생존을 결정한다

새롭게 문을 여는 식당이라면 오픈 이벤트 쿠폰을 통해 고객의 반복 방문을 유도할 수 있다. 식당 가오픈 날 처음 방문한 고객에게 쿠폰을 지급하고(도장 쿠폰도 무방하다), 정식 오픈 시 재방문하면 어떤 혜택을 제공할 것인지 분명하게 알려주는 것이 좋다. 이때 콜라, 사이다 같은 흔한 음료는 피해야 한다. 되도록 고객이 체감하는 혜택이 크다고 느껴지는 것을 준비해야 한다. 예를 들어 돈가스 식당이라면 '돈가스 정식으로 업그레이드' 혜택을 줄 수 있고, 바삭한 새우튀김 몇 피스를 제공하는 것도 좋은 방법이다. 칼국수 식당이라면 보쌈이나 수육을 활용할 수도 있다. 자신의 식당에서 부담 없이 제공할 수 있는 것들 중에서, 고객에게 가장 매력적으로 느껴질 만한 혜택을 신중하게 선택해야 한다.

그렇게 두 번째 방문한 고객에게는 다시 한번 쿠폰을 지급하고, 다음 세 번째 방문 시에는 또 다른 혜택이 기다리고 있다는 점을 반드시 알려야 한다. 이때 가장 중요한 것은 두 번째 방문 시 제공했던 혜택과 겹치지 않아야 하며, 두 번째 혜택보다 한 단계 더 강력한 혜택이어야 한다는 점이다. 30% 할인, 1+1, 2+1 등 고객의 입에서 '와~' 하는 감탄이 나올 정도의 혜택을 제시해야 한다. 이렇게 설계하면 가오픈 날의 자발적 시험 구매를 포함해, 총 세 번의 방문을 강하게 유도할 수 있다.

반대로 식당 오픈 날 '소주 한 병 무료 제공' 같은 이벤트는 고객에게 거의 자극을 주지 못한다. 소주 한 병 공짜로 마시겠다고 일부러 찾아올 고객은 많지 않으며, 설령 방문했다 하더라도 그 한 번으로 끝날 가능성이 매우 크다. 다시 올 이유도, 기억에 남을 만한 인상도 남기지 못하기 때문이다. 효과도 없는 엉뚱한 이벤트로 시간과 비용, 그리고 잠재 고객까지 놓치는 것보다는, 이처럼 세 번 이상 식당과의 만남을 설계해 호감도를 높이는 전략이 훨씬 효율적이다.

특히 식당 오픈 시기에 이 전략을 활용하면 고객의 첫인상 속에 강한 긍정적 감정과 경험으로 각인되기 때문에 최적의 타이밍이다. 물론 오픈 시기가 아니더라도 언제든지 적용 가능한 방식이다. 일정 기간을 정해 이 구조를 설계해두기만 해도 식당의 호감도를 상승시키고, 단발성 방문을 반복 방문으로 전환하는 매우 효과적인 방법이 된다.

두 번째 전략: 기존 쿠폰 전략의 판을 뒤집어라

재방문과 고객의 호감도, 이 두 가지 핵심 키워드를 가지고 수많은 전략을 실행하고 연구하던 중, 기존 쿠폰을 발급하는 식당들의 명확한 문제점이 보이기 시작했다. 아마도 쿠폰 전략을 가장 많이 사용하는 업종은 중식당일 것이다. 그만큼 경쟁이 심한 레드오션 업종이라 당연한 결과일지도 모른다.

어떤 쿠폰은 20장을 모으면 쟁반짜장이란 혜택을 받을 수 있다. 아차, 조건이 있다. 결제 금액 1만 원에 쿠폰 스티커 1장이다. 또 다른 쿠폰은 스티커 40장을 모으면 탕수육, 50장은 양장피 제공이란 혜택이 제공된다. 여기도 조건이 붙었다. 서비스로 받은 요리는 평일만 가능하고, 주문 전 미리 말해 달라는 조건이다.

이런 전략으로는 호감도를 상승시키기는커녕 오히려 고객의 분노를 상승시킬 것이 뻔하다. 이런 방식은 고객 좋으라고 하는 혜택이라기보다는 식당 매출을 높이려는 '꼼수'에 가깝다. 고객이 환호하고 '와~' 소리가 날 정도로 바꿔야 한다.

문제는 고객이 20번에서 50번까지 식당을 방문할 가능성이 극히 희박하다는 것이다. 설령 그렇게 방문한다고 해도, 고객이 방문하여 지출한 금액 대비 혜택이 너무 적다. 아무튼 따지지 않고 다 모았다고 해도, 혜택을 받으려면 평일에만 사용 가능하고, 그마저도 "저희 쿠폰 다 모았어요!" 하고 미리 알려야 한다. 스티커는 1만 원부터 제공이라는 조건까지 붙어 있다.

최소 주문 짬뽕 한 그릇이 1만 원이라고 가정하면, 고객은 최소 20번을 방문했다는 것이다. 20만원 이상을 구매했는데 고작 쟁반짜장이거나, 40만 원, 50만 원을 구매하고도 고작 탕수육과 양장피가 전부라면, 이건 수학도 아니고 산수만 해도 나오는 뻔한 꼼수다. 이런 꼼수는 결코 '전략'이라고 할 수 없다.

지금부터 공유하는 전략은 업종과 상관없이 모든 식당에서 사용 가능하다. 무조건 따라 하여 생존과 매출에 도움이 되기를 바란다. 내가 운영하는 짬뽕작전의 '득템 쿠폰 전략'은 고객의 반복 방문을 유도하고 호감도를 극대화하는 동시에, '뇌 과학'적 원리까지 절묘하게 활용하는 매우 효과적인 사례이다. 이 쿠폰 전략의 핵심은 방문 횟수를 줄이는 것이다. 너무 많은 방문을 유도하는 것은 고객의 목표 성취감을 저하시켜 중도 포기하게 만든다. 짬뽕작전은 방문 횟수를 6번으로 줄였다. 그리고 이 6번 방문하는 동안 중간중간에 보상을 제공한다. 이는 고객이 보상을 받고 끝까지 완주(방문 횟수 증가)를 할 수 있도록 설계된 장치이다.

- 2번째 방문 시: 1천 원 할인
- 4번째 방문 시: 7,000원 상당의 스몰 유린기/유자 탕수육 제공
- 마지막 6번째 방문 시: 1만 원 할인 혜택 제공을 받을 수 있게 했다.

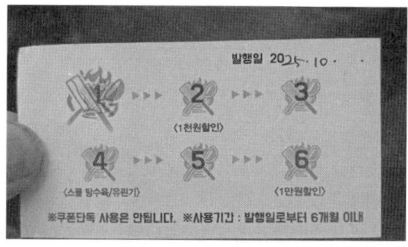

    짬뽕작전의 '득템 쿠폰'은 이렇듯 총 여섯 번의 방문 동안 세 차례에 걸쳐 확실하고 직관적인 보상을 제공하는 것이다. 쿠폰을 사용하기 위한 까다로운 조건 같은 건 없는 것이다. 오로지 방문 횟수에 따라 정직하게 혜택을 드리는 것과 6번 방문 시 1만 원이라는 큰 금액을 할인받을 수 있으며, 중간중간 주어지는 보상으로 고객은 올 때마다 혜택을 받는 경험의 감정을 느낄 수 있으며 끝까지 달성할 수 있도록 설계된 것이다.

    이 전략은 단순히 '할인'을 넘어 고객의 '뇌를 사로잡는 보상 시스템'까지 함께 적용한 것이다. 짬뽕작전의 득템 쿠폰은 고객이 한 번 방문할 때마다 '다음 보상'에 한 걸음 더 다가섰다는 긍정적인 '보상 예측'을 심어주며 뇌의 도파민 분비를 자극하는 것이다. 쿠폰을 모으는 행위는 마치 게임의 미션을 수행하듯 즐거움을 제공하고, 중간중간의 보상과 마지막 큰 보상은 고객이 목표를 달성하는 성취감과 강력한 동기를 부여하는 것이다. 까다로운 조건 없는 명확한 혜택은 고객에게 계산이 아닌 '선물'처럼 다가서며, 식당에 대한 신뢰와 호감을 폭발적으로 끌어올리는 것이다.

콜라 한 캔으론 리뷰 못 얻는다. 고객은 감동에 반응한다

식당 한쪽에 붙어 있는 '네이버 영수증 리뷰 참여 시 음료수 증정!'이라는 안내 문구, 혹은 직접 그런 이벤트를 진행하고 있는가? 대한민국에 그렇게 많은 식당이 존재하지만 이 문구와 이벤트는 국가에서 의무적으로 시키는 것도 아닌데, 대동단결하여 앞집도 옆집도 뒷집도 상권 내 거의 같은 문구를 쓰는 식당이 대부분이다. 안타깝지만, 대부분 식당에서 이런 이벤트는 고객의 참여를 이끌어내지 못하며 오히려 식당의 '가치'를 떨어뜨리는 독이 될 수 있다.

리뷰 이벤트를 하는데 왜 효과가 없을까? 고민하는 사장에게 결론부터 말한다. 고객은 흔한 콜라, 사이다를 보상받자고 수고스럽게 사진 찍고 영수증 리뷰를 작성해 줄 것이라고 생각하는가? 많은 사장이 이런 식의 '형편없는 보상'으로는 절대 고객의 마음과 손가락을 움직일 수 없다는 사실을 알아야 한다. 제발 흔한 콜라, 사이다로 고객의 리뷰를 얻으려다 식당의 '가치'까지 잃지 마라. 반대로, 사장님도 남의 식당에서 외식할 때 음료수 받자고 몇 번이나 리뷰를 썼는가? 사장님도 안 하는 걸 고객에게 하라고 하니 어불성설이다.

콜라 말고 '와!'를 줘라. 리뷰는 그렇게 얻는다

고객은 정보 과부하 시대에 살고 있으며, 수많은 리뷰 이벤트에 너무나 익숙하다. 여기서 '콜라 한 캔'의 보상은 아무 자극도 주지 못한다. 오히려 어떤 고객에게는 이렇게 비칠 수도 있다. '이 식당은 고작 이런 보상으로 나를 움직이려 하는구나.' 이는 식당에 대한 긍정적인 기대치마저 꺾어버릴 수 있다.

콜라, 사이다 → 고객은 이미 지겨워한다 → '그거 받자고 리뷰 쓰는 건 귀찮다'는 반응이 대부분이다. 흔한 보상은 흔한 결과만 준다. 스마트폰을 꺼내 사진과 영수증을 찍고, 몇 줄이라도 글을 쓰는 과정은 고객에게 '작지만 분명한 수고'이다. 이 수고를 기꺼이 감수하게 하려면 그에 상응하는, 혹은 그 이상의 '매력적인 보상'이 필수이다. 특별함도 없고 가격적으로도 매력 없는 보상은 고객의 행동을 유도하지 못한다.

고객의 리뷰 참여를 이끌어내려면, '이건 무조건 해야 돼!'라는 생각이 들게 만드는 강력한 동기 부여, 즉 강력한 자극이 필요하다. 식당의 보상은 고객의 귀찮음을 압도할 만큼 크고 매력적이어야 한다.

리뷰 작성을 해 준 고객에게만 제공되는 보상으로 가격적 혜택이 크거나, 메뉴판에 없는 '시크릿 메뉴'처럼 희소성이 있는 것이 큰 매력을 가진다. 중요한 건 고객에게 '대접받는' 느낌을 줘야 한다는 점이다.

다른 전략으로는 다음과 같은 방법들이 있다.

비싼 대표 메뉴를 제공하거나 특정 사이드 메뉴를 무료로 업그레이드해 주거나, 또는 사이즈 업을 해 줘라. 이때 '1만 원 또는 7,000원 상당의 혜택'처럼 구체적인 가치를 언급하면 고객은 보상의 크기를 명확히 인지하고 그 가치를 높게 평가한다. 고객의 참여를 이끌어내기 위해서는 음료수보다 실제적인 '돈'으로 연결되는 혜택이 언제나 강력하다. 다음 방문 시 사용 가능한 큰 폭의 할인 쿠폰이나, 당장 사용할 수 있는 현장 할인 등은 고객에게 '실질적인 이득'으로 다가간다. 중요한 점은 이득의 혜택이 커야 한다는 것이다. 1천 원 할인보다 2천 원 할인이 더 효과적인 것처럼 매우 당연한 원리이다.

처음에 나 역시 시작은 콜라와 사이다 제공이었다. 결과는 몇 달을 해도 리뷰 5개도 얻지 못했다. 그럼에도 꿋꿋하게 '리뷰 남겨주시면 음료수 드려요' 하고 안내 멘트까지 했으니, 고객이 얼마나 코웃음을 쳤을까 생각하면 아직도 민망해서 얼굴이 빨개진다. 한마디로 식당 경영과 마케팅, 고객 심리학 지식이 없는 무식한 경영자였다. 그 후 외식 경영과 마케팅을 조금씩 공부하고 실행하면서 과감하게 달라졌다.

지금은 네이버에 영수증 리뷰 기능이 있지만(네이버는 2020년

하반기부터 영수증 리뷰 기능 도입), 그때는 블로그 리뷰가 전부였다. 나는 블로그 리뷰를 작성한 고객에게는 스타벅스 아메리카노 쿠폰을 제공했다(당시 4,100원 쿠폰, 지금은 4,700원이다). 그뿐만이 아니다. 인스타그램, 틱톡, 페이스북, 유튜브 등에 뭐라도 하나 올려주면 무조건 스타벅스 쿠폰을 줬다(댓글과 DM으로 카톡 아이디를 여쭤보고 카톡으로 보냈다). 추후에 영수증 리뷰가 생겼을 때도 나는 스타벅스 쿠폰을 제공했다.

식당 경영과 마케팅 공부를 통해 콜라 한 캔으로는 고객의 참여를 이끌어낼 수 없다는 것을 알았고, 수많은 식당들이 '콜라 한 캔'에 머무를 때 내가 만든 브랜드 '짬뽕작전'은 과감하고 강력한 보상으로 고객들의 리뷰 참여 반응을 이끌어냈다. 이는 많은 것을 배우는 과정이었다.

지금은 아예 매장에서 스타벅스 커피를 마실 수 있게 해 두었다. 흔한 콜라/사이다를 제공하는 보상 이벤트는 하지 않는다. 청포도 에이드, 자몽 에이드 등 흔치 않고 가격대가 더 높은 특별한 음료를 보상으로 제공한다. 고객에게 '대접받는다'는 감정의 경험까지 제공하는 것이다. 검색만 해도 에이드 원액은 수십 가지가 나온다. 얼마든지, 생각의 태도만 바꾸면 고객에게 충분히 제공할 수 있다. 여기서 눈치 빠른 사장은 아마도 당장 구글 검색창에 '일본 특별한 음료수' 같은 키워드로 검색하며 응용을 시작할 것이다. 이미 생각의 태도가 바뀌었다는 신호이다.

생각을 조금만 바꾸고 태도를 바꾸면 이렇게 틈이 생긴다.

이제 어떤 걸 보상하고 제공해야 고객에게 물개박수 받고 엄지척까지 받으며 리뷰까지 얻을 수 있는 방법을 알았다. 당장 실행하면 된다.

짬뽕작전은 여기에 그치지 않고, '7,000원 상당'의 스몰 사이즈 유자 탕수육 또는 유린기를 제공했다. 7,000원이라는 구체적인 가격은 고객에게 보상의 가치를 명확히 제시하는 강력한 기준 앵커(Anchor)가 된다. 고객이 보상의 크기를 직접 눈으로 보게 되면 고객의 뇌에서는 이런 반응이 일어난다. '이 정도 가격의 음식을 공짜로 준다고?'라는 생각은 고객의 리뷰 참여율을 압도적으로 높일 수 있다는 것을 실행을 통해 얻게 된 결과였다.

나는 분명히 알게 되었다. 고객에게 '귀찮음을 감수할 만한 충분한 가치'를 제공할 때, 영수증 리뷰는 단순한 댓글 몇 개가 아니라 식당의 매출과 인지도를 끌어올리는 강력한 마케팅 수단이 될 수 있다는 사실을.

이제 영수증 리뷰 보상에 대한 인식을 바꿔야 한다. 식당이 진정으로 고객의 리뷰를 원한다면 그들에게 '감동적인 보상'을 제공해야 한다. 리뷰는 단순한 글이 아니라 마케팅 자산이다. 리뷰 수가 늘면 네이버플레이스 노출도 올라가고, 신규 고객 유입도 자연스럽게 증가한다. 결코 돈 낭비가 아니라, 잠재 고객을 확보하고 충성 고객을 만드는 가장 효과적인 '투자'이다. 리뷰는 고객이 귀찮음을 이겨낸 시간과 노력이다. 그 가치에 대한 보상으로 콜라, 사이다로 퉁치려고 하니까 안 되는 것이다. 그에 맞는 보상을 제공해야 한다.

식당이 제시하는 영수증 리뷰 보상의 가치가 곧 자신의 식당이 고객을 얼마나 귀하게 여기는지 보여주는 지표가 될 것이다. 오늘부터 식당의 영수증 리뷰 보상을 재설계하자. 고객의 '와!' 소리가 터져 나올 만한 파격적인 보상으로 말이다.

리뷰는 고객의 자발적 마케팅이다. 그 시작은 보상의 설계이다.

보상은 조건이 아니라 감사다!
고객의 뇌는 진심에 반응한다

우리는 지난 글에서 식당이 고객과 자주 만날수록 무관심을 호감으로, 심지어 강렬한 단골로 바꿀 수 있다는 사실을 깨달았다. 단순히 '자주 만나는 것'만으로도 호감은 싹트지만, 그 만남을 지속시키면서 식당이 원하는 결과(재방문, 구매)까지 고객을 유도하고 이끌려면 강력한 동기가 필요하다. 바로 '보상'이다.

도파민을 자극하라.
고객의 뇌는 '기대감'에 움직인다!

고객이 식당에서 돈을 지불할 때, 뇌는 단순히 '지출'이 아니라 '손실'을 경험한다. 이때 활성화되는 뇌 영역은 화상에 가까운 고통을 느낄 때와 유사하다는 연구 결과도 있다. 즉, 고객은 식당에서 돈을 쓰는 순간 "내가 이만큼을 잃었다"는 심리적 불편함과 고통을 뇌는 느끼는 것이다.

이러한 불편함과 고통을 희석시키면서 긍정적인 감정으로 전환시켜 주는 핵심 물질이 바로 '도파민(Dopamine)'이다. 도파민은 쾌락 호르몬으로 알려져 있지만, 뇌과학 연구에 따르면 보상을 받았을 때보다 보상을 예측하고 기대할 때 훨씬 더 많이 분비된다. 즉, 우리가 맛있는 음식을 먹는 순간보다, 그 음식을 먹을 것이라는 '기대감'을 가질 때 도파민이 폭발적으로 분비되어 쾌락뿐 아니라 학습, 기억, 행동 강화에 관여하고 자극하는 것이다.

고객은 보상을 받으면 "기분 좋다"는 감정을 느끼고, 그 감정은 식당에 대한 긍정적인 기억으로 저장된다. 이 긍정적 기억은 다음 행동(재방문, 추천, 리뷰)으로 이어진다. 즉, 보상은 단순한 서비스가 아니라 고객의 뇌를 설계하는 전략적 장치인 것이다. 쿠폰을 받은 고객이 식당에 다시 오면 '더 많은 혜택을 받을 수 있다'는 기대를 심어주는 것, 이것이 바로 '보상'의 핵심이다. 쿠폰에 도장을 하나 더 찍을 때, 다음 방문 시 주어질 혜택을 상상할 때, 고객의 뇌에서는 도파민이 분비되며 다시 식당을 찾아야 할 '강력한 동기'가 부여된다. 이것이 바로 고객이 쿠폰 이벤트 식당에 다시 발걸음을 옮기게 하는 뇌과학적 작동 원리다.

고객의 '충성'을 '꼼수'로 치부하는 치명적 오류

대한민국 전역의 식당에서 오늘도 수많은 쿠폰이 고객에게 제공될 것이다. '몇 개 이상 모으면 혜택 제공'이라는 고전적인 전략. 특히 배달 중심 업종에서 흔하게 사용되지만, 대부분 똑같은 방식에 심지어 혜택 프로세스와 안내 문구까지 복사한 듯 판에 박혔다.

"쿠폰으로 주문 시 미리 말해라." 혹은 "주말에는 사용 불가하다." 같은 문구들. 열심히 쿠폰을 모아 겨우 사용하려 했더니, 지켜야 할 '조건'이 수두룩하다. 고객의 입장에서 이는 어처구니없는 상황일 뿐이다. 고객은 몇 날 며칠, 몇 달에 걸쳐 식당을 반복해서 찾아주며 쿠폰을 모았다. 그런데 그 귀한 노고(주문과 재방문) 끝에 돌아오는 것은 감사 대신 '통제와 제약'뿐이다. 정말 많은 식당이 쿠폰으로 고객을 우롱하고 있다. 그리고 그 결과는 고스란히 식당이 떠안게 될 것이다.

앞선 내용에서 고객의 뇌는 '반복된 만남'과 '보상'에 반응하며 호감을 형성한다고 강조했다. 그렇다면 쿠폰을 12장이든, 20장이든 모두 모았다는 것은 무엇을 의미하는가? 이는 단순한 '할인권' 한 장을 받아낼 목적을 넘어, 식당에 대한 고객의 '깊은 호감과 굳건한 충성심'을 증명하는 강력한 지표다. 이 고객은 수많은 경쟁 식당을 뒤로하고, 오직 자신의 식당만을 꾸준히 선택해왔다는 명백한 증거인 것이다. 이런 고객이야말로 식당의 가장 훌륭한 자산이며, 'VIP 중의 VIP'다. 그런데도 그 가치를 외면하는가? 아니면 모르는 것인가?

많은 식당들이 이 소중한 고객에게 오히려 불쾌감과 의심을 안겨주고 있다. "쿠폰 주문 시 미리 말해라"는 말은 '오래된 재료로 튀기는 건 아닐까?', '양이 적은 건가?', '덜 신경 쓰는 건가?'와 같은 의심을 자연스럽게 피어오르게 한다. 고객은 혜택을 받는다는 생각보다, 오히려 '불이익을 받는 것은 아닌가' 하는 불안감을 느낀다. "주말 사용 불가"는 또 어떤가? 가장 바쁜 주말에 가족과 함께 즐기려는 고객에게 '안 돼!'라고 선을 긋는 것이 과연 그들의 충성심에 보답하는 길인가? 식당의 편의를 위해 고객의 혜택을 제약하는 것은 '우리는 고객이 자주 찾아준 것을 알아주지 않는다'는 메시지를 전달하는 것과 같다.

이런 방식은 고객의 '충성'을 알아봐 주기보다는 '할인을 요구하는 진상 손님'처럼 취급하는 것과 다름없다. 그 많은 방문으로 식당에 지출한 비용만 보더라도 20만 원, 40만 원, 50만 원 이상을 지출한 고객에게 고작 몇천 원짜리 쟁반짜장이나 탕수육을 안겨 주면서도 이토록 까다로운 조건을 붙이는 것은, 계산만 해봐도 고객을 기만하는 '꼼수'로 비칠 뿐이다. 이는 고객의 호감도를 상승시키는 것이 아니라 '분노를 상승시키는 지름길'이다.

보상은 '손해'가 아닌 '전략적 투자'다!
충성 고객의 사랑에 응답하라

많은 사장들이 보상을 '비용'이나 '손해'로 생각한다. 하지만 보상은 고객의 재방문을 유도하고, 장기적인 관점에서 엄청난 매출 증대와 식당 브랜드 자산으로 돌아오는 '전략적 투자'다.

맛있는 음식은 일차적인 보상이다. 여기에 추가적인 보상(할인, 서비스 등)은 재방문을 더욱 강력하게 촉진한다. 뇌는 이 보상을 받기 위해 해당 행동(식당 방문)을 반복 학습한다. 고객은 보상을 통해 '식당이 나를 기억하고 대우해 준다'는 느낌을 받는다. 이는 단순한 거래 관계를 넘어선 심리적 유대감, 즉 '호감'을 깊게 만든다. 사람은 자신에게 잘해 주는 사람에게 더 끌리고 더 관계를 이어가고 싶어 한다.

보상이 전략적 투자일 이유는 또 있다. 바로 가격 민감도 감소와 경쟁 우위다. 보상으로 형성된 강한 호감과 충성도는 고객의 가격 민감도를 낮춘다. 경쟁 식당보다 가격이 조금 비싸더라도 기꺼이 지불하게 만든다. 동시에 차별화된 보상 시스템은 다른 식당과의 명확한 경쟁 우위를 제공하여 '이 식당을 찾아야 하는 이유'를 더욱 견고하게 만든다.

냉정하게 생각해 보자. 새로운 고객을 유치하는 비용이 기존 고객을 유지하는 비용보다 훨씬 높다는 것은 마케팅의 정설이다. 그리고 단순히 고객을 유지하는 것을 넘어, 보상은 고객을 '홍보대사'로 만드는 강력한 힘을 가진다.

자신의 식당을 지탱하는 진짜 '보물'은 누구인가? 바로 수많은 식당 속에서도 끈기 있게 자신의 식당만을 선택하고, 12번, 20번을 찾아준 고객이다. 이런 고객에게 합당한 대우, 즉 VIP급 응대와 보상이 뒤따라야 한다. 이런 고객들에게는 '진심으로 감사한다'는 메시지를 명확히 전달해야 한다.

가장 먼저 바꿔야 할 것은 바로 안내 문구다. 쿠폰 뒷면의 퉁명스러운 문구를 이렇게 바꿔 보라. 이 작은 변화만으로도 고객은 식당의 진심을 충분히 느낄 수 있을 것이다.

"쿠폰 주문 시 미리 말해라." / "주말 사용 불가."

대신 이렇게 바꿔라. 충성 고객이 늘어나고 매출이 달라질 것이다.

"저희 OO식당을 12번이나 찾아주셔서 진심으로 감사드립니다. 쿠폰 주문 시 편하게 말씀해 주세요. 맛있는 후라이드 반 마리(또는 오븐 치즈 스파게티)를 추가로 제공해 드리겠습니다."

이처럼, 고객이 자신의 식당을 12번, 20번이나 방문했다는 사실을 높이 평가하고, 그에 합당한 방식으로 보상해야 한다. 왜 주말 사용이 안 되고, 무슨 이유로 쿠폰 사용 시 미리 말해야 하는지, 고객의 입장에서 기분이 좋을 리 만무하다. '쿠폰으로 주문하면 오래된 닭으로 튀기는 거 아닐까?', '양이 적은 건가?' 같은 불필요한 의심만 커질 뿐이다.

짬뽕작전의 '득템 쿠폰'처럼 단순한 할인 한 번이 아니라, 방문 횟수에 따라 점진적으로 보상이 커지거나 달라지는 구조를 만들어라. 중간중간의 작은 보상이 고객의 도파민을 꾸준히 분비시키고 최종 목표(더 큰 보상)까지 완주하게 만든다. '도장을 모으는 것'처럼 고객 스스로 작은 목표를 설정하고 달성하는 즐거움을 만들어 줘라.

결국 '득템 쿠폰'은 단순히 할인 수단이 아니라, 고객과의 '반복된 만남'을 설계하고 그 안에서 깊은 '호감'을 쌓아가는 매개체인 것이다. 고객은 혜택을 받을 때마다 식당에 대한 긍정적인 감정을 반복적으로 경험하며, 이는 곧 강력한 충성심으로 전환된다.

충성 고객을 만드는 진짜 보상 전략, 고객의 '사랑'에 진심으로 응답하라

조건 없는 '감사'와 '환대'를 보여줘라. 쿠폰 사용 시의 모든 불편한 조건을 제거해라. 고객이 혜택을 받는 것에 대해 어떤 거리낌이나 미안함도 느끼지 않도록, 오히려 매번 방문해 주는 것에 진심으로 감사하고 기쁘게 제공한다는 태도를 보여줘라. "다 모아 주셔서 우리가 더 감사드립니다!"라는 메시지와 함께 VIP처럼 응대하는 것이 핵심이다.

고객의 '충성도'를 공식적으로 인정하라. 고객이 쿠폰을 다 모아 가져왔을 때, "우리를 이렇게 오랫동안 찾아주다니 정말 감사합니다!"라는 한마디와 함께 그들의 오랜 방문 기록을 식당이 알고 있음을 보여주는 것은 고객에게 큰 만족감을 준다. 이것은 단순한 할인을 넘어선 '인정과 존중'이라는 비금전적 보상이며, 고객을 식당의 '팬'으로 만드는 강력한 무기다.

고객은 바보가 아니다. 그들은 식당의 '꼼수'와 '진심'을 정확히 구별한다. 지금 당장의 단기적인 매출에 연연하여 충성 고객의 마음을 잃는 우를 범하지 마라. 고객이 식당을 12번, 20번 찾아준 것은 단순한 거래가 아니라, 식당에 보내는 '변치 않는 사랑 고백'이다. 이 사랑 고백에 진심으로 응답해라. 그러면 그들은 단순한 고객을 넘어 식당의 든든한 홍보대사가 되어 더 많은 새로운 고객을 데려올 것이다.

　사장님의 식당은 지금, 식당을 가장 아껴주는 고객들에게 어떤 방식으로 '감사'를 표현하고 있는가?

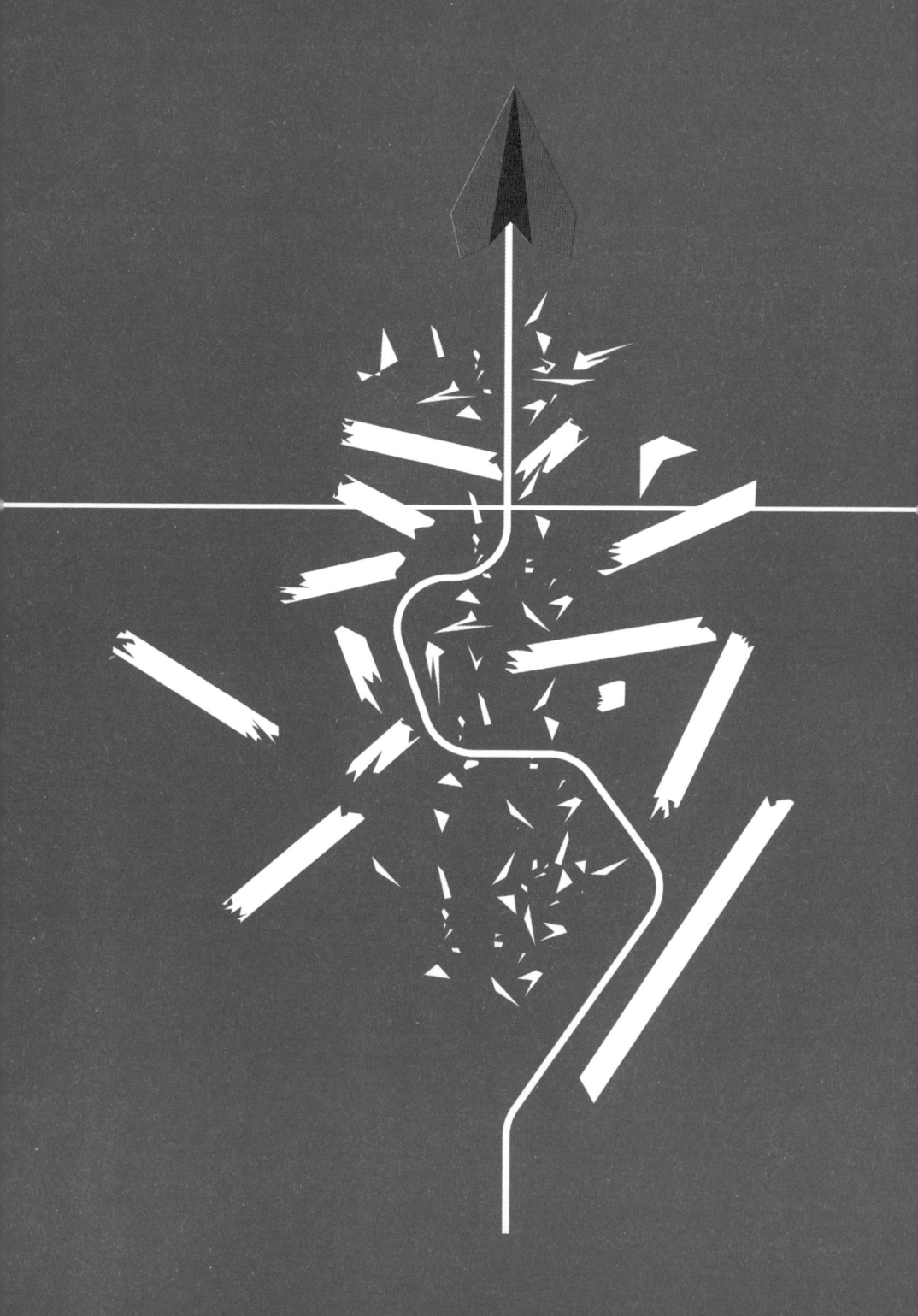

5장
싸게 팔면 끝이다.
브랜드로 1등 하는 전략

'왜 더 좋은가'를 설득하지 못하면, 평생 싸게 팔게 된다

"싸게 팔아야 손님이 몰린다"고 생각하는가? 가격 할인이 야말로 불황을 이겨낼 유일한 전략이라고 믿고 있는가? 하지만 이 생각은 식당의 생존을 가로막는 치명적인 함정이다. 이 글을 통해 왜 '싸게 팔기'가 절대로 식당의 지속 가능한 전략이 될 수 없는지 냉철하게 분석하고, 대신 식당이 원하는 가격을 당당히 받을 수 있는 진정한 방법을 제시하겠다.

'싸게 팔기'는 절대로 전략이 될 수 없는 이유

"싸게 팔면 가난한 고객, 지갑이 얇은 고객만 온다."
내가 늘 강조하는 말이다. 이런 고객들은 식당의 음식 맛이나 서비스, 분위기가 아닌 오직 '가격'만 보고 결정한다. 더 싼 곳이 나타나면 한 치의 망설임 없이 사장님의 식당을 떠날 것이다. 가격 경쟁은 결국 출혈 경쟁으로 이어져 식당의 수익성은 급격히 악화된다. '손님은 많아 보이지만 남는 게 없는' 악순환에 갇히게 되는 것이다. 누구나 따라 할 수 있는 '무의미한 전략'이다. 가격 할인은 가장 쉽고 빠르게 시도할 수 있는 전략처럼 보인다. 하지만 그만큼 경쟁자도 누구나 쉽게 따라 할 수 있는 전략이다. 내가 10% 할인하면, 옆집은 20% 할인하고, 그 옆집은 가격을 더 낮춘다. 결국 서로 제 살 깎아 먹는 치킨 게임만 남을 뿐이다. 이 무한 경쟁 속에서 할인을 무기로 내세운 식당이 특별한 경쟁력을 가지는 것은 불가능하다. 가격 경쟁은 진정한 '전략'이 될 수 없다. 식당의 '가치'를 스스로 깎아내린다. "싼 게 비지떡이다"라는 말이 있다. 가격은 곧 품질이라는 강력한 메시지다. 싸게 팔겠다는 생각은 고객에게 자신의 식당 음식이나 서비스의 가치가 '그 정도밖에 안 된다'는 무의식적인 메시지를 전달한다. 스스로 가치를 훼손하는 행위는 결국 장기적으로 식당(브랜드) 이미지를 실추시키고 고객의 신뢰를 잃게 만든다.

지금 상권을 둘러보라. 모두가 가격 할인 전쟁을 벌이고 있지 않은가? 서로 죽고 죽이는 게임에서 소주 가격을 할인하다 못해 무료로 제공하는 식당까지 등장했다. 할인은 단기적 매출을 올리는 것처럼 보이지만, 결국 고객은 가장 싼 곳을 찾아 떠날 뿐이다. 식당이 가격을 깎는 순간, 더 이상 돌아올 수 없는 지점을 넘어설 것이다.

경기가 어려운데 명품은 왜 '오픈런'일까?

"경기가 어려운데, 어떻게 비싸게 파는가?"라고 반문할 수도 있다. 하지만 경기가 어렵던 시기에도 백화점 앞 명품 매장에는 '오픈런(Open Run)'을 하기 위해 밤샘 줄을 서는 고객들로 인산인해를 이뤘다. 왜 그럴까?

명품은 단순히 물건을 파는 것이 아니다. 그것은 '가치', '특별함', '만족감', 때로는 '자신감'과 '희소성'이라는 강력한 비가격적 가치를 함께 판매한다. 고객은 그 가치를 얻기 위해 기꺼이 더 많은 돈을 지불한다. 가격이라는 잣대만으로 설명할 수 없는 심리적 판단 기준(앵커)이 작동하는 것이다.

식당도 마찬가지다. 고객에게 '우리 식당만이 줄 수 있는 가치'를 명확하게 제시한다면, 가격은 더 이상 걸림돌이 아니다. 오히려 정당한 가치를 인정받는 가격은 식당의 품격을 높이고 고객의 만족도를 끌어올리는 중요한 요소가 된다.

'왜 더 비싼가?'가 아닌 '왜 더 좋은가?'를 설득하라

메뉴 하나하나에 담긴 식재료의 스토리, 조리 과정의 정성, 오랜 연구 끝에 완성된 비법 등 고객이 추가 비용을 지불할 가치가 있는 이유를 명확하게 전달하는 것이 중요하다. 이런 방법은 고객의 뇌에 긍정적인 '가치 감정'을 내리는 행위다. 하다못해 새벽같이 일어나 육수 끓이는 과정과 동네 마트에서라도 싱싱한 식재료를 꼼꼼히 비교하며 구매하는 과정을 영상과 사진으로라도 찍어서 알려라. 우리 식당은 이래서 다른 식당과 다르다. 차별점을 보여줘야 조금이라도 고객이 설득이라는 단계에 진입하게 된다.

여기서 '설득'은 단순히 말로 떠드는 것이 아니다. 고객의 오감인 시각, 청각, 후각, 촉각, 미각 그리고 마음을 움직여 "그렇지, 이 정도면 이 가격이 아깝지 않지"라고 스스로 고개를 끄덕이게 만드는 치밀한 설계다.

예를 들자면 이런 거다. 삼겹살 식당에서 팔고 있는 것이 단지 '흔한 돼지고기'가 아니라, 해발 700미터 고지에서 방목하며 스트레스 없이 자란, 3대째 이어온 장인의 비법으로 숙성시킨 '명품 돼지'라고 해보자. 이 스토리는 단순한 원육 가격을 넘어선 압도적인 가치를 창출한다. 고객은 더 이상 '비싸다'고 불평하지 않는다. 고객은 이제 그 유니크함을 직관적으로 이해하고 인정하게 된다. 그 가치는 맛마저도 더욱 특별하게 만들어버리는 것이다.

이런 가치는 어떻게 설득할 것인가? 고객과의 모든 접점에서 드러나야 한다. 메뉴판에는 식재료의 원산지 정보만 나열할 것이 아니라, 생산자의 이야기, 특별한 조리법의 비법을 사진과 함께 담아라. 매장 한쪽에는 육수가 끓는 큰 가마솥을 오픈하고, 특정 시간대에는 재료 손질 과정을 고객에게 보여줘라. 직원들은 단순히 음식을 서빙하는 사람이 아니라, 식당의 '가치'를 고객에게 전달하는 스토리텔러가 되어야 한다. 이 모든 것이 고객에게 '더 좋은 이유'를 끊임없이 심어주는 작업이다.

이처럼 식당의 모든 노력과 숨겨진 가치를 드러내고 고객이 "아, 그래서 이 가격을 받는구나"라고 납득하게 만들 때 비로소 식당은 가격 경쟁의 늪에서 벗어나 독점적인 가치 경쟁의 선두에 설 수 있다. '더 좋은 이유'를 명확히 설득하라. 그것이 식당의 진정한 힘이다. 그렇지 않으면 평생 가격의 노예로 살다 시장에서 사라질 뿐이다.

| 우리 식당만의 '유니크함'을 만들어라

어느 식당에서나 파는 평범한 메뉴로는 차별화된 가격을 받을 수 없다. 우리 식당만의 시그니처 메뉴, 독특한 콘셉트, 특별한 서비스 등 '여기서만 경험할 수 있는 것'을 만들어야 한다. 이는 식당을 독보적인 존재로 만드는 강력한 '차별화', 즉 우리 식당만 독점할 수 있는 기회이자 영역을 만드는 것이다.

유니크함을 어떻게 만들면 될까? 우리만의 유니크함을 만들라고 하는데 도무지 어떻게 하는 것인지 감이 오지 않을 것이다. 어렵지 않다. 내가 이해하기 쉽게 사례로 설명한다. 안양에는 '곰이네 고래빵'이라는 작은 빵집이 있다. 상권과 입지가 그리 좋은 빵집은 아니다. 그리고 처음 시작할 땐 간판조차 없어서 찾기가 매우 어려운 빵집이었다. 결론부터 말하자면 전국에서 빵을 사겠다고 새벽부터 긴 줄을 선다는 것이다. 빵 가격 또한 만만치 않다. 그럼에도 불구하고 고객은 기꺼이 몇 시간씩 줄을 서서 기다린다. '곰이네 고래빵집'은 프랑스 빵 바게트, 크루아상, 마들렌 등을 만들 때 프랑스 밀가루와 버터와 같은 그 나라 식재료를 가지고 그 나라 빵을 만들어 낸다. 독일 빵, 터키 빵 등 수많은 빵을 만들지만 모두 그 나라 식재료를 가지고 만든다. 그것도 가장 좋은 식재료로 말이다. 누구나 쉽게 구할 수 있는 대한제분의 밀가루로 만든 빵과, 그 나라 밀가루와 식재료로 만든 빵은 고객이 느끼는 가치를 비교할 수 없다. 이것을 다른 식당에 응용하면 돈가스 식당은 빵가루, 계란, 밀가루, 기름 등 모든 요소를 다르게 차별화할 수 있다. 머리로만 생각하지 말고 글로 죽 적어보라. 무엇을 다르게 차별화할 수 있는지. 그럼 자신만의 식당의 유니크함에 대한 해답을 찾을 수 있을 것이다.

▎가격이 아닌 '가치'에 앵커를 내려라

싸게 팔겠다는 생각은 지금 당장의 위기를 모면하려는 '꼼수'일 뿐, 결코 식당을 지속 가능한 성공으로 이끌 수 없다. 그 길은 바닥 없는 가격 경쟁의 늪으로 향할 뿐이다.

진정한 생존과 성장은 고객에게 '왜 내 식당에서 기꺼이 돈을 지불해야 하는가?'에 대한 강력하고 매력적인 이유를 제시하는 데 있다. 식당이 가진 본질적인 '가치'를 올바르게 정의하고, 고객의 마음속에 그 가치를 강력한 기준점(앵커)으로 각인시켜야 한다.

지금부터는 "얼마나 싸게 팔까?"가 아닌, "어떻게 해야 우리가 원하는 가치를 인정받는 가격을 받을 수 있을까?"에 집중해야 한다.

매출을 바꾸고 싶다면, 사고방식을 바꿔라. 싸게 팔기가 아닌 가치 중심으로 전환하는 순간, 식당은 원하는 가격을 당당히 받을 수 있다.

가성비로 시작하여
브랜드로 끝내라

　가성비는 싸게 파는 게 아니다. 고객에게 쾌락을 주는 가장 강력한 전략이다. 그런데 많은 사장들은 여전히 '싸게 많이'만을 가성비라고 착각한다. 싸게 팔아서 남는 게 없다면, 식당은 결코 살아남을 수 없다. '가성비'는 단지 고객을 유혹하는 미끼가 아니라, 초기 시장 진입과 고객 확보를 위한 가장 강력한 전략적 무기이며, 궁극적으로 식당을 독보적인 '브랜드'로 각인시키기 위한 필수적인 첫걸음이다.

　이 글을 통해 '가성비'의 진짜 의미를 파악하고, 이를 활용해 어떻게 식당을 성장시키며 최종적으로 고객의 마음속에 영원히 기억될 브랜드를 구축해야 하는지 명확히 제시할 것이다.

진정한 '가성비' 가격 대비 압도적인 가치

그렇다면 '진정한 가성비'란 무엇인가? 가격 그 이상의 '압도적인 가치'를 제공하는 것이 바로 진짜 가성비다. 단순한 저렴함이 아니라, 지불한 가격을 훨씬 뛰어넘는 품질, 양, 서비스, 경험의 총합이다.

어떤 식당은 저렴한 가격에 양만 잔뜩 줄 때도 있다. 이것은 가성비가 아니라 '박리다매' 전략의 흉내 내기다. 고객은 처음엔 양에 혹할지 몰라도, 맛과 서비스가 뒷받침되지 않으면 두 번 다시 찾아오지 않는다. 오히려 '저렴한 식당'이라는 부정적인 인상만 남긴다.

식당이 가성비에 우선순위를 두어야 하는 이유

아무리 훌륭한 식당이라도 고객이 식당 문턱을 넘어야 비로소 진가가 발휘된다. 외식 시장에서 '가성비'는 고객이 새로운 식당에 발을 들이게 할 때 가장 중요한 유인책이자 리스크를 줄여주는 안전장치 역할을 한다.

- 초기 고객 확보의 지름길: 새로운 식당은 인지도도 없고 신뢰도도 낮다. 이때 고객이 지불할 돈이 아깝지 않을 것이라는 확신을 주는 것이 바로 가성비다. "일단 한번 먹어보자. 손해 볼 일은 아닐 거야."라는 심리를 유도하여 잠재 고객의 발길을 돌리는 강력한 무기가 된다.

- 고객의 심리적 진입 장벽 낮추기: 낯선 식당에 비싼 돈을 지불하는 것은 고객에게 큰 심리적 부담이다. 가성비는 이러한 부담을 낮춰 준다. 합리적인 가격에 괜찮은 품질을 기대할 수 있다면, 고객은 더 쉽게 새로운 경험에 도전한다.
- 빠른 입소문 전파의 촉매제: 고객은 좋은 경험을 타인과 공유하고 싶어 한다. 특히 "이 가격에 이 정도면 정말 괜찮다!"는 느낌을 주는 가성비 식당은 순식간에 입소문을 타고 확산된다. 고객 스스로가 식당의 홍보대사가 되는 강력한 마케팅 효과를 가져온다.
- 기본적인 신뢰 형성: 가성비가 좋다는 것은 단순히 돈을 아끼는 것을 넘어, "이 식당은 고객에게 좋은 것을 제공하려 노력한다."는 인상을 준다. 이는 식당에 대한 기본적인 신뢰를 쌓고, 향후 더 높은 가치의 경험을 받아들일 준비를 시킨다.

가성비는 고객에게 쾌락을 주는 원리다

식당은 음식을 파는 공간이 아니라 고객의 쾌락을 설계하는 공간이다. 그 쾌락을 만족시키는 가장 강력한 단어가 바로 '가성비'다. 내 식당은 고객에게 가성비를 주고 있는가? 있다면 그 가성비는 높은가, 낮은가? 가성비가 높다면 고객은 쾌락을 느낀다. 그리고 그 쾌락은 브랜드로 이어진다.

가성비의 구조를 이해하라

도대체 가성비는 무엇인가? 싸고 좋은 것이라고 생각한다면 큰 오산이다. 세상에 싸고 좋은 건 없다. 가성비란 "얼마를 지불하고 어떤 혜택을 받을 것인가"에 대한 문제이다.

이 부분에서 가장 중요한 것은 경쟁자보다 얼마를 덜 지불하고 있거나 더 지불하고 있는지, 그리고 경쟁자보다 얼마나 많은 혜택을 받을 것인가, 덜 받을 것인가 하는 것이다. 이때 고려할 것은 상대적 비용이다. 즉 경쟁자에게 지불하는 비용보다 내 식당에 지불하는 비용이 상대적으로 적어야 한다는 것과, 내 식당의 혜택이 상대적으로 커야 한다는 것이다.

- 가성비 = 상대적 비용 + 상대적 혜택

이 두 가지를 동시에 갖추면 고객은 "이 식당, 뭔가 다르다."는 인식과 쾌락을 갖게 된다. 가성비가 고객에게 쾌락을 느끼게 해줘야 하는 것이라면, 반대로 고객이 쾌락을 느낄 수 있게 만들면 내 식당의 가성비 구조를 만들 수 있게 된다.

쾌락을 만드는 방법은 크게 세 가지다.

- 제품 차원에서 쾌락을 주는 방법
- 경험 차원에서 쾌락을 주는 방법
- 가격 차원에서 쾌락을 주는 방법

제품 차원에서 쾌락을 주는 방법: 고객의 고통을 제거하라

고객이 느끼는 신체적·심리적 고통을 제거하면 제품 자체가 쾌락을 준다. 코로나 시기에 사람들을 만나지 못하는 고통이 있었다. 이걸 해결해 준 것 중에 하나가 줌(Zoom)이다. 많은 사람들이 이것을 통해서 코로나 시기에 만나지 못하는 고통을 제거해 줌으로써 엄청난 성장을 했고 독점할 수 있게 되었다.

썩지 않는 플라스틱의 레고는 늘 환경에 고통을 준다는 것에 고심했고, 썩는 식물성 플라스틱의 레고를 만들었다. 갓 구운 피자를 먹을 수 있는 자판기는 식어서 먹을 수 없는 피자로 인한 고통을 제거해 주었다. 무인 주문 키오스크는 사람이 많은 식당에서 오래 기다리며 주문해야 하는 '번거로움'과 '시간 낭비'의 고통을 제거했다. 자체 개발한 진공포장 용기로 숙성회를 포장한 횟집은 신선도 유지는 물론, 위생적인 걱정까지 줄였다. 이처럼 고통을 제거하면 쾌락이 생긴다. 이것이 제품 차원의 가성비 설계다.

경험 차원에서 쾌락을 주는 방법: 구매 전, 중, 후 고객의 심리를 설계하는 것이 핵심이다

경험 차원에서 쾌락을 주는 방법을 정의하면 이렇게 된다. 내 식당(브랜드)을 만나기 전, 경험하는 중, 경험하고 나서, 즉 구매 전·중·후의 모든 과정에서 고객에게 긍정적인 경험을 선사하는 것이다. 경험적 쾌락은 그 어떤 것보다 강력하며, 긍정적 경험을 이길 수 있는 것은 없다.

음식에 포함된 새우를 안 먹는다는 것을 알고 다음 방문 시 "고객님, 새우는 빼고 조리했습니다." 하고 제공한다면, 그걸 경험한 고객은 그 어떤 식당보다 최고의 식당이라고 평가하게 된다. 이런 경험적 쾌락을 느낀 고객은 다른 쾌락을 느끼는 것보다 더 강력한 입소문 전파자가 될 확률이 매우 높다. 중요하다. 고객은 같은 값이면 더 경험 많은 것을 선호한다.

일본의 이자카야 쓰카다 농장은 고객의 이름과 방문 이력을 기억하여, 방문 횟수에 따라 주임, 과장, 부장, 사장, 회장님이라고 부른다. "○○ 부장님, 오랜만에 오셨네요!"라고 인사를 건네거나 이전 주문 내역을 참고하여 메뉴를 추천한다. 방문 횟수가 많다면 회장님이라고 불려진다. 이는 고객에게 '나를 알아봐 주는 동시에 특별한 경험'을 선사한다. 고객은 단순한 손님이 아니라, 브랜드의 일부가 된다. 쓰카다 농장은 고객을 '회장님'으로 만들며 브랜드의 주인처럼 느끼게 한다. 이 감정이 바로 브랜드 충성도의 핵심이다.

같은 값이면 더 많은 경험을 선호하는 것이 인간의 본능이다

가격 차원에서 쾌락(만족)을 주는 방법
: '횡재했다'는 감정을 느끼게 하라

가격 차원에서 쾌락을 주는 방법은 크게 세 가지 세부 쾌락 구간이 있다. 경쟁자와 같은 비용이라고 가정해서 풀어보자.

첫째, 비용은 같은데 혜택이 많다면 – 고객은 '잘 샀다'라고 느낀다.

둘째, 비용은 작은데 혜택이 같다면 – 고객은 '싸게 샀다'라고 느낀다.

셋째, 비용은 작은데 혜택이 많다면 – 고객은 '횡재했다'고 느낀다.

'잘 샀다', '싸게 샀다', '횡재했다' 이 세 구간이 쾌락의 구간, 다시 말해 만족 구간이다. 이 셋 중에 내 식당을 찾는 고객들에게 어떤 것을 느끼게 해줄 것인가? 될 수 있다면 '횡재했구나' 하는 경험을 느끼게 해주는 것이 좋다.

고객이 '횡재했구나' 느끼게 해주면 이때 고객의 뇌에서는 무슨 일이 벌어질까? 이때부터는 고객이 식당을 걱정하게 된다.

"이렇게 팔고도 남아요?", "너무 많이 주는 거 아니에요?"

반대로 비용을 많이 지불하고 혜택이 낮다면 고객은 100% 이렇게 느낀다. '바가지를 썼다'라고 느끼게 된다.

내가 처음으로 시도했던 것이 피자를 서비스로 제공하고 모든 음식에 곱빼기 값과 보통 값을 동일하게 받게 하는 가격 차원의 전략을 이용할 때, 고객에게 가장 많이 들었던 말이 "이렇게 주고도 남아요?" 하는 고객의 걱정하는 듯한 말이었다.

(참고: 『무패장사』 87페이지 가치비 전략을 보시면 더 많은 정보가 있다.)

가성비는 식당(브랜드)의 시작이다

가성비는 고객을 처음 끌어들이는 문지방이다. 하지만 그 문을 넘어선 고객에게 왜 이 식당이어야 하는지를 보여줘야 한다.

- 제품 차원의 쾌락
- 경험 차원의 감동
- 가격 차원의 만족

이 세 가지가 연결되면 고객은 식당을 브랜드로 기억한다. 가성비로 고객에게 쾌락을 주고, 고객이 브랜드를 정확히 기억하고 있다면 그것이 브랜딩이다. 브랜딩이란 내 식당을 얼마나 많은 사람이 알고 있는가이다. 알고 있는 사람이 많다면 브랜드가 된다. 시애틀의 작은 골목에서 시작한 스타벅스도 제품 차원과 경험적 차원, 가격 차원의 가성비로 시작해서 이제 전 세계 사람들이 알고 있다. 이것이 브랜딩이다.

내 식당에 가성비는 있는가? 있다면 경쟁자보다 상대적 비용은 낮고, 혜택은 많은가? 이 질문에 답할 수 있다면 식당은 생존을 넘어 기억되는 브랜드가 된다.

고객은 보는 걸 믿지 않는다. 믿고 싶은 걸 본다

고객은 보는 것을 믿을까? 믿고 싶은 것을 보는 걸까?

우리는 흔히 고객이 객관적인 사실을 보고 합리적인 판단을 내린다고 생각한다. 식당의 메뉴판, 인테리어, 음식의 양과 가격을 보고 "맛있겠다", "이 정도면 괜찮겠다"라고 판단한다고 믿는다. 하지만 과연 그럴까? 고객은 눈에 보이는 그대로를 믿을까, 아니면 마음속 깊이 '믿고 싶은 것'을 먼저 보고 그것에 맞춰 식당(브랜드)을 해석하는 걸까?"

이 질문의 답은 브랜드 구축의 가장 핵심적인 진실을 담고 있다. 단순한 정보와 객관적인 조건만으로는 고객의 마음을 사로잡을 수 없는 이유가 바로 여기에 있다. 고객의 마음을 움

266

직이는 것은 차가운 이성이 아니라 뜨거운 감성, 즉 '믿고 싶은 것'에 대한 갈망이다.

고객에게 '가성비'라는 쾌락을 성공적으로 안겨준다면, 고객의 뇌는 즉각적으로 보상 체계를 활성화한다. 단순히 "싸게 잘 먹었다"는 사실적 인식을 넘어선 감정적 반응이 시작되는 것이다. 이는 다음과 같은 현상으로 나타난다.

예상치 못한 기쁨. 고객은 비용은 적게 지불했는데 기대 이상의 혜택을 받을 때 '횡재했다'는 감정을 느낀다. 이는 뇌의 보상 중추를 자극하여 도파민과 같은 쾌락 호르몬을 분비시킨다. 단순히 배를 채우는 행위를 넘어선 긍정적인 감정적 경험이 뇌에 각인되는 것이다.

특별한 대우에 대한 만족. 식당의 '디테일' 전략(예: 고객의 새우 알레르기를 기억해 주는 것)은 고객에게 "이 식당은 나를 특별하게 대우한다"는 인식을 심어준다. 이는 자존감을 높여 주고, 그 식당에 대한 긍정적인 감정을 더욱 강화한다. 돈을 쓰고 감정적 만족을 얻는 행위는 뇌에게 매우 강력한 보상으로 작용한다.

이처럼 가성비와 디테일은 고객의 뇌에 긍정적인 감정 신호를 보내며, 식당에 대한 호의적인 태도를 형성하는 바탕이 된다.

고객의 뇌에서 벌어지는 착각의 재구성, '믿고 싶은 것'을 보다

뇌는 쾌락의 신호를 받은 후, 이제 스스로 '믿고 싶은 것'을 만들어 내기 시작한다. 가성비를 경험한 고객의 뇌에서 다음과 같은 현상들이 벌어지며, 고객이 식당에 대한 인식을 완전히 재구성한다.

일단 긍정적인 '가성비 쾌락'을 경험하고 나면, 고객의 뇌는 "이 식당은 좋은 식당이다"라는 새로운 믿음을 형성한다. 이후 고객은 무의식적으로 그 믿음을 확증하려는 경향을 보인다. 작은 장점은 확대 해석하고, 사소한 단점은 대수롭지 않게 여기거나 합리화한다. 예를 들어, 음식이 살짝 늦게 나와도 "아, 지금 손님이 많아서 그렇겠지. 인기가 많으니 어쩔 수 없어."라며 긍정적으로 재해석한다. '믿고 싶은 것'에 맞춰 '보는 것'을 조절하는 것이다.

후회 최소화, "내 선택은 옳았어!"

고객은 자신의 시간과 돈을 투자한 선택에 대해 후회하고 싶어 하지 않는다. 그래서 자신의 선택이 옳았다고 '믿고 싶어' 하는 심리가 강하게 작용한다. 가성비로 큰 만족을 얻은 고객은 그 식당에 대해 더욱 강력한 긍정적 태도를 유지하려 노력한다. 이는 다음 방문에도 영향을 미쳐 재방문 가능성을 높인다.

긍정적 투사, "이 식당은 내 취향이야!"

고객은 자신이 긍정적으로 평가하는 식당에 대해 더욱 호의적인 감정을 투사한다. "이 집 분위기는 나랑 너무 잘 맞아", "여기 음악 선곡이 예술이야", "사장님 센스가 최고네" 등 객관적인 요소를 넘어선 주관적인 만족감을 느끼며, 식당의 모든 것이 자신의 취향과 맞아떨어진다고 '믿고 싶어' 한다.

브랜드 동일시, "나는 이 브랜드의 팬이야!"

긍정적인 경험과 믿음이 지속되면 고객은 식당을 단순한 식사 공간이 아닌, 자신의 가치관이나 라이프스타일의 일부로 받아들인다. 마치 연예인의 팬이 되는 것처럼, 그 식당에 대한 소속감과 자부심을 느끼며 스스로가 '식당(브랜드)의 팬'이라고 생각하게 된다. 이것은 강력한 입소문 전파자가 되는 최종 단계이며, 경쟁자가 쉽게 흉내 낼 수 없는 독점적 관계로 이어진다.

결국, 고객은 '믿고 싶은 것'을 본다

고객의 뇌는 단순한 정보 처리기가 아니다. 그들의 뇌는 감정과 경험을 바탕으로 현실을 재구성하고, 자신이 '믿고 싶은 것'을 적극적으로 찾아 나선다. '가성비'가 고객의 문턱을 넘게 하는 강력한 미끼였다면, '디테일'과 '키워드'는 고객의 뇌에 긍정적인 신호를 보내 '믿고 싶은 것'을 창조하게 하는 설계 도면인 셈이다.

가성비, 고객의 뇌를 지배하는 궁극의 전략

가성비는 단순한 가격 경쟁이 아니다. 고객의 뇌에 직접 쾌락을 주입하고, "이 식당은 최고다"라는 믿음을 심어 팬덤을 창조하는 가장 강력하고 위험한 전략이다. 쾌락에 중독된 뇌는 이제 더 이상 객관적인 평가를 하지 않는다. 고객은 당신의 식당(브랜드)을 열렬히 지지하고 홍보하는 충성 팬으로 변모한다. 그리고 충성 팬의 지지는 곧 경쟁에서 살아남는 힘이 된다. 지역에서 가장 먼저 떠오르는 식당(브랜드)으로 만들어 준다.

잘되는 식당은 반드시
누군가를 따라했다

예비 식당 창업자든, 현직 사장님이든 "나만의 독창적인 아이디어로 승부해야지!", "남들과는 다른, 완전히 새로운 것을 만들어서 성공한다!" 이런 생각을 한 번쯤 해봤을 것이다. 하지만 냉정하게 말하면 세상에 완전한 '무'에서 '유'를 만들어 내는 것은 없다고 봐야 한다. 그건 신의 영역에 가깝다. 많은 사람들이 생각하는 그 '혁신'조차 이미 존재하는 수많은 '유'의 조합이거나, 변형인 경우가 태반이다.

파블로 피카소가 말하지 않았던가? "훌륭한 예술가는 모방하고, 위대한 예술가는 훔친다." 그리고 애플의 스티브 잡스역시 "나는 평생 동안 내가 훔쳤다는 것을 창피한 적이 한 번도 없었다"고 고백하며 혁신은 모방을 넘어선 '훔치기'에 있음을 강조했다. 잘되는 식당도 마찬가지다. 무작정 베끼는 것이 아니라, 성공의 핵심 '원리'를 찾아내 자기 것으로 완전히 소화하는 행위, 그것이 바로 진정한 벤치마킹이다.

경쟁력이 극한인 외식업 전장에서 당신 식당이 살아남으려면 '창조'의 환상에서 벗어나야 한다. 대부분 기존의 것을 배우고, 분석하고, 재해석하며 자신의 식당에 맞게 적용하는 것이 바로 전략적 학습법 벤치마킹이다.

▌벤치마킹(Benchmarking)이란 무엇인가?

사전적 의미는 다른 조직이나 개인의 우수한 성과, 운영 방식, 전략을 분석하고 이를 자신의 상황에 맞게 적용하는 전략적 학습 방법이다. 단순한 모방이 아니라, 성공의 원리를 파악하고 자신만의 방식으로 재구성하는 과정이다.

많은 사람들이 벤치마킹을 단순히 '남의 것을 베끼는 행위' 정도로 오해하거나 잘못 이해하고 있다. 그건 벤치마킹이 아니다. 진정한 벤치마킹은 그보다 훨씬 전략적인 과정이며, '베끼기'와는 완전히 차원이 다르다.

핵심은 '원리'를 배우는 것이다. 그 식당이 왜 성공했는지, 어떤 경영 철학을 가지고 있는지, 고객에게 어떤 '가치'를 어떻게 전달하는지, 그들의 '보이지 않는 시스템'은 무엇인지 본질적인 부분까지 파고드는 것이다. 단순히 잘 팔리는 메뉴판을 복사하거나, 예쁜 인테리어를 흉내 내는 것은 '모방' 또는 '베끼기'일 뿐, 진정한 벤치마킹이 아니다.

나의 전 책 『무패장사』에도 벤치마킹에 대한 글이 있지만,

『생존장사』를 집필하는 순간에도 또다시 벤치마킹에 대해서 이토록 중요하다고 언급하는 분명한 이유가 있다.

고객은 이미 우리보다 더 많은 지식과 정보를 가지고 있고, 더 많은 경험이 있다. 그들은 웬만한 자극으로는 눈 하나 깜박거리지도 않는다. 그런 고객을 상대해서 살아남아야 하는데, 맛으로만 승부하고, 친절로만 승부하며, 어설픈 인테리어와 식당 콘셉트로 장사해서는 살아남을 수 없기 때문이다. 그래서 벤치마킹은 선택이 아닌 생존의 필수 조건이다.

생존하기 위해 벤치마킹을 꼭 해야 하는 이유 4가지

1. 시행착오와 리스크 감소의 지름길

모든 것을 바닥부터 경험하며 배우려다가는 돈과 시간을 너무 많이 소비해야 한다. 이미 성공한 식당의 방식을 참고하면 불필요한 실패를 줄이고, 성공에 이르는 시간을 단축할 수 있다.

2. 경쟁력 강화와 차별화

레드오션 시장에서 살아남으려면 당신 식당만의 '가치'와 '차별점'이 있어야 한다. 벤치마킹은 당신 식당에 없는 강점을 찾아내고, 고객에게 '꼭 우리 식당을 찾아와야 하는 이유, 먹어야 하는 이유'를 만들어 낼 통찰력을 얻을 수 있게 한다.

3. 빠른 변화에 대응

시장은 끊임없이 변한다. 어제의 성공 공식이 오늘의 실패 원인이 될 수 있다. 벤치마킹은 트렌드, 계절, 고객 니즈 변화에 민첩하게 대응할 수 있는 기반이 된다. 식당이 끊임없이 외부의 성공 사례를 흡수하여 스스로를 발전시키고 혁신할 수 있도록 돕는 학습 프로세스 전략이다. 벤치마킹을 통해 식당은 정체되지 않고 꾸준히 성장할 수 있다.

4. 효율성 증대와 비용 절감

다른 식당의 효율적인 운영 프로세스나 비용 절감 노하우를 벤치마킹하여 자신의 식당에 적용하면 시간과 비용을 획기적으로 절약할 수 있다.

여기까지 읽었다면 두 부류의 사장님으로 나뉘게 될 것이 뻔하다. 벤치마킹의 중요성을 깨닫고 실행하는 사장님과, 이런 저런 핑계로 미루거나 벤치마킹을 하지 않는 사장님으로 말이다. 성공한 사람들은 자신이 어떻게 성공했는지 여러 매체를 통해서 공개하고 있다. 공개를 넘어서 꼭꼭 숨겨 둔 방법 같은 것도 모두 공유하고 있다. 식당으로 성공한 대부분의 사장님이 공통적으로 말하는 것이 이 식당 저 식당 가리지 말고 많이 다녀 보고 많이 먹어 보고 경험하라는 것이다. 그게 생존을 넘어 성공하고 돈 버는 식당, 부자 식당이 될 방법이라고 말이다.

사실 나 역시 예전에는 벤치마킹이 얼마나 중요한지 알지 못했고, 솔직히 인정하지 않는 사장이었다. 지식이 없는 경영

자가 하는 장사가 잘될 리 없었고, 매일매일 '죽을 쑤는' 날들
이 이어졌다. 그러니 다른 식당을 찾아가 벤치마킹을 한다는
것 자체가 사치처럼 느껴질 정도였다. 하지만 생각이 바뀌고
태도가 변화하면서, 나는 가장 가까운 내 식당 주변부터 직접
다니기 시작했다. 그렇게 발품을 팔며 관찰하기 시작하니, 나
도 모르는 사이 조금씩 조금씩 보이지 않던 것들이 보이기 시
작했다. 마치 내 눈에만 보이는 '초능력'이라도 생긴 것처럼 말
이다. 몇 년이 지난 지금, 나는 매월 4회 이상 의도적인 벤치마
킹을 하고, 지역과 장소는 가리지 않는다. 여름 휴가는 외국으
로 나가 그곳의 외식 트렌드와 성공 사례를 배우는 시간으로
활용하기도 한다. 이렇게 치열하게 벤치마킹을 하다 보니, 이
제는 어느 식당을 가더라도 남들과는 다른, 본질적인 무언가
가 보이기 시작했다. 그 식당이 왜 잘되는지, 혹은 왜 망해가는
지 그 '원리'와 '문제점'이 마치 해부도를 보듯이 명확하게 파
악된다.

　벤치마킹은 선택이 아닌, 생존을 위한 필수 '감각'이다. 내
가 벤치마킹을 통해 얻은 '능력'은 특별한 재능이 아니다. 누
구든 벤치마킹에 대한 올바른 태도를 가지고 꾸준히 실행하면
얻을 수 있는 '생존을 위한 필수 감각'이다. 식당이 생존을 넘
어 성공하고, 돈 버는 부자 식당이 될 빠른 방법이다. 그러니
꼭 해야 한다. 의도를 가지고 일부러라도 해야 한다. 자신의 인
생과 가족의 생계가 걸려 있는 식당을 살리고 싶다면 반드시
실행하라.

- 어떤 사장님이 되고 싶은가?
- 변명하며 미루다 도태되는 사장님?
- 공부하고 실행하여 생존을 넘어 성공하는 사장님?

선택은 자신의 몫이다. 하지만 명심해야 한다. 치열한 외식업 전장에서 식당이 살아남거나 위기에서 벗어나거나 트렌드보다 반발짝 더 앞서는 방법은 지금 당장 발로 뛰며 벤치마킹을 시작하는 것이다. 벤치마킹은 그저 잘되는 식당을 훔쳐보는 것이 아니다. 식당을 살리고, 성장시키기 위해 끊임없이 배우고 적용하며 '진정한 가치'를 만들어 내는 치열한 여정이면서 전략이다. 벤치마킹은 남들의 성공 원리를 훔쳐 나만의 성공을 만들어 낼 '현명한 전략'이자 성공의 열쇠다.

베끼지 마라,
원리를 훔쳐라

벤치마킹은 단순한 성공 식당을 베끼는 모방이 절대로 아니다. 많은 식당 사장들이 맹목적인 모방(카피)으로 그게 독인지도 모르고 망하는 길을 택하는 것과 같다. 벤치마킹을 하는 목적은 성공의 원리를 읽어 내고, 자신의 방식대로 재창조하는 전략적 학습이다. 하지만 이 강력한 도구도 태도에 따라 결과가 완전히 달라진다.

겸손한 사장은 관찰하고, 배우고, 실행한다. 자기만족에 빠진 사장은 비난하고, 폄하하며, 인정하지 않는다. 벤치마킹의 승패는 기술이 아니라 태도에서 갈린다. 많은 사장들이 벤치마킹을 '베끼거나 그대로 따라 하기'로 잘못 알고 있지만, 진짜 벤치마킹은 성공의 구조를 해부하고, 자신의 상황에 맞게 재설계하는 것이다. 겉모습만 흉내 내는 건 모방이고, 원리를 파악해 적용하는 게 진정한 벤치마킹이다.

같은 성공 사례를 보고, 같은 책을 읽고, 같은 전문가의 강의를 들어도 왜 결과는 천차만별일까? 왜 어떤 사장은 "대박 비법"이라며 눈에 불을 켜고 달려들어 벤치마킹하지만 실패하고, 어떤 사장은 묵묵히 본질을 파고들어 결국 줄 서는 식당을 만들까?

이 모든 승패를 가르는 가장 결정적인 요소는 자신의 '기술'이나 '자본'까지도 아니다. 그것은 바로 벤치마킹에 임하는 '태도'다. 올바른 태도가 보이지 않던 것들을 보게 하고, 숨겨진 성공 원리를 발견하게 하며, 배운 것을 실행에 옮길 힘을 준다. 잘못된 태도는 눈을 가려 남의 것을 그저 베끼는 행위로 이끌고, 결국 스스로 성공의 기회를 걷어차게 만든다. 벤치마킹은 자신의 식당을 살릴 생존의 지혜인 동시에, 자신의 태도를 시험하는 날카로운 칼날이다. 벤치마킹의 진정한 가치는 '누가 무엇을 베꼈는가'가 아니다. '누가 어떤 태도로 무엇을 이해하고 자신의 것으로 만들었는가'에 달려 있다.

이제부터 벤치마킹을 통해 내 식당을 성공으로 이끌기 위해 어떤 '태도'를 가져야 하는지, 그리고 뿌리 뽑아야 할 부정적인 태도는 무엇인지 명확히 짚어 주겠다. 이것이야말로 식당 생존과 성장을 결정짓는 가장 중요한 열쇠다.

▎'긍정적인 태도를 만들어라.'

'나는 다 안다', '내 방식이 최고다'라는 오만을 버려야 한다.

성공한 식당 앞에서는 무조건 배우려는 자세를 가지고, 경쟁자를 '따라 배우겠다'는 겸손함과 새로운 아이디어와 방식에 대한 열린 마음이 필수다.

그들이 '무엇'을 하는지 넘어서, '왜' 그렇게 하는지, 어떤 '원리'와 '시스템'이 작동하는지 집요하게 파고들고, 고객 경험의 모든 단계를 해부하듯이 분석하는 날카로운 시각이 필요하다.

성공한 식당을 보면서 동시에 자신의 식당이 무엇이 부족한지, 어떤 부분이 개선되어야 하는지 냉정하고 객관적으로 판단해야 한다. '다른 사람 눈에 보이는 문제점'을 인정하고 이를 해결하려는 의지가 중요하다.

아무리 훌륭한 벤치마킹 결과도 자신의 식당에 적용하고 실행하지 않으면 아무 소용 없다. 배운 것을 즉시 적용해 보고, 그 결과를 관찰하고, 시행착오를 통해 개선해 나가는 끈기가 필요하다. 단 한 번의 시도나 실행으로 모든 것이 바뀌지 않는다.

위에 말한 것들은 긍정적이지 않으면 나올 수도, 할 수도 없는 태도와 자세다. 잘못된 생각과 태도를 먼저 인정하는 것이 겸손의 시작이다. 인정하게 되면 긍정적인 생각과 태도에 자동으로 점화가 이루어지게 되어 있다.

식당을 망치는 지름길

입으로만 절박한 태도의 사장님. 벤치마킹의 필요성을 인정하지만, 정작 공부하고 실행하는 노력을 기울이지 않는 것이다. 이런 태도가 식당을 폐업과 더 가까워지는 지름길이다.

눈에 보이는 화려한 겉모습에만 집중한 나머지 핵심 운영 시스템이나 숨겨진 노력은 보지 못한다. 생각 없이 메뉴, 인테리어, 가격을 그대로 베끼는 것은 자신의 식당을 개성 없는 아류로 만든다. 자신의 식당이 가진 고유한 가치와 상권, 고객층에 대한 고려 없이 흉내만 내다가는 결국 실패한다.

벤치마킹을 가로막는 가장 큰 장애물은 마음속에 자리한 편견과 방어적 태도다.

"저 집은 그냥 운이 좋았던 거야."
"그 동네가 좋아서지, 내가 있었으면 더 잘했을걸."
"SNS에서 떴을 뿐이지, 실속은 없어."

이런 말들은 겉으로는 분석처럼 보이지만, 실제로는 자기 확신을 지키기 위한 방어적인 탓이다. 성공한 사례를 인정하지 않으면, 굳이 배우지 않아도 되니까. 하지만 이 태도는 성장을 멈추게 하고, 스스로를 고립시키는 결과를 낳는다. 월세 걱정과 내일이 불안한 식당이면서도 이런 태도의 사장들이 너무 많다.

"지금도 괜찮은데 굳이?"라는 안일함. 이 말은 겉으로는 잘 되는 식당처럼 들리지만, 실제로는 망하기로 작정한 자기 최면이다. "지금도 괜찮다"는 말은 현재의 상태를 유지하고 싶다는 뜻이지만, 세상은 어제와 오늘이 다르게 변하고 그 속에서 고객도 매일 계속 변한다. 이 태도는 "한마디로 이만하면 됐어"라는, 성장을 멈추게 하는 가장 흔한 자기합리화다.

어떤 태도가 생존하는 식당을 넘어 성공하고 부자 식당이 될 수 있는지 설명했다. 바꿔야 할 태도가 있다면 지금 당장 바꿔라. 그럼 내 식당과 인생까지 모든 결과가 바뀐다.

벤치마킹 성공 사례를 공부하다 보면 제일 먼저 나오는 것이 제록스라는 브랜드인데, 여기에서도 많은 것들을 배울 수 있다.

제록스(Xerox)의 부활, 동종 업계를 넘어 타 산업까지 '원리'를 훔쳐라.

1970년대 후반, 복사기 시장의 독보적인 1위였던 제록스는 일본 기업들(캐논 등)과 미국산 프린터기의 거센 추격에 밀려 심각한 위기에 처했다. 제록스는 경쟁사 제품을 모조리 분해하여 분석하고, 겉으로 보이는 디자인에서 어떤 부품을 어떤 식으로 조립했는지 하나도 빠짐없이 연구하여 성공 요인을 리스트화했다. 이렇게 분석된 경쟁사의 우수한 강점은 향후 제록스의 신제품 개발에 적용하거나 기존 제품을 개선하는 데 활용되었다. 그 결과 1980년대 후반, 제록스는 다시 복사기 시장의 리더십을 회복하며 '벤치마킹'의 성공 신화를 썼다. 제록스는 경쟁자를 '베낀' 것이 아니라, 경쟁자들의 '강점 원리'를 자신의 것으로 만들어 '재창조'한 것이다.

스타벅스의 탄생, 벤치마킹을 넘어 '변화'에 대한 빠른 수정·보완의 태도

스타벅스 창업자인 하워드 슐츠는 이탈리안 에스프레소 바를 벤치마킹하여 시애틀에 이탈리아 커피 전문점 분위기로 매장을 꾸미고 경영을 진행했다. 철저하게 이탈리아 커피 전문점의 분위기와 콘셉트였다. 때문에 메뉴도 이탈리아어로 되어 있고, 이탈리아 음악이 흘러나오며, 특히 바에서 커피를 마실 수 있도록 했기에 의자는 없었다.

하지만 시간이 지나자 고객은 이탈리아 스타일에 부담을 느끼기 시작했고, 의자가 없어 불편함을 호소한다는 것을 감지한 경영자 하워드 슐츠는 발 빠르게 고객 니즈에 맞춰 매장에 변화를 주었다. 신속한 대응 덕분에 이탈리아 스타일과 시애틀의 분위기가 어우러지면서 독특하고 특색 있는 매장이 탄생하게 되었는데, 그것이 스타벅스의 시초다.

스타벅스의 사례처럼, 처음 벤치마킹한 내용이 자신에게 100% 맞지 않아 부정적인 결과가 나온다면, 빠른 변화를 주는 유연한 태도와 실행력이 성공 요인이 되었다는 점도 알아야 한다.

성공 사례에서 배우는 가장 강력한 메시지는, 살아남기 위해 벤치마킹을 적극 활용했다는 것과 작은 변화, 작은 실천이 큰 결과를 만든다는 점이다. 자신의 식당도 마찬가지다. 이제 스스로에게 묻자.

"나의 태도는 긍정적인가, 부정적인가?"
"입으로만 절박하다고 하고 있지는 않은가?"

긍정적인 태도를 가지고, 벤치마킹을 통해 배우고 실행하라. 자신의 태도가 전략을 앞지르고 모든 결과를 바꾸고 이길 수 있다. 벤치마킹은 누구나 할 수 있지만, 누구나 성공하는 건 아니다. 그 차이는 기술이 아니라 태도에서 달라진다. 겸손하게 배우고, 날카롭게 분석하고, 과감하게 실행하는 사장만이 벤치마킹을 통해 진짜 성장을 이룰 수 있다.

벤치마킹 잘하는
6가지 방법

▍겉모습을 흉내 내지 마라. 성공의 원리를 꿰뚫어라

겉모습은 누구나 베낀다. 본질은 통찰하는 자만이 가져간다. 솔직히 많은 사람이 창업을 '나만의 스타일과 방식'으로 했다고 착각하는 것 같다. 정말 그럴까? 동네를 조금만 벗어나도 당신과 비슷한 콘셉트의 식당은 사방에 널려 있다. 당신이 인정하지 않을 뿐이지, 고객 입장에서 본다면 그게 그거 같은 다 똑같은 식당이다. 성공하고 싶다면 성공한 식당이 어떻게 성공했는지 깊숙하게 들여다보고 관찰할 필요가 있다.

숨 막히는 레드오션의 경쟁에서 살아남는 브랜드는 대부분 잘된 것을 관찰하고, 분석하고, 재해석한 결과물이다. 벤치마킹은 단순한 모방이 아니라, 성공의 구조를 내 것으로 바꾸는 전략적 기술이자 식당을 죽음의 문턱에서 살려낼 가장 강력한 무기다.

앞서 벤치마킹을 왜 해야 하는지와 어떤 태도로 임해야 하는지 설명했다. 그렇다면 어떻게 해야 성공한 식당의 노하우를 제대로 벤치마킹하고 당신 식당에 적용하여 성공할 수 있을까? 겉만 흉내 내는 따라쟁이가 아니라, '원리'를 훔쳐 당신만의 성공을 만들어낼 현명한 전략가가 되는 6가지 방법을 제시한다.

1. 식당 공부해야 한다. 뭘 알아야 보이고 분석한다!

많은 사장이 겉모습만 보고 따라 한다. 왜 그럴까? '볼 줄' 모르기 때문이다. 지식은 이 보이지 않는 것들을 '볼 수 있게' 해 주는 눈이다. 식당 경영 지식이 있어야만 '저 식당이 왜 잘되는지' 그 본질을 꿰뚫어 볼 수 있다. 마치 슈퍼맨이 투시력을 이용해 사물을 꿰뚫어 보듯 말이다. 지식이 곧 '볼 줄 모르는 눈'을 모든 것을 뚫어 보는 통찰력을 가진 눈으로 만들어 준다.

지식 없는 벤치마킹은 '수박 겉핥기'에 불과하다. 돈과 시간만 낭비하고, 당신 식당은 그저 개성 없는 아류로 전락할 뿐이다. 맹목적인 복사는 결국 망하는 지름길이다. 식당을 살리고 싶어 긍정적인 태도를 갖추었다면 가장 먼저 해야 할 일은 '식당 공부'다. 공부를 통해 당신 눈은 더욱 날카로워질 것이다. 성공의 '원리'와 '본질'을 꿰뚫어 보고, 자신의 식당에 맞는 최고의 전략을 '재창조'할 수 있게 될 것이다.

2. 목적을 명확히 하라, 왜 벤치마킹하는가?

식당에 어떤 점을 개선하고 싶은지, 매출 향상, 고객 만족도 개선, 회전율 증가 등 무엇을 얻고 개선하고 싶은지 구체적인 목표를 세워라. 예를 들어, 고객 재방문율을 20~30% 정도 높이기 위해 다른 식당은 충성 고객 관리를 어떻게 하는가? 혹은 새로운 시그니처 메뉴를 개발하기 위해 어떤 식당의 메뉴 기획 원리를 벤치마킹할까? 긍정 리뷰를 받기 위해 리뷰 관리 시스템을 어떻게 개선할까?

목표가 명확해야 무엇을 보고, 무엇을 배울지가 명확해진다. 이것저것 우왕좌왕하면 시간 낭비일 뿐 무엇 하나 얻기 힘들다.

3. 롤모델을 다양하게 선정하라, 누구에게서 배울 것인가?

나와 비슷한 업종의 경쟁사만 보는 것은 피하고, 배우고자 하는 목표에 따라 대상을 넓혀라. 이것저것 따지지 마라. 최대한 많은 곳을 다녀봐야 한다. 만약 나와 동일한 업종의 1등 업체가 있다면 당연히 꼭 봐야 한다. 그들이 왜 잘되는지, 그들만의 핵심 역량은 무엇인지 냉정하게 분석하라.

4. 식당을 직접 경험하라

온라인 정보만으로는 부족하다. 사전에 온라인으로 정보 탐색을 한 뒤 꼭 직접 방문해야 한다. 주문, 대기, 식사, 결제까지 전 과정을 체험하며 관찰하라. 작동하는 방식은 온라인에서 보이지 않는다. 현장에서만 보인다.

5. 기록하고 분해하라, 기록해야 자료가 되고 데이터가 된다

눈으로 본 것은 잊어버리게 되어 있다. 사진도 찍고 스마트폰 메모장에 남겨라. 어떤 것을 경험했는지 기록해야 자료가 되고, 활용할 수 있는 데이터가 된다. (메뉴판 구성, 직원 멘트, 고객 반응, 공간 활용, 위생 상태 등 배울 것이 많다.)

6. 우리 매장에 맞게 재해석하라

그대로 따라 하면 실패한다. 상권, 고객층, 가격대, 콘셉트에 맞게 벤치마킹 요소를 조합하고 살짝 비틀어 당신 매장에 맞게 적용해야 한다. 그리고 적용할 때는 한 번에 모든 것을 바꾸지 마라. 소규모 테스트 → 고객 반응 확인 → 개선, 이 사이클을 반복해야 진짜 당신 것이 된다.

실패라는 결과도 50%는 성공이다. 모든 벤치마킹이 성공하진 않는다. 왜 실패했는지 파악하고 원인을 알아내 기록하고, 다음 전략에 반영하라. 실패는 다음 성공의 50%가 완성된 설계도다.

6번까지의 단계를 지속적으로 반복하라. 벤치마킹은 일회성이 아니다. 정기적으로 관찰하고, 실험하고, 개선하는 습관이 내 식당의 체질을 바꾸고, 브랜드를 성장시킨다.

짬뽕작전의 밀가루 블렌딩 사례

원두커피의 원두를 더 좋은 맛과 향을 만들어 내기 위해 여러 가지 원두를 블렌딩하는 것에서 영감을 얻어, 짬뽕작전의 특별한 면이 만들어졌다. 토종밀 '앉은뱅이밀'과 일반 밀가루를 블렌딩하여 기존보다 더 소화 잘되는 면을 만들어 내게 되었다. 이렇게 다른 분야의 성공 원리를 벤치마킹을 통해 해체하고 재조합하여 전혀 새로운 가치를 만들어 낼 수 있다.

벤치마킹은 창조의 출발점이다. 잘된 것을 보고 배우는 건 부끄러운 일이 아니다. 성공을 빠르게 흡수하고, 당신 방식대로 재창조하는 것, 그게 진짜 창의력이고, 지속 가능한 성장의 비결이다.

작은 시장이라도
독점하면 1등 된다

앞선 글에서 핵심으로 "해체-나열-믹스" 전략을 통한 뛰어난 제품 개발, 그리고 고객의 결핍을 미리 알아채는 "결핍 센싱"과 "압도적인 실행력"을 강조했다. 이 능력들로 고객이 "와~" 하고 감탄할 만한 좋은 제품(음식)을 만들어냈다면, 이제 다음 단계로 나아갈 때다. 바로 경쟁을 피하고 나만의 독점 영역을 만들어 그곳에서 1등이 되는 것이다.

수많은 경쟁자와 피 튀기는 싸움을 벌이는 것은 어리석은 전략이다. 정성껏 만든 감탄스러운 제품을 가지고 똑같은 업종, 똑같은 아이템 속에서 파묻힐 필요는 없다.

독점 영역을 만들고 경쟁 없는 1등이 되자

예시로 들었던 "뚝배기 해물 칼짬뽕"을 떠올려 보자. 단순히

"맛있는 짬뽕"을 만드는 데 그치지 않고, "국산밀을 사용하고 칼국수의 납작 면 + 닭 육수 + 뚝배기 제공"이라는 독특한 믹스를 통해 고객에게 특별한 경험을 제공하는 짬뽕이다. 이런 짬뽕을 만들어 놓고 중식당 전체 시장이나 일반적인 짬뽕 시장에 뛰어들어 피 튀기는 경쟁을 하는 것은 매우 비효율적이다.

목표는 그 넓고 경쟁 치열한 전체 시장에서 1등이 되는 것이 아니라, 아예 나만의 시장을 만들어 그곳에서 1등이 되는 것이다. 즉, 경쟁하지 않는 시장을 만들고 그 안에서 압도적인 우위를 점하는 "독점 영역"을 구축하는 것이다. 이렇게 독점 영역을 만들었다면, 그곳에서 1등이 되는 것은 너무나 당연한 결과다.

▎눈에 보이지 않는 독점 영역의 엄청난 가치

"짬뽕"이라는 큰 시장은 중식 외식 시장의 일부이며, 이는 대한민국 전체에서 눈에 보이지 않는 거대한 시장 영역이다. 2021년 기준, 대한민국 중식 외식 시장 규모는 약 7조 4,000억 원으로 추정된다. 엄청난 규모의 시장이다.

하지만 이 거대한 7조 4,000억 원 시장에서 치열하게 경쟁하는 것이 능사일까? 아니다. 만약 "뚝배기 해물 칼짬뽕"이 나만의 독점 영역을 만들어 중식 시장 전체의 단 0.01%만 차지한다고 해도, 약 7억 4천만 원의 매출을 의미한다.

그리고 여기서 한 발 더 나아가 0.1%를 차지하게 된다면 약 74억 원의 매출을 독점하는 것이다. 이 숫자는 대한민국 중식 시장 전체에서 아주 미미한 부분처럼 보이지만, 특정 식당에게 는 엄청난 규모의 독점 매출이 된다.

경쟁하지 않는 영역에서 1등을 하는 것, 이것이 바로 독점 영 역이 주는 가치다.

서브 타입 전략, 작은 독점으로 거대한 시장을 지배하라

자신의 식당만의 "와~" 감탄이 나오는 제품으로 시장 전체와 무모하게 경쟁하지 말고, 오직 나만의 독점 영역을 만들어야 한 다. 이러한 전략을 우리는 "서브 타입(Sub-type) 전략"이라 부른 다.

서브 타입 전략은 기존 시장을 세분화하여, 그 안에서 아직 누구도 주목하지 않은 틈새를 찾아 독자적인 정체성을 구축하 는 것이다. "짬뽕"이라는 큰 타입 안에서 "뚝배기 해물 칼짬뽕" 이라는 서브 타입을 만들어 내는 것처럼 말이다. 이 작은 독점 영역은 곧 경쟁 없는 나만의 시장이 된다.

실제 "독점 영역"을 구축한 서브 타입 전략 사례들을 살펴보자

"짬뽕작전"의 돌짬뽕, 돌짜장 : 짬뽕작전의 "돌짬뽕", "돌짜장"은 단순한 짬뽕, 짜장면이 아니다. 일반적인 짬뽕·짜장면의 맛이라 는 공감대(80%) 위에 "매우 뜨거운 돌판에 제공"이라는 낯선 경 험(20%)을 믹스하여 완전히 새로운 서브 타입을 창조했다. 고객은 마지막 한 젓가락까지 따뜻하고, 돌판에 눌어붙은 면을 긁어 먹는 바삭한 식감, 뜨겁게 지글거리는 시각적 효과에 "와, 이런 짜장면은 처음이야!"라고 감탄한다. 이는 일반 중식당과의 경쟁에서 벗어나, "돌판 짬뽕·짜장"이라는 독자적인 영역을 개척하고 그곳에서 1등을 차지한 성공적인 사례다.

끝돈의 "보리숙성 프리미엄 돼지고기" : "삼겹살"은 대한민국 국민에게 가장 익숙하고 대중적인 외식 메뉴다. 하지만 "끝돈"은 단순히 맛있는 삼겹살을 제공하는 데 그치지 않았다. 돼지고기라는 핵심 재료를 "해체"하고, 숙성 방식과 조리 과정을 "나열"하며 "보리 숙성"이라는 차별화된 방법을 믹스했다. 숙성 과정에 보리를 활용함으로써 잡내를 잡고 육질을 극대화했다. 이는 고객에게 익숙한 삼겹살이라는 공감대(80%) 위에 "보리 숙성"이라는 낯선 키워드와 프리미엄 이미지를 덧입혀(20%), "보리숙성 돼지고기"라는 독자적인 서브 타입을 성공적으로 구축했다. "그냥 맛있는 삼겹살"이 아닌 "보리숙성이라 더욱 특별하고 맛있는 프리미엄 돼지고기"라는 독점 영역을 개척하고 그곳에서 굳건한 1위를 차지하고 있으며 해외까지 진출해 있다.

부산 약콩밀면의 "100세까지 속 편한 건강 밀면" : 밀면은 부산을 대표하는 향토 음식이며, 수많은 밀면 전문점들이 치열하게 경쟁하고 있다. 하지만 "부산 약콩밀면"은 이 치열한 경쟁 구도에서 벗어나 자신만의 독점 영역을 구축했다. 대다수의 밀면이 밀가루 면을 사용하는 것에 만족하지 않고, "약콩"이라는 식재료를 "믹스"하여 차별화를 꾀했다. 약콩은 맷돌에 직접 갈아 면에 배합함으로써, 기존 밀면에서는 느낄 수 없는 고소하고 깊은 풍미를 더했다. 또한 약콩 특유의 기능성까지 더해져 "100세까지 속 편한 건강 밀면"이라는 슬로건처럼 고객의 건강에 대한 결핍까지 채워 주었다. 단순히 맛있는 밀면을 넘어 "건강하고 속 편한 밀면"이라는 독자적인 서브 타입을 만들어 냈고, 이를 통해 밀면 시장에서 자신만의 경쟁 없는 독점 영역을 성공적으로 개척하며 고객들의 발길을 이끌고 있다.

이치란 라멘의 "개인 맞춤 라멘" : 일본의 유명 라멘 체인 이치란 라멘은 "라멘"이라는 거대한 시장에서 경쟁하는 대신, "개인 맞춤 라멘"이라는 독점적인 서브 타입을 구축했다. 맛의 농도, 기름진 정도, 마늘 양, 면의 익힘 정도 등을 고객이 직접 선택하게 함으로써 세상에 단 하나뿐인 "나만의 라멘"이라는 경험을 제공한다. 독서실 같은 1인 좌석은 "오직 한 분의 고객에게만 집중한다"는 콘셉트를 시각적으로 구현하며, "나만을 위한 라멘"이라는 독점적 가치를 더욱 강화했다.

이제 식당은 단순히 맛있는 음식을 만드는 것을 넘어, 독점 영역을 구축하는 전략가로 성장해야 한다. 고객의 결핍을 꿰뚫어 최고의 제품을 만들고, 압도적인 실행력으로 그 제품을 현실로 구현해야 한다. 그리고 가장 중요한 것은 그 제품을 통해 "나만의 독점 영역"을 창조하는 것이다. 바로 그곳에서 경쟁 없이 빛나는 1등이 될 것이기 때문이다.

최초의 상품인가?
전혀 다른가? 압도적인가?

"서브 타입 전략"을 통해 독점 영역에서 1등을 차지하는 것의 중요성을 강조했다. 하지만 진정한 승리는 거기서 끝나지 않는다. 단순히 독점 영역의 1등이 되는 것을 넘어, 다른 대안조차 생각할 수 없도록 고객의 마음을 압도적으로 사로잡는 경지에 이르러야 한다. 그것이 바로 경쟁의 위협에서 완전히 자유로워지는 길이며, 외식 사업의 궁극적인 목표다.

그렇다면 어떻게 해야 독점 영역을 경쟁자들이 감히 넘볼 수 없는 철옹성으로 만들고, 고객에게 지속적인 선택을 받을 수 있을까? 해답은 명확하다. 자신이 만든 제품이 최초의 상품인지, 기존에 나온 것들과 전혀 다른지, 압도적인지를 냉정하게 평가해야 한다. 품질과 특별한 경험 여정을 제공해 경쟁자를 무의미하게 만들어야 한다. 이는 마케팅의 "최초, 최고, 최대" 원칙을 뛰어넘어, 독점적 지위를 영구히 유지하기 위한 유일한 전략이다.

| 최초의 상품, 첫 번째 시장을 개척하라

여기서 "최초"란 단순히 새로운 재료나 요리법을 발명하는 것만을 뜻하지 않는다. 이미 존재하는 요소들을 해체하고, 다시 배열하고, 믹스함으로써 고객에게 전혀 새로운 경험을 선사하는 것 역시 "최초의 상품"이다. 이런 방식으로 만들어진 상품은 기존과는 완전히 다른 차별성을 갖거나, 압도적인 힘으로 시장을 지배하게 된다.

예를 들어 짬뽕에 "뚝배기 해물 칼국수" 요소를 믹스하여 "뚝배기 해물 칼짬뽕"이라는 전에 없던 서브 타입을 만들었다고 생각해 보자. 이는 작지만 강력한 독점 영역을 의미한다. 고객은 "이런 짬뽕은 처음이야"라고 느끼며 자연스럽게 그 식당을 선택하게 된다. 익숙한 맛에 특별한 경험이 더해지며 고객의 뇌리에 깊이 박히는 "첫 번째"가 되는 것이다. 시장에 비교 대상이 많다면 고객의 뇌는 그 상품을 즉시 "평범하다"고 판단한다. 하지만 비교 대상이 전혀 없는 경험이라면, 그것은 고객에게 "처음 느끼는" 강렬한 경험으로 다가온다. 그 순간, 고객의 뇌에 강력한 자극이 새겨지고 깊은 앵커링(Anchoring)이 만들어진다. 이 앵커링은 시간이 지나 유사 브랜드나 경험이 생겼을 때, 처음 경험한 제품이 바로 비교의 기준점이 된다는 뜻이다. 고객의 마음속에 독점적인 기준을 세우는 압도적인 존재가 되는 것이다.

전혀 다른 가치, 고정관념을 깨부숴라

단순히 맛있는 것을 넘어 "왜 이 식당이어야 하는가"라는 강력한 이유를 만들어 주는 것이 "전혀 다른 가치"이다. "끝돈"의 "보리숙성 프리미엄 돼지고기"가 삼겹살 시장에 신선한 충격을 주었듯이, 남들이 보지 못하는 고객의 결핍을 "결핍센싱"을 통해 찾아내고, 이를 경쟁자가 흉내 낼 수 없는 방식으로 반드시 채워 줘야 한다. "부산 약콩밀면"이 "밀면은 밀가루 면"이라는 고정관념을 깨고 "건강"이라는 전혀 다른 가치를 제시하며 고유한 영역을 구축했듯, 고객이 예상치 못한 차별화된 경험을 제공함으로써 선택의 폭을 좁히고 고객의 발길을 오직 그 식당으로 이끌어야 한다. 이것이야말로 20%의 낯설음이 80%의 공감대와 만나 시너지를 내는 지점이다.

압도적인 품질과 경험, 경쟁을 무의미하게 만들어라

가장 강력한 전략은 "압도적"이 되는 것이다. 맛, 서비스, 위생, 가성비, 분위기, 스토리 등 고객 경험의 모든 측면에서 경쟁자가 감히 따라올 수 없을 정도의 완벽함을 추구해야 한다. 이는 실행력이 없으면 불가능하다. "이치란 라멘"이 제공하는 "개인 맞춤 라멘"과 1인 좌석 시스템은 단순히 맛을 넘어선

"압도적인 고객 경험"을 제공하며 다른 라멘집과의 경험 여정 비교를 무의미하게 만든다. 고객은 단순히 배를 채우기 위함이 아니라, 식당이 제공하는 "가치" 때문에 기꺼이 발걸음을 하고, 나아가 그 경험을 입소문으로 전파하는 강력한 전파자가 된다.

최초의 상품을 만들고, 전혀 다른 가치를 제시하며, 모든 면에서 압도적인 존재가 되는 것. 이 세 가지 길은 상호 보완적이며, 결국 식당이 단순한 독점 영역을 넘어 전체 시장에서 "압도적인 고객 선택"을 받게 하는 궁극적인 해답이 될 것이다. "닥치고 실행하는 정신"과 고객의 결핍을 읽는 날카로운 센싱이 있다면, 충분히 가능한 이야기다.

1등을 붙여라.
키워드는 우김에서 시작된다

서브타입 전략에서 이미 1등이 될 수 있는 독점 영역의 카테고리를 과감히 잘랐다. 그리고 그곳에서 1등이 되기 위한 가장 빠르고 강력한 키워드를 만들 차례다. 생각보다 강력하고 쉬운 방법이 있다.

많은 마케팅 이론과 실무적 사례가 차고 넘치지만, 그 어떤 논문과 마케팅 불변의 법칙에서도 말하지 않은 보이지 않는 제0법칙이 있다. 그것은 바로 "1등을 우기는 것"이다. 물론 조건이 따른다. 경쟁이 없는 틈새 1등이 될 수 있는 영역을 나누고, 그곳에서 실질적으로 1등이라고 선언해야 한다. 이 전략은 상상 이상으로 강력하다.

가장 강력한 은유, "1등" 키워드를 잡아라

어떤 키워드를 써야 할까? 바로 "1등"이라는 키워드를 써야한다. "1등"이 가진 은유와 비유(메타포)는 압도적이기 때문이다. 객관적으로 1등이라고 말할 수 있다면, 무조건 그 키워드를 관리해야 한다.

세계적인 브랜드들을 살펴보자.

- 세계 1등 에어컨 휘센
- 김치 냉장고 1등 딤채
- 시스템 가구 1등 한샘
- 모바일 기기 세계 시장점유율 1등 갤럭시

휘센이 정말 세계 1등일까? 고객은 잘 모른다. 1등이라고 하니 믿는 것이다. 이 키워드들은 단순히 특정 제품군에서 가장 많이 팔렸다는 사실만을 전달하지 않는다. "1등"이라는 단어가 가진 신뢰, 품질, 기술력, 선도적 위치 등 모든 긍정적인 은유적 속성을 브랜드에 그대로 전이시키며 고객에게 강력한 인식을 심어준다.

자영업에서도 통하는 "1등 선언" 전략

이 전략은 자영업에서도 동일하게 적용된다. 자신의 제품으로 1등이 될 수 있는 카테고리(영역)를 명확히 나누고, 그곳에서 "1등"이라고 당당히 선언하는 것이다. 그 자체로 아주 강력한 은유이자 비유(메타포) 키워드가 된다.

자영업에서의 응용 사례를 보자.

- 전국 5대 짬뽕 교동짬뽕
- 진주 1등 냉면 진주냉면 산홍
- 영등포 1등 중식전문점 볶다.
- 돌짬뽕 1등 짬뽕작전
- 대한민국에서 가장 역사 깊은 초밥 1등 삼송초밥
- 대한민국 1등 곰탕 하얀집 나주곰탕

이 모든 사례는 "전국 5대", "어느 지역 1등", "특정 메뉴 1등"처럼 1등의 타이틀을 내세우며 고객에게 명확한 가치를 전달한다. 단순히 "맛있는 집"을 넘어 "이 분야에서는 최고"라는 인식을 고객의 뇌리에 깊이 박아 넣는 것이다.

▎ 영역을 나누고, 1등을 붙여라

이 전략은 점포가 되었든, 자영업이 되었든, 개인 퍼스널 브랜딩이 되었든 핵심은 변하지 않는다. 1등이 될 수 있는 카테고리(영역)를 명확히 나누고, 그 옆에 "1등"을 붙여라.

이것은 강력한 설득이자 표현이다. 당신이 설정한 독점 영역에서 "1등"이라는 키워드를 선점함으로써, 경쟁의 파고 속에서 압도적인 존재감을 드러내고 고객의 마음을 사로잡을 수 있는 가장 강력한 설득이자, 가장 빠른 시장 장악 전략이다.

결국, 생존을 넘어 브랜드가 되고 브랜드를 넘어 문화가 되려면 1등을 선언하라. 그것이 키워드의 시작이다.

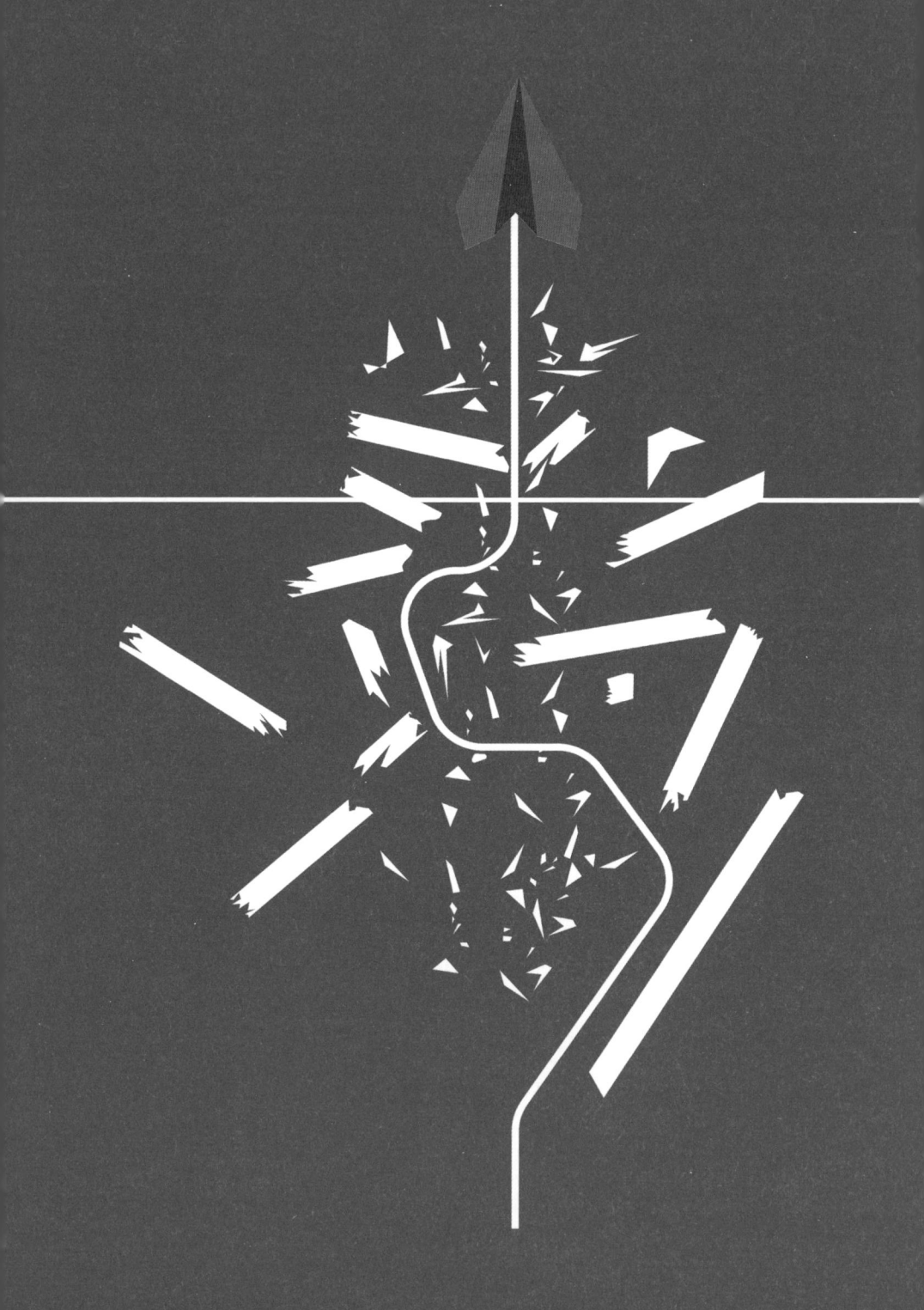

6장
검색 순간,
식당의 운명이 갈린다

숨겨진 맛집? 숨어 있다 망한다.
지금 당장 알려라

메뉴 구성도 완벽하다. 주방의 청결은 물론, 직원들의 서비스 태도도 흠잡을 데 없다. 심지어 음식 맛은 동네에서 알아줄 만큼 뛰어나다. 하지만 왜 식당은 여전히 손님들로 북적이지 않는가?

정답은 간단하다. 식당이 어디에 있는지, 무엇을 파는 곳인지, 어떤 가치를 제공하는지, 소비자 즉 잠재적 고객이 알지 못하기 때문이다. 아무리 극강의 맛을 가진 식당이라고 한들, 고객이 그 존재조차 모른다면 빈 테이블만 지킬 뿐이다. 피 튀기는 레드오션의 대한민국 외식업이라는 치열한 전쟁터에서 자신의 식당이 살아남으려면 단언컨대, 누가 더 많이 알리는 식당만이 살아남는다.

"여기에 식당 있습니다."

"이런 음식을 팝니다."
"이런 경험을 제공합니다."

끊임없이 세상에 알려라.

| 왜 '알려야' 살아남는가?

과거에는 "맛있으면 소문난다"는 말이 통했다. 하지만 지금은 상황이 완전히 다르다. 새로 문을 여는 식당보다 사라지는 식당이 더 많다. 100만 폐업의 시대, 이 냉혹한 시장에서 맛은 이제 '소문'을 내주는 것이 아니라 단지 비교의 대상일 뿐이다. 맛있는 식당이 너무 많다. 맛으로 승부를 보겠다는 것은 망하기 딱 좋은 전략이다.

자신의 식당은 맛이 끝내주는 '숨겨진 맛집'이라고 생각하는가? 시간이 지나면 고객이 알아줄 거라 생각하는가? 그런 생각으로 식당을 차렸으니 망하는 것이다. 고객의 인식 속에 존재하지 않는 식당은 이 전쟁터에서 투명인간과 같다. 치열한 경쟁 속에서 고객의 선택을 받으려면, 식당이 고객의 스마트폰 검색 노출에 슬쩍이라도 나와야 하고, 고객의 욕망이라는 레이더와 시야, 그리고 머릿속에 끊임없이 노출되어야 한다.

고객의 머릿속에서 오늘 "어디서 먹지?"라는 질문에 자신의 식당이 떠오르도록 만들어야 한다. 옆 식당은 네이버 광고,

인스타그램 릴스, 블로그 체험단을 돌리고 있다. 알리지 않으면 뒤처진다. 자신이 그토록 원하는 입소문도 시작은 노출이다. 고객이 처음 알게 되는 경로가 있어야 입소문도 퍼질 수 있다. 그렇게 자신 있는 맛이라는 것도 먹어야 알 수 있듯이, 고객이 오게 만들어야 맛도 평가받는다. 그래서 알려야 하는 것이고, 이걸 가장 효과적으로 할 수 있는 것이 바로 광고와 홍보다.

전쟁 속에서도 광고를 멈추지 않은 기업들이 있다. 제2차 세계대전 중 코카콜라는 전 세계 미군 주둔지에 "코카콜라는 승리의 상징"이라는 슬로건을 내걸고 공장을 세웠다. 군인들에게 콜라를 꾸준히 공급하여 병사들의 사기를 높이는 동시에, 전쟁 후 세계 시장을 완벽하게 장악할 기반을 다졌다. 네슬레 역시 전쟁에도 광고를 멈추지 않아 전쟁 후에도 커피 시장의 절대 강자로 군림했다. 가장 어려운 시기에도 자신의 존재와 가치를 끊임없이 알린 기업만이 결국 살아남고 역사를 바꾼 것이다. 외식업도 마찬가지다. 전쟁터 같은 시장에서 식당을 알려야만 생존을 넘어 승리할 수 있다.

▎광고와 홍보, 어떻게 다른가?

많은 사장들이 '광고'와 '홍보'를 혼용하거나 같은 것으로 생각한다. 하지만 이 둘은 엄연히 다르고, 각기 다른 역할을 한다. 이 차이를 이해하고 적절히 활용하는 것이 자신의 식당을 알리는 첫걸음이다.

구분	광고	홍보
목적	직접적인 판매 유도	브랜드 이미지 구축
방식	돈을 들여 노출을 구매함	콘텐츠나 활동으로 자연 노출 유도
예시	네이버 검색광고, 인스타 피드 광고	블로그 후기, SNS 콘텐츠, 이벤트
신뢰도	낮을 수 있음 (광고임을 인지함)	높음 (자연스러운 정보 전달)
속도	즉각적인 반응 가능	장기적 효과, 누적되는 신뢰

구분	과거의 개념 구분	지금의 실전 전략
광고	돈을 들여 노출을 구매함	콘텐츠 기반 광고로 신뢰 확보
홍보	자연스러운 정보 전달	유료 협찬, 체험단, 리뷰 유도
경계	명확히 구분됨	경계가 흐려지고 융합됨
전략	목적에 따라 분리 운영	하나의 '알림 시스템'으로 통합

광고란?

광고는 돈을 내고 특정 매체의 지면이나 시간을 구매해 식당의 메시지를 직접적이고 통제된 방식으로 소비자에게 전달하는 행위다. 사용되는 매체는 신문, TV, 인터넷 검색 광고, SNS 타깃 광고 등 다양하다.

광고의 핵심 특징
- 메시지 통제 가능: 식당이 원하는 내용을, 원하는 시점에, 원하는 방식으로 정확하게 전달할 수 있다.

- 즉각적인 노출 효과: 단기간에 많은 사람에게 노출되어 브랜드 인지도 상승과 매출 증대 효과를 기대할 수 있다.
- 구체적인 행동 유도: "지금 바로 방문하세요", "할인 쿠폰 받으세요" 등 고객의 직접적인 행동을 유도하는 데 효과적이다.

홍보란?

홍보는 돈을 직접 지불하지 않고, 언론 기사, 블로그 체험단, SNS 입소문, 인플루언서 마케팅 등을 통해 식당에 대한 긍정적인 정보나 평판이 자연스럽게 확산되도록 유도하는 활동이다.

홍보의 핵심 특징
- 신뢰성: 제3자의 입을 통해 전달되므로 광고보다 훨씬 높은 신뢰도를 가진다.
- 장기적인 효과: 단발적인 매출보다 브랜드 이미지 구축과 고객 충성도 형성에 더 크게 기여한다.
- 메시지 통제의 어려움: 전달되는 내용이 식당의 의도와 다르게 흘러갈 수 있어 직접적인 통제는 어렵다.
- 비용 효율성: 광고처럼 직접 비용을 지불하지 않지만 콘텐츠 제작, 체험단 운영 등 노력이 필요하므로 '완전 무료'는 아니다.

왜 '광고'와 '홍보' 둘 다 필수적인가?

이 두 가지는 서로 다른 역할을 하지만, 경쟁이 심한 외식업 시장에서 자신의 식당이 생존하고 성장하려면 반드시 함께 활용해야 하는 양손의 무기다. 아무리 맛있는 식당도 고객의 눈에 띄지 않으면 아무 소용없다. 광고는 잠재 고객에게 자신의 식당 존재를 알리고, 메뉴의 매력을 직접적으로 어필하여 '일단 한 번 방문하게' 만드는 역할을 한다. 특히 신규 오픈 식당이나 신메뉴 출시 시에는 광고의 즉각적인 효과가 필수적이다.

그렇게 광고를 통해 유입된 고객이 식당을 경험한 후, 그 고객이 자발적으로 "좋다"고 이야기하게 만드는 것이 홍보다. 홍보는 신뢰를 바탕으로 한 '진짜 입소문'을 만들어내고, 이는 다른 어떤 광고보다 강력한 재방문율과 신규 고객 유입을 이끌어낸다. 고객 경험이 좋아서 스스로 SNS에 올리거나, 친구에게 추천하는 것이 대표적인 홍보 활동이다. 이 두 가지를 유기적으로 연결하면, 광고가 마중물이 되어 고객을 유입시키고, 이 고객들이 좋은 경험을 통해 자연스럽게 홍보 대사가 되어 더 많은 고객을 불러들이는 선순환 구조를 만들 수 있다.

그렇다면 광고 vs 홍보, 무엇이 다른가?

광고는 "내가 좋다"고 직접 외치는 것이다. 홍보는 "남들이 좋다더라"라고 대신 말해주는 것이다. 온라인 시대 식당을 알리는 가장 강력하고 효율적인 채널은 단연코 네이버와 다양한 SNS 플랫폼이다. 고객이 식당을 찾을 때 가장 먼저 검색하는 곳이 바로 네이버다. 따라서 자신의 식당이 "네이버플레이스"에 주소, 전화번호, 영업시간, 메뉴, 사진, 가격 등 정확하고 풍부한 정보와 함께 등록되어 있는지 반드시 확인하라. 고객 리뷰 관리, 이벤트 등록 등을 통해 상위 노출에 힘쓰면 가장 기본적이면서도 강력한 무료 홍보 수단이 된다. 이처럼 무료로 시작할 수 있는 홍보가 있다면, 보다 빠른 노출과 유입을 원한다면 유료 광고도 같이 해야 한다.

네이버 검색 광고를 활용하면 "종로 맛집", "홍대 파스타" 같은 키워드 검색 시 자신의 식당이 상단에 노출되도록 설정할 수 있다. 이는 즉각적인 방문 유도와 매출 상승에 효과적이다. 또한, 네이버 블로그 마케팅도 강력한 도구다. 인플루언서나 일반 고객들의 '방문 후기' 포스팅은 식당에 대한 신뢰도와 상세 정보 전달에 매우 효과적이다. 블로그 체험단 운영 등을 통해 자연스러운 입소문을 유도하는 것도 적극적으로 해야 한다.

SNS(인스타그램, 페이스북 등)는 비주얼 기반의 소통과 확산 채널로서, 특히 인스타그램은 외식업에 있어 선택이 아닌 필수다. "음식은 눈으로 먼저 먹는다"는 말처럼 시각적인 매력이 중요한 외식업에 가장 최적화된 플랫폼이다.

그렇다면 어떤 콘텐츠가 고객의 시선을 사로잡을 수 있을까?

메뉴의 먹음직스러운 비주얼, 플레이팅, 매장의 분위기를 담은 고품질 사진과 릴스(Reels) 영상은 고객의 시선을 사로잡는 핵심이다. 단순히 음식 사진만 올리지 말고, 식재료의 원산지, 조리 과정, 식당의 철학, 사장/직원의 에피소드 등 식당의 '스토리'를 담아 고객과 감성적으로 소통하라.

'#종로맛집', '#파스타맛집', '#내돈내산', '#데이트코스' 등 관련성 높은 해시태그를 적극적으로 사용하여 잠재 고객의 검색에 노출되도록 하라. 단, 너무 많은 해시태그를 사용하는 것보다는 핵심적인 3개에서 5개 정도면 충분하다.

고객이 올린 게시물이나 태그에 적극적으로 '좋아요'를 누르고 댓글을 달며 소통하라. 고객 참여 이벤트(사진 콘테스트 등)를 통해 자발적인 홍보를 유도하는 것도 좋다.

특정 지역, 연령대, 관심사를 가진 잠재 고객에게 광고를 노출하여 효율적인 고객 유입을 시도할 수 있다.

알리지 않으면, 존재하지 않는다

아무리 훌륭한 식당이라도 알려지지 않으면 존재하지 않는 것과 같다. 이제 식당 운영에서 '알리는 것'은 선택이 아니라 생존을 위한 필수 조건이다. 그리고 이 '알리는 힘'은 단순히 정보를 전달하는 수준을 넘어, 당신의 식당이 어떤 가치를 제공하는지 고객에게 명확하게 인식시키는 과정이다. 그 역할을 해줄 가장 강력한 도구가 바로 네이버와 SNS다. 두 가지 플랫폼을 전략적으로 활용해야 한다. 그래야 고객의 머릿속에 "이 식당, 한 번 가보고 싶다"는 인식이 자리 잡는다.

생존은 '운'이 아니라
'배움'과 '실행'에서 결정된다

    대한민국에서 장사한다면, 반드시 '네이버 스마트플레이스'는 선택이 아니라 생존의 기본기이다. 고객은 더 이상 길을 걷다가 우연히 가게에 들어오지 않는다. 대부분의 소비는 검색으로 시작되고, 검색으로 결정된다. 그 검색의 중심에 있는 게 바로 '스마트플레이스'이다.

    장사를 시작할 때 별다른 설정을 하지 않아도 어느 순간 네이버 AI가 우리 가게 정보를 자동으로 등록해 버린다. 위치, 운영 시간, 메뉴 사진 몇 장…. 그런데 여기서 꼭 짚고 넘어가야 할 게 있다.

    그 등록은 사장님 장사가 잘되라고 도와주는 것이 아니다. 네이버의 목적은 단 하나이다. 네이버 플랫폼을 이용하는 '고객에게 정확하고 품질 높은 정보를 제공하는 것'이다. 이건 배려가 아니라 네이버가 고객을 위한 시스템을 운영하는 것이다. 이걸 착각하고 "우리 가게도 알아서 등록해줬네~" 하며 안심하고 넘어가면, 뒤에 따라오는 문제는 고스란히 사장님 몫이 된다.

시대는 바뀌었다. 고객은 이제 "어디 갈까?"보다 "어디가 괜찮은 집이지?"를 먼저 검색한다. 아무 데나 '뭐라도' 먹는 것이 아니라 후회 없는 선택을 위해 기를 쓰고 검색하는 시대이다. 그리고 그 검색의 마지막에 도달하는 곳, 그게 바로 사장님의 '네이버 스마트플레이스'이다.

맛, 가격, 친절, 가성비, 청결 등 이 모든 요소는 이제 오프라인이 아니라 온라인에서 먼저 평가받는다. 고객은 사진을 보고, 리뷰를 읽고, 비교한 후 발걸음을 옮길지 말지를 결정한다. 그렇기 때문에 스마트플레이스는 단순한 정보창이 아니라 우리 가게의 첫인상이자 사장님의 두 번째 가게이다. 그럼에도 불구하고 많은 사람이 아직도 네이버플레이스의 중요성을 몰라 대행 업체에 맡기거나 피해를 보는 사례가 빈번하다. 여기서 미리 경고한다. 네이버플레이스를 대행 업체에 맡기면 절대로 안 된다.

대행 업체의 흔한 사기 패턴

- "네이버 협력업체입니다"라고 말하며 전화 유도
- 저렴한 비용 또는 무료 광고 제안
- "검색 결과 상위 노출 보장"이라는 문구로 계약 요구

- 매달 수십만 원의 정액 광고비 청구
- 상위 노출, 리뷰 조작, 사진 세팅을 미끼로 고액 계약 유도

심지어 네이버 협력업체란 개념은 존재하지 않는다. 네이버는 식당에 전화를 하지도 않고, 사장님의 매출에도 전혀 관심이 없다. 이 모든 전화는 사기다. 무조건 거절해야 한다(네이버에서 공식적으로 공지한 내용이다).

수많은 피해 사례를 몇 자로 나열하기도 벅찰 정도이다. '네이버플레이스 피해 뉴스'라고만 검색해도 전국적으로 피해를 본 사장님들의 기사들이 쏟아진다. 조바심, 불안, 매출 하락에 대한 두려움을 이용해 수백만 원의 계약을 유도하는 업체들, 이는 단순한 마케팅 문제가 아니라 소상공인을 노린 범죄이다. 법 앞에 처벌받아야 한다. 어느 드라마 대사를 인용해서 표현하자면 '기름에 튀겨 죽일ㅇㅇㅇ' 이렇게 표현해야 조금이라도 그 심정을 대변하는 느낌일 것이다. 더 이상 속지 않기를 바랄 뿐이다. 마케팅과 네이버플레이스 최적화를 직접 배워서 직접 하는 것이 최고의 방법이다. 결국 내 가게를 가장 잘 아는 사람은 사장님 자신이기 때문이다.

이건 대행 업체가 절대 알 수 없다. 진짜 마케팅은 사장님 손끝에서 시작된다. 내 가게를 가장 잘 아는 사람은 결국 사장님 자신이기 때문이다.

어떻게 배우면 될까?

네이버 검색창에 네이버 비즈니스 스쿨을 검색 후 클릭한다. 무료 제공되는 마케팅 강의를 통해 초급부터 고급까지 스마트플레이스를 최적화하는 방법, SEO(검색) 최적화 방법, 네이버플레이스 키워드 광고와 플레이스 광고 설정, 대표 사진은 어떻게 찍는 게 좋은지, 소개 문장은 어떻게 써야 고객이 반응하는지, 리뷰 유도 전략 등을 학습할 수 있다.

네이버 비즈니스 스쿨에는 수없이 많은 내용이 있다. 무료라고 절대 깔보지 말아야 한다. 이 강의들은 대한민국에서 가장 실전적인 마케팅 수업이다. 퇴근 후 영상 하나씩 보면서 배우고 익히다 보면 어느새 마케팅 전문가가 되어 있을 것이다.

또 다른 방법은 없을까?

전혀 몰랐던 방법과 지식을 배우고 익히고 실행하다 보면 매출에 변화가 생기고, 식당도 사장님도 생기를 찾게 된다. 사람의 심리라는 것이 이쯤 되면 더 배우고 싶다는 욕망이 생기게 되는 게 인지상정이다. 그때는 유튜브를 통해 배우면 또 다른 실전 전략을 배울 수 있다.

많은 사람이 유튜브부터 뒤지지만, 순서는 반대이다. 먼저 네이버 비즈니스 스쿨에서 기초를 쌓고, 그다음에 유튜브에서 실전 예시를 찾을 때 진짜와 가짜를 구별할 수 있는 눈이 생긴다.

나의 실제 경험: 망하지 않기 위해, 나는 마케팅을 배웠다

나 역시 처음에는 아무것도 몰랐다. 마케팅이라는 단어조차 낯설었고, 장사 하나만으로도 벅찼다. '네이버플레이스'니 '검색 최적화'니 하는 말들은 그냥 남의 이야기처럼 들렸다. 그러다 식당 공부를 시작하면서 내가 모르던 영역을 하나씩 알아가던 중 '네이버 비즈니스 스쿨'을 알게 됐다. 그 순간은 마치 황금 금맥이라도 발견한 것 같았다.

책에서도 못 본 진짜 장사꾼을 위한 꿀팁들이 무료로 쏟아지는 걸 보며 심장이 두근거릴 정도였다. 퇴근 후에는 잠자는 시간도 줄여가며 강의 노트를 만들고, 출근 몇 시간 전까지 영상을 돌려봤다. 하루 일매출 0원을 찍던 그 시절 절박함이 나를 공부하게 만들었다. 그리고 실행했다. 배운 그대로, 하나씩 해 나갔고 결과는 놀라웠다.

- 네이버 지역 맛집 검색 1위
- '천안맛집' 키워드 첫 페이지 노출
- 대표 메뉴 키워드 상위 노출

이 모든 걸 돈 한 푼 들이지 않고 내 손으로 직접 만들어냈다. 결과가 나오니 배움에 대한 열정은 봇물처럼 터졌고, 나는 멈추지 않았다. 결국 나는 망하지 않았다. 그리고 그 과정을 통해 식당의 생존은 '운'이 아니라 '실행'에서 결정된다는 걸 몸으로 배웠다.

고객은 검색으로 식당을 고른다. 그 순간을 잡아라

코로나 이후, 그야말로 '온라인' 세상이 되었다. 식사를 위해 길을 걷다 우연히 들어가는 시대는 지났다. 이제 고객은 간단한 라면 한 그릇을 먹더라도 스마트폰으로 검색부터 한다. 네이버에서 음식점 후기를 읽고, 평점과 메뉴를 비교한 후 방문을 결정한다. 즉, 가게의 첫인상은 오프라인이 아니라 온라인에서 결정되는 시대다.

이때 가장 중요한 것이 바로 네이버플레이스다. 네이버플레이스가 보여주는 식당의 모습, 그것이 고객이 처음 마주하는 당신 식당의 얼굴이자 온라인에서의 첫인상이다. 여기에 등록된 정보가 정확하지 않으면 손님은 혼란을 느끼고 방문을 포기할 가능성이 높다. 운영 시간이 다르면 헛걸음을 하게 되고, 메뉴 사진이 없거나 사진이 실제와 다르거나 품질이 낮다면 신뢰도가 떨어진다. 관리가 안 되는 네이버플레이스는 방문하고 싶지 않은 가게로 인식되고, 당연히 매출 하락으로 이어진다.

하루 식당의 일만으로도 충분히 힘들고 고되지만 식당 사장님이라면 이제 네이버플레이스까지 잘 관리해야 한다. 모르면 배워서라도 해야 한다. 하지만 많은 사장들이 바쁘고 피곤해서, 혹은 온라인은 어렵다는 생각에 배우려 하지도 않고 관리도 소홀히 한다. 심지어 대신 관리를 해준다는 대행업체에 큰돈을 주고 맡기는 경우도 많다.

네이버플레이스 관리를 할 때 가급적 하지 말아야 할 것이 바로 대행업체에 거액을 주고 관리를 맡기는 것이다. 대부분 네

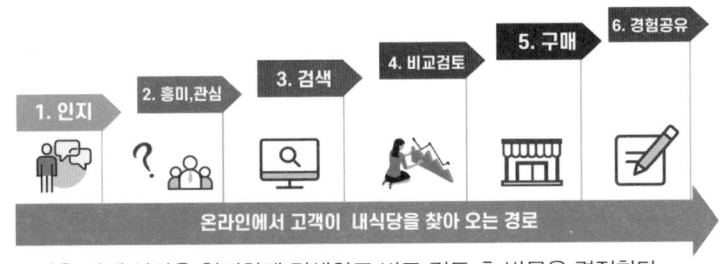

고객은 이제 식당을 철저하게 검색하고 비교 검토 후 방문을 결정한다.

이버 상위 노출을 해주겠다는 그럴싸한 말을 하는 곳이 많다. 무조건 거절하고 피해야 하는 곳이다. 네이버에서 제공되는 네이버플레이스는 무료다. 무료라고 해서 쉽게 생각하면 절대로 안 된다. 온라인에 존재하는 또 다른 '자신의 식당'이다. 온라인에서는 식당 크기에 제한도 없는 식당으로 만들 수 있고, 누구나 똑같은 조건으로 경쟁하기 때문에 오프라인에서의 경쟁만큼이나 중요하다. 그렇게 중요한 곳을 다른 사람에게 큰돈까지

줘 가면서 맡긴다는 것은 좋은 결과를 얻을 수가 없다. 실제로 대부분 피해 사례가 더 많다.

거듭 강조하지만, 제발 네이버플레이스만큼은 무조건 직접 관리해야 한다. 온라인에서 고객은 어떻게 식당을 인지하고 방문하게 되는지, 그 과정을 보면 왜 중요한지 알게 될 것이다.

▌고객의 마음을 훔치는 3단계 온라인 여정

1단계 인지 단계: 시선 포착 – "어, 저건 뭐지?"

고객의 인지 단계를 한마디로 정의하면 시선 포착, "어, 저건 뭐지?"이다. 지금 이 순간에도 모든 온라인 매체에서는 수를 셀 수 없을 만큼의 광고와 유튜브 쇼츠, 인스타그램 릴스 등 수천 개의 영상이 쏟아지고 있다. 고객들은 정보의 홍수 속에서 무방비하게 노출된다. 하지만 엄청난 정보 속에서 오직 1% 미만만이 실제로 인지 단계에 진입한다. 나머지 99%는 스쳐 지나가거나 아예 인식조차 되지 않는다는 뜻이다.

고객이 내 식당의 존재조차 인지하지 못하면 선택할 일도, 방문할 일도 없다. 그래서 죽기 살기로 고객의 시선을 먼저 붙잡아야 한다. 이 치열한 경쟁에서 고객의 시선을 잡으려면 자극적으로 그들의 감정을 찌르고 흔들어 깨워야 한다.

'자극'이란 고객의 마음속 깊은 감각을 '찌르고 흔드는 행위'이다. 그 자극이 무뎌지면 고객은 스크롤 한 번으로 외면한다. 자극을 주려면 날카롭고 뾰족해야 한다. 뻔한 말, 이미 본 듯한 이미지, 무난한 색감으로는 안 된다. 고객의 감정을 찌르면 고통이 생기고, 그 고통은 곧 관심으로 바뀐다. "뭐가 이렇게 뾰족해?" 바로 그 순간, 고객의 뇌는 "어, 저건 뭐지?"라는 인지의 문턱에 들어선다. 고객의 시선을 잡으려면 시각적으로 '눈에 띄게' 하고, 감정적으로 '찔리게' 해야 한다.

이제 우리가 접하는 콘텐츠들이 하나같이 '자극적'일 수밖에 없는 이유가 이해될 것이다. 그건 단순히 튀기 위한 전략이 아니라, 고객의 무관심이라는 두터운 벽을 뚫기 위한 최소한의 전제조건이기 때문이다. 인지 단계의 고객은 아직 '고객'이 아니다. 상품이나 서비스에 대한 사전 지식도 없고, 비교 대상도 없다. 따라서 이 단계의 핵심은 단 하나이다. 식당을 알리려 애쓰고 노력한 SNS에 수없이 많이 업로드한 콘텐츠가 고객의 손길을 멈춰 다음 클릭으로 이어지게 만들 만큼 강력했는가, 이것이 가장 중요하다.

2단계 흥미 유발: "뭐야, 괜찮은데"

"어, 저건 뭐지?"라는 인지 단계를 통과했다면 고객의 시선을 붙잡았다는 뜻이다. 이제 다음 단계로 넘어가야 한다. "좀 더 보고 싶다"는 감정을 만들 차례다. 바로 '흥미와 관심'의 단계다. 이 단계는 단순히 눈길을 끄는 것을 넘어, 고객의 마음속에 '더 알고 싶다'는 욕구를 심어주는 과정이다.

"이건 나한테 쓸모 있나?", "이 식당, 다른 데랑 뭐가 달라?", "진짜 내가 찾던 느낌 맞아?" 아직 '사야겠다', '방문해야겠다'

는 결정까지는 아니다. 하지만 "한번 클릭해 볼까?", "이거 괜찮은데?"라는 긍정적인 관심의 물꼬가 트이는 시점이다. 고객의 공감이 필요한 순간이다. 이 공감과 설득에 필요한 해답은 바로 '고객 리뷰'에 있다. "저처럼 아기랑 가는 분들께 꼭 추천하고 싶어요.", "양이 많아서 남편이 감동했대요!"와 같은 리뷰들은 다른 고객의 실제 경험을 공유하는 강력한 증거다. 이는 '나랑 비슷한 사람이 만족한 경험'을 증명하는 자료이며, 어떤 홍보보다 강력한 설득이자 관심 유도다.

나는 내 식당(짬뽕작전)의 리뷰를 분석했고, 고객이 가장 많이 언급한 키워드가 면을 먹어도 속이 편하다는 점을 발견했다. 이 인사이트를 바탕으로 나는 더 좋은 면을 만들기 위해 연구하고 노력해서 더 속 편한 중식 면으로 만들었다. "대한민국 토종밀로 블렌딩해 만든 자가제면", "바른 면, 건강한 면, 소화 잘 되는 면". 고객에게 전달하고자 하는 핵심 메시지를 압축해서 직관적으로 전달하면서부터, 이 점이 식당의 핵심 경쟁력으로 자리 잡고 고객의 흥미와 관심을 이끌어내며 매출 상승까지 이끌었다.

결국 흥미 단계는 고객에게 "이것은 고객을 위한 것이다"라는 메시지를 명확하게 전달하는 과정이다. 고객의 필요와 욕구를 정확히 파악하고, 그에 대한 매력적인 해답을 제시할 때 고객은 비로소 내 식당에 진정한 흥미를 느끼고 다음 단계로 나아갈 준비를 하게 된다.

3단계 검색: 정보 탐색 – "여기 진짜 괜찮은 걸까?"

고객이 "어, 저건 뭐지?" 하고 시선을 멈추고, "이거 나한테 쓸모 있겠는데?"라고 생각하게 되었다면 이미 고객의 마음을 살짝 움직이는 데 성공한 셈이다. 하지만 거기서 끝나지 않는다. 이제부터 고객은 진짜로 찾아본다. 스마트폰을 들고 검색창에 가게 이름을 입력하고, 쏟아지는 리뷰를 뒤지며 사진을 확대해 보고, 지도 위치와 운영 시간을 하나씩 확인해 나간다. 그리고 마음속으로 이렇게 묻는다. "여기 진짜 괜찮은 곳 맞아?"

구경꾼에서 결정권자로, 정보가 작동하는 시간이다. 이제부터는 감정보다 정보의 힘이 작동하는 시간이다. 앞서 인지 단계에서는 '자극'으로 시선을 붙잡았다. 흥미 단계에서는 "괜찮은데?"라는 감정으로 고객의 마음속에 신뢰의 씨앗을 심었다. 그리고 검색 단계는 그 신뢰라는 씨앗에 물을 주고 햇빛을 비추며 꽃을 피우는 시간이다. 적극적으로 정보를 탐색하며 사장님의 식당이 진짜 '괜찮은 선택'인지를 자기만의 기준으로 검토한다.

이때부터가 식당의 네이버플레이스가 본격적으로 활약할 시간이다. 고객이 원하는 것은 오직 하나, 정확하고 풍부한 정보다. 고객이 검색했을 때 네이버플레이스 정보는 완벽해야 한다. 고객은 실패하고 싶지 않고 손해 보고 싶지 않은 욕망이 가득한 존재이기 때문에 식당에 대한 작은 '확신'을 얻고 싶어 한다. 고객의 머릿속에는 이런 질문들이 떠오른다.

- 영업시간, 휴무, 메뉴, 가격은 어떤가?
- 다른 사람들은 어떤 경험을 했을까?

- 사진이랑 진짜랑 얼마나 비슷할까?
- 위치는 괜찮고, 주차는 편할까?
- 리뷰는 믿을 만할까?

모든 기본 정보가 정확하고 최신 상태여야 한다. 정보가 부족하거나 틀리면 고객의 이탈 가능성은 매우 높다. 또한 고객은 리뷰를 통해 식당의 '진짜 모습'을 보려 한다. 긍정적인 리뷰에는 진심으로 감사하고, 부정적인 리뷰에는 변명 대신 겸허한 자세로 개선 의지를 보여줘야 한다. 모든 리뷰에 성의껏 답글을 다는 것도 중요하다. 고객이 남긴 리뷰는 단순한 평가가 아니라 소통이자 잠재 고객에게 보내는 신뢰의 메시지다.

결국, 검색 단계는 고객이 식당에 대한 '확신'을 얻는 과정이다. 이 단계에서 고객에게 충분하고 신뢰할 수 있는 정보를 제공하지 못하면, 아무리 인지 단계에서 시선을 잡고 흥미를 유발했더라도 고객은 다른 곳으로 발길을 돌릴 것이다. 고객의 검색에 우리가 준비한 네이버플레이스의 정확하고 진실된 정보로 응답할 때 비로소 고객은 다음 단계인 '비교, 검토'로 넘어갈 준비를 하게 된다.

2015년 내가 식당을 처음 했을 때 네이버플레이스가 중요한지도 몰랐다. 식당 공부를 통해 그 중요성을 알게 되었고, 나는 대대적으로 네이버플레이스 최적화에 집중했다. 그 결과 네이버에서 노출되면서 조금씩 매출이 나아지기 시작했다. 고객에게 노출되고 있다는 것을 직접 느낄 수 있었던 건, 문의 전화가 네이버플레이스 관리 전(최적화 전)보다 많이 늘었고, 네이버에서 제공하는 스마트콜 기능으로 전화가 많이 오고 있었기 때문이다. 검색을 통해 내 식당이 노출되고, 그로 인해 전화까지 연결된 결과였다. 또한 스마트콜 기능을 통해 고객이 어떤 키워드로 내 식당을 찾았는지도 알 수 있었고, 그 키워드를 활용해 더 많은 노출 전략도 세울 수 있었다.

또 다른 사례도 있다. 어느 날 지방에서 커피와 베이커리 가게를 운영하는 사장이 도움을 요청했다. 점검 결과 가게와 메뉴와 맛은 흠잡을 데 없었지만, 문제는 고객이 네이버플레이스에서 검색했을 때 전혀 노출이 안 되고 있었다. 그 가게의 업종 카테고리는 당연히 '카페, 디저트'로 되어 있었다. 커피와 빵을 팔고 있었으니 그 카테고리를 선택한 것이다. 하지만 고객의 검색 니즈는 '커피'보다는 이곳에서 파는 특정 빵 관련 키워드가 훨씬 많았다. 그래서 네이버플레이스 노출 영역의 카테고리를 '베이커리'로 변경했더니, 훨씬 더 많은 노출이 시작되면서 검색량이 10배 이상 증가했고, 어느새 매일 줄을 서야 먹을 수 있는 맛집이자 지역 맛집으로까지 선정되었다.

예를 들어, 삼겹살 식당이라고 해서 반드시 네이버플레이스의 '돼지고기구이' 카테고리를 선택할 필요는 없다. 경우에 따라 '육류고기요리' 카테고리를 선택하는 것이 더 나은 노출 효과를 낼 수 있다. 핵심은, 해당 지역에서 고객들이 어떤 키워드로 식당을 검색하는지, 그 검색 니즈와 행동 패턴을 정확히 파악하는 것이다.

결국, 검색 단계는 고객의 '결정'을 끌어내는 마지막 관문이다. 그런데 이 중요한 순간, 우리가 준비하지 못했다면 그동안 쌓아온 모든 호감과 신뢰는 한순간에 흩어져 버린다. 그러니 지금부터라도 네이버플레이스를 정비하고 검색 최적화하는 일에 집중하고 모든 것을 걸어야 한다. 정보는 감정보다 정확해야 하고, 리뷰는 홍보보다 진심이어야 하며, 사진은 화려함보다 '진짜'여야 한다.

지금 당장 네이버플레이스에서 점검해야 할 10가지

- 영업시간과 휴무일은 정확한가?
- 업종 카테고리는 내 주력 메뉴와 일치하는가?
- 메뉴·가격 정보는 보기 쉽게 잘 정리되어 있는가?
- 최근 사진이 업로드되어 있는가?
- 리뷰 답글은 누락 없이 성의 있게 달려 있는가?
- 고객이 자주 찾는 키워드와 내 플레이스 키워드는 일치하는가?
- 고객에게 혜택을 주는 쿠폰은 제공되고 있는가?
- 네이버 톡톡과 연결되어 있는가?
- 네이버 예약은 활성화되어 있는가?
- 네이버 스마트콜은 활성화되어 있는가?

이 열 가지만 제대로 챙겨도 검색 단계에서 고객의 마음은 움직인다. 고객은 검색창에서 묻고 있다. 고객이 원하는 것은 대

단한 마케팅이 아니라 '이 가게는 믿어도 되겠구나'라는 확신이
다. 고객에게 검색은 기회다. 그 기회 앞에 준비된 가게만이 살
아남는다. 선택받는다. 고객의 결정보다 한 걸음 앞선 준비, 그
게 생존하기 위해 식당 사장님이 할 일이다.

고객은 마지막에 비교한다. 그때 이겨야 살아남는다

고객은 이제 '어, 저건 뭐지?'라는 시선을 지나 '뭐야, 괜찮은데?'라는 흥미를 거쳐 '진짜 괜찮은 곳 맞아?'라는 신중한 검색 단계까지 도달했다. 그리고 지금 검색한 여러 가게를 책갈피처럼 모아 놓고 조용히 천천히 비교 중이다.

"다 괜찮아 보이는데, 그런데 여기를 가야 할 결정적인 이유는 뭘까?"

이것이 바로 비교·검토 단계이다. 고객이 선택의 방향을 구체화하는 순간이다. 정보는 충분히 모은 상태이고, 이제는 신뢰를 동반한 '확신'이 작동하는 시간이다. 안타깝게도 많은 식당은 이 마지막 문턱에서 탈락한다.

도대체 끊임없이 비교하는 고객의 심리는 무엇 때문일까. 고객의 뇌는 돈을 쓰기 전 무의식적으로 "혹시 손해 보는 건 아닐까?", 즉 '손해 볼 가능성'을 따진다. 그래서 고객은 작은 차이도 크게 확대하며 다시 저울질을 시작한다.

"이 가게를 왜 선택해야 하지?"

손해를 볼까 두려워하는 고객에게 "저희 가게를 선택하면 손해 보지 않습니다"라고 말해 줄 만한 결정적 근거를 보여주지 못하면, 결국 고객에게 선택받지 못하게 된다.

결정적 근거를 고객에게 보여주기 위해, 무료로 제공되는 네이버플레이스만 잘 활용해도 선택받을 수 있는 기회를 스스로 만들 수 있다. 이제 중요한 것은 고객의 마음속 저울에서 마지막 한 눈금을 더 무겁게 만드는 일이다. 그 한 눈금을 만드는 것이 바로 '네이버플레이스 안에 있는 설득 포인트 5가지'이다.

4단계 비교·검토 단계 설득 포인트 5가지

1. 리뷰 신뢰도 – "리뷰가 꾸준한가, 그리고 최근 후기가 많은가?"

고객은 네이버플레이스에 달린 리뷰를 보며 '사람들의 경험'을 훔쳐본다. 리뷰가 많다고 해서 무조건 신뢰하지는 않는다. 중요한 것은 '언제부터 지금까지' 꾸준히 리뷰가 쌓였는가이다.

"3년 전에만 반짝 좋았던 곳 아닌가?"

"요즘엔 어떻지?"

"최근에 다녀간 사람은 뭐라고 했을까?"

이 질문에 대한 답을 찾기 위해 고객은 리뷰의 날짜를 본다.

1~2개월 내에 후기가 없다면 고객은 슬며시 의심을 하게 된다. 그뿐만 아니라 리뷰의 흐름도 살펴본다. 리뷰가 몰려 있는 시기와 공백기를 보면서 이 가게가 한때 붐이었는지, 지금도 살아 있는지를 가늠한다.

"최근에 꾸준히 올라오는 리뷰 = 여전히 고객이 찾는 가게"
"최근 후기가 없다 = 뭔가 이유가 있을지 모른다"

고객은 리뷰를 단순 검색 결과가 아니라 '공감대의 창구'로 본다. 누군가의 후기가 '나와 비슷한 상황'에서 나온 이야기라면 그것이 바로 선택의 결정타가 되기도 한다. 리뷰가 많고, 그리고 최근까지 이어지고 있다는 것은 단순히 "많다"의 문제가 아니다.

"이 가게는 충분히 고객에게 가치를 주고 있다"라는 신호이다.

2. 사진 신뢰감 – "멋지게 보이기보다 진실하게 보이는 사진이 더 강한 설득이다."

고객은 가게에 오기 전 눈으로 먼저 식사한다. 그들이 가장 먼저 보는 것은 메뉴 이름도, 가격도 아닌 네이버플레이스에 나오는 '음식 사진'이다. 사진은 단 1초 만에 신뢰를 만들 수도 있고, 그 반대로 불신을 초래할 수도 있다.

고객은 이미 다 알고 있다. 너무 화려한 음식 사진은 과하게 의도된 연출로 인식된다. 그렇게 꾸며 놓아도 리뷰 속 사진과 비교해 봤을 때 실제와 다르다는 것을 눈치채는 순간, 신뢰도는 바로 떨어지고 선택받지 못할 확률이 높아진다. 따라서 고객이 실제로 보게 될 메뉴 상태와 가장 유사한 사진을 대표 이미지로 사용하는 것이 중요하다. 다시 강조하지만, SNS 사진이 감성 중심이라면 네이버플레이스는 '정보 중심', 그것도 '정확한 정보'가 핵심이다.

나는 식당을 처음 시작했을 때 간판 업체에서 업종에 맞는 사진들을 제공받아 사용했다. 하지만 사진의 중요성을 알고 난 후 직접 찍은 사진으로 하나씩 교체했다. 이런 식으로 여러 번 시도하면서 고객에게 선택받는 사진이 따로 있다는 것을 알게 되었다.

위에서 말한 과도한 연출은 고객을 속이는 결과이지만, 과도하지 않은 솔직한 연출, 즉 음식에 온도감을 입히는 것은 매우 중요하다. 따뜻한 음식은 더 따뜻하게 보이게 하고, 차가운 음식은 더 차갑게 보이게 해서 사진 속 온도·소리·향기까지 눈을 통해 상상되게 만드는 감각의 연출, 이것이 바로 '시즐'이다.

시즐감이 있는 사진은 고객의 뇌를 더 강하게 자극하며, 무의식중에 선택받게 될 확률을 높여준다. (『무패장사』 229페이지를 참고하면 시즐감에 대해 더 알 수 있다.)

3. 메뉴·가격 구성 - "내 예산과 맞고, 양이나 설명이 적절한가?"

"이 돈 주고 여기를 가는 게, 나에게 맞는 선택일까?"

고객의 물음은 단순히 '비싸다 vs 싸다'의 문제가 아니다. 가격 대비 가치, 즉 '내 돈이 아깝지 않겠다'는 가성비를 느낄 수 있는 합리적이고 납득 가능한 가격과 메뉴 구성이 필요하다.

한눈에 이해되지 않는 복잡한 메뉴판, 애매하게 표기된 가격대 구성, 설명이 없는 세트 메뉴는 모두 고객을 "다른 데 가볼까?" 하게 만드는 요소이다. 네이버플레이스 메뉴 정보는 '내가 이 메뉴를 주문했을 때 무엇을 얼마에 얻게 되는가'를 한 번에 이해할 수 있도록 정리되어 있어야 한다.

4. 편의 요소 – "주차, 예약, 혼밥 등 내 상황에서 편한가?"

처음 가는 식당이라면 고객은 먼저 '불편한 점은 없는가'를 살핀다. 맛도 분위기도 좋아 보이지만, 단 하나라도 "이거 좀 불편할 것 같은데"라는 감정이 들면 조용히 다른 식당을 선택해 버린다.

주차 정보, 예약 가능 여부, 대기 시스템, 유아용 의자, 혼밥 고객에 대한 배려 등 고객의 입장에서 중요한 편의 요소들이 있다. 네이버플레이스에서는 이런 정보들을 아주 손쉽게 클릭 몇 번으로 설정할 수 있으므로 반드시 세팅해야 한다.

"뭐 이런 것까지 해야 하나?" 싶을 수 있다. 하지만 고객의 선택은 '고객을 위한 작은 배려와 디테일'에서 결정된다는 사실을 잊어서는 안 된다. 고객은 '큰 불편이 없음'을 확인했을 때만 비로소 "한 번 가보자"는 결심으로 넘어간다. 맛있고 유명한 것도 중요하지만, 고객 입장에서 불편하지 않아야만 선택될 수 있다.

5. 사소한 배려 − "사장님이 남긴 리뷰 댓글, 응대, 작은 디테일에서 온기를 느끼게 하라."

네이버플레이스에 남겨진 고객 리뷰를 그냥 두는 순간 고객과의 소통은 멈춘다. 짧은 답글 한 줄일지라도 그 안에는 식당 사장의 태도와 진심이 고스란히 담길 수 있다.

리뷰에서 고객이 주의 깊게 보는 것은 사장의 문장 실력이 아니다. 진심으로 반응하는 태도이다.

"칭찬에 감사하고, 지적에 겸손한 태도."

이 모든 것이 결국 선택의 이유가 된다.

네이버플레이스에서 "이 집, 괜찮겠다"라는 신호를 지속적으로 보여주어야 한다. 고객은 말없이 비교하고, 조용히 판단한다. 고객이 마지막으로 확인하는 것은 '좋고 나쁨' 자체가 아니다.

"이 집은, 나를 신경 쓴다"는 작고 조용한 증거이다.

그 증거는 디테일에서 시작된다. 그리고 그 디테일은 결국 식당 사장의 태도와 연결되어 있다.

5단계 구매 – 최종 결정과 안심의 순간

이제 고객은 움직인다. 배달 앱에서 '결제 완료' 버튼을 누르거나, 손에 휴대폰을 든 채 예약을 확정하거나, 설레는 발걸음으로 식당 문을 밀고 안으로 들어선다. '선택'은 끝난 것처럼 보인다.

하지만 착각해서는 안 된다. 아직 끝이 아니다. 고객은 아직 안심하지 않았다.

"내가 잘 고른 거 맞아?"

"혹시 또 속은 건 아닐까?"

"후회하면 어쩌지…"

불안, 망설임, 미세한 후회. 이 감정들이 고객의 뇌를 뒤덮는다. 고객은 손해 보는 것을 견디지 못하는 존재이기 때문에 끊임없이 자신에게 되묻는다. 카드를 긁는 순간 심박수가 올라가고, 배달 앱 결제 후에는 리뷰부터 다시 검색하며, '호갱'이 된 것은 아닌지 스스로 점검한다. 소비의 순간 고객의 뇌는 엄청난 고통을 느낀다. 그래서 우리가 준비해야 할 것은 단순히 "손해 보지 않게 해 드리겠습니다"가 아니다. 더 정확히 말하면, "고객님의 선택, 틀리지 않았습니다."라는 메시지를 말없이 전달하는 장치이다.

장사 초창기 나는 또띠아로 만든 피자를 서비스로 제공한 적이 있다. 반응은 예상 밖이었다. 고객은 웃었고, 입소문은 퍼졌고, 매출은 움직였다. 원가 3,000원의 또띠아 피자가 곧 "고객님의 선택, 틀리지 않았습니다"라는 메시지였고, 나에게도 손해가 아닌 고객 재방문으로 돌아오는 투자라는 사실을 그때 처음 알았다.

지금은 피자를 드리지는 않지만, 고객의 고통을 줄이는 장치들은 여전히 이어지고 있다.

- 식사 후 스타벅스 커피
- 후식으로 고소하고 달콤한 강정
- 무더운 여름의 슬러시, 겨울의 메밀차 등등

작은 디테일이지만, 이것은 공짜라기보다 "고객님, 이 선택은 잘하셨습니다."라고 조용히 말하는 방식일 뿐이다. 그래서 이런 질문을 듣게 된다.

"이렇게 퍼줘도 남아요?"

속으로 내 대답은 늘 같다.

"남죠. 진짜로 남는 건 고객이니까요."

마케팅이란 무엇일까. SNS 바이럴, 검색 광고, 메뉴판 리뉴얼일 수도 있다. 하지만 내가 아는 가장 확실한 마케팅은 단 하나이다.

'고객이 자주 방문하고, 그리고 누군가를 데려오는 것.'

나는 이것을 생존 장사의 진짜 증거라고 믿는다. 정리하자면, 돈을 썼다는 고통을 후회 없는 안심으로 바꿔 주고, 의심 많은 심리를 "오길 잘했다"는 감정으로 전환시키는 것, 즉 '뭐라도 하나 더 드리는 안심 설계'가 본질이다.

6단계 경험 공유 – "이 집 진짜 괜찮더라, 너도 가봐."

경험 공유 단계는 고객이 가게를 떠나는 순간부터 시작된다. 말없이 휴대폰을 든다. 찰칵, 사진을 찍는다. 그리고 친구에게 말한다.

"여기 진짜 괜찮았어."

고객은 무언가 좋았을 때, 혹은 실망했을 때 그 감정을 꼭 꺼내어 누군가와 나누고 싶어 한다. 특히 "나만 알고 있기엔 아깝다"는 감정이 들면 입은 저절로 열리고, 손가락은 스마트폰 카메라로 향한다. 바로 그 감정이 공유의 불씨이다. 이는 단순한 정보 전달을 넘어선다. 자신의 긍정적 경험을 근거로 다른 이들을 설득하고 끌어들이는, '입소문'이라는 이름의 가장 강력한 마케팅이 시작되는 단계이다.

앞서 말한 고객의 구매 단계에서, 의심 많은 불안을 안심으로 바꾸어 준다면 공유는 자연스럽게 이루어진다. 굳이 "올려주세요"라고 부탁하지 않아도 퍼져 나간다.

처음 시작한 또띠아 피자 서비스부터, 다양한 '안심 장치'들은 자연스럽게 고객이 사진을 찍도록 만들었다. 사진에 찍힌 것은 피자나 머리끈 같은 디테일한 배려였지만, 사실 그 사진 안에 담긴 것은 음식이 아니라 '받은 기분'이다.

기억보다 나누는 감정이 오래 간다. 맛은 시간이 지나면 희

미해진다. 하지만 그날의 기분은 오래 남는다. 그 식당이 나에게 해주었던 한마디, 작은 배려 하나에서 느꼈던 그 감정은 시간이 지나도 누군가에게 말하고 싶어진다.

공유의 포인트는 '맛'이 아니라, 결국 '고객의 감정'에 있다.

네이버 로직을 쫓는 장사는 불안하다.
고객을 이해하는 장사는 오래 간다

　　네이버플레이스와 온라인 마케팅을 활용해 가게를 직접 홍보하고 광고하는 스킬이 초급을 넘어 중급 수준에 도달하면 피할 수 없이 마주하게 되는 것이 있다. 바로 '네이버 로직'과 '알고리즘'이다. 특히 네이버 검색 결과에서 상위 노출에 결정적인 영향을 주는 것이 바로 이 로직이다. 그래서 많은 사장들이 이렇게 생각하게 된다.

　　"로직만 잘 파악하면 검색 상위 노출도 어느 정도는 조작할 수 있지 않을까?"

　　실제로도 그렇다. 로직을 이해하면 노출을 유리하게 만드는 '꼼수'가 생긴다. 내 가게가 검색 결과 5페이지에 있는 것과 1페이지에 노출되는 것의 차이는 매출에 직·간접적인 영향을 줄 수 있기 때문이다. 대부분의 고객은 1~3페이지까지만 검색 결과를 살펴보고, 그 이후 페이지까지 넘겨보는 경우는 드물다.

어느 날 문득 이런 생각이 스친다. 장사는 똑같이 하고 있는데 맛도 그대로이고, 서비스도 나쁘지 않은데 이상하게 조용하다. 불안한 마음에 사장은 습관처럼 스마트폰을 꺼내 자신의 가게를 검색해 본다.

"어라, 우리 가게가 검색에 안 떠?"

그 순간 사장은 '네이버 로직'이라는 존재를 처음으로 인식하게 된다. 그리고 그때부터 로직에 끌려다니는 장사가 시작된다. 우선 네이버 로직이 무엇인지 정확히 알아야 로직의 노예가 되지 않는다.

▌네이버 로직이란 무엇인가

네이버 로직은 네이버 이용자가 검색했을 때 어떤 가게(또는 콘텐츠)를 얼마나 상위에 노출시킬지를 결정하는 기준이다. 쉽게 말해 일종의 '자동 순위 심사 시스템'이라고 보면 된다. 이 로직은 리뷰 수, 사진 품질, 키워드 일치도, 정보의 최신성, 사용자 반응(클릭률, 체류 시간 등) 같은 요소들을 종합적으로 분석해 노출 순위를 결정한다.

문제는 이 로직이 하나의 '정해진 공식'이 아니라는 점이다. 네이버는 노출 순위를 결정하는 기준을 공개하지 않으며, 그 기준은 수시로 바뀐다. 그래서 사장들은 로직을 쫓고, 해석하고, 꼼수를 찾는 데 너무 많은 에너지를 쓰기 시작하면서 장사의 본질보다 노출 순위에 더 집착하는 함정에 빠지게 된다.

한번 정해진 로직의 기준과 규칙은 왜 바뀌는가. 네이버플레이스 마케팅 대행업체들은 온갖 실험과 테스트를 통해 변경된 로직의 기준을 찾아낸다. 쉽게 상위 노출이 될 수 있는 꼼수를 알아낸 것이다. 이렇게 변경된 기준이 조금이라도 누군가에 의해 꼼수로 악용되는 것이 네이버 AI 감시망에 포착되는 순간, 다시 로직이 변경된다.

내가 경험한 것 중에는 하루에 두 번 로직이 변경된 적도 있었다. 정말 수시로 바뀌는 것이 로직이다. 상위 노출 꼼수를 알아내려고 하다 보니, 결국 네이버 로직의 노예가 된 사장들을 지금도 너무 많이 보고 또 보고 있다.

로직에 끌려다니지 않고 상위 노출되는 법

그렇다면 로직에 끌려다니지 않고 상위 노출이 되려면 어떻게 해야 할까. 답은 단순하다. 네이버의 '변하지 않는 목적'을 이해해야 한다.

네이버의 목적은 오직 하나이다.

네이버 이용자에게 최신 정보, 진짜 정보만을 보여주는 것.

이것이 네이버의 궁극적인 목적이다. 다시 말해 로직은 바뀌지만, 고객이 원하는 정보는 바뀌지 않는다.

• 운영시간이 정확한지, 변동이 있는지 확인하라.

- 메뉴 사진의 품질이 좋고 최신 사진인지 확인하라.
- 리뷰 관리가 잘 되고 있는지, 최근 리뷰가 있는지 확인하라.
- 메뉴 설명과 소개글에 진심이 담겨 있는지 확인하라.
- 최근 분위기를 보여주는 사진이 꾸준히 올라오는지 확인하라.

이런 기본적인 정보들이 '최신'이고, '풍성'한지가 플레이스 검색 결과 순위를 높이고 로직을 이기는 가장 현실적인 방법이라고 네이버는 공식적으로 밝혔다는 점도 기억해야 한다.

실제 경험 사례

로직을 쫓던 사장 vs 로직을 활용한 사장

경주에서 작은 식당을 운영하는 한 사장이 있었다. 이유는 단 하나였다.

"우리 가게가 네이버에 안 떠요."

관광객에게 더 많은 노출을 하고 싶어서 검색 상위 노출만을 목표로 마케팅 대행업체에 맡겼다고 한다.

- 리뷰를 인위적으로 늘리고
- 키워드를 과도하게 반복하고
- 매달 수십만 원의 광고비를 지출하며 온갖 꼼수를 사용

했다.

처음에는 효과가 있었다. 하지만 로직이 바뀌자 검색 순위는 급락했고, 네이버 AI는 리뷰 조작을 감지했다. 결국 이 식당은 '거짓 정보 제공'이라는 어뷰징 판단을 받았고, 네이버의 핵심 원칙인 "신뢰할 수 있는 최신 정보 제공"을 훼손한 것으로 간주되어 플레이스 노출 제한이라는 패널티를 받게 되었다.

나는 사장님에게 그 이유를 설명했고, 이제부터는 네이버의 신뢰를 다시 회복하는 과정이 필요하다는 점, 그리고 그 과정은 쉽지 않고 시간이 상당히 오래 걸린다는 점도 함께 말했다. 솔직히 말해, 네이버에 한 번 찍히면 회복이 쉽게 되지는 않는다.

해결책은 명확하다. 꼼수는 이제 그만. 올바른 방법으로, 고객을 위한 정보만을 정직하게 관리하는 것이다.

- 리뷰는 진짜 손님에게 정중히 요청하라.
- 소개글은 키워드보다 진심을 담아라.
- 사진은 계절과 분위기에 맞게 주기적으로 교체하라.
- 운영정보는 항상 최신으로 유지하라.

이런 기본적인 것들이 결국 로직을 이기는 유일한 전략이다. 정리하자면, 로직을 좇는 장사는 불안하지만, 고객을 이해하는 장사는 오래간다. 예컨대, 어뷰징은 플레이스 검색 SEO 구성 요소 중 하나라도 변질시켜 검색 순위를 왜곡하거나 조작하는 행위이다. 특정 기간의 과도한 클릭, 거짓 리뷰, 허위 예약 등을 통해 검색 품질을 떨어뜨리고 특정 업체가 이득을 취하는 행위를 말한다. 플레이스에서는 다양한 AI 기술로 어뷰징 요소를 자동 제외하고, 여러 정제 로직을 거쳐 적절한 데이터로 판단되는 것만 플레이스 검색 결과에 반영하고 있다. 또한 지속적인 모니터링을 통해 어뷰징 행위에 대한 페널티 부여 및 제재 조치를 진행하여 신뢰도 높은 검색 결과를 제공하기 위해 노력하고 있다. (출처: 네이버 운영원칙)

반면 광주의 한 한정식 식당이 있었다. 이유는 같았다.

"우리 가게가 네이버에 안 떠요."

하지만 이 사장은 대행업체를 쓰지 않고 스스로 플레이스를 정직하게 관리하고 있었다. 리뷰는 손님에게 정중히 요청하고 운영정보는 주기적으로 업데이트하고 꼼수 없이 진심으로 플레이스를 운영하고 있었다. 문제는 단 하나였다. 정보가 부족하고 품질이 낮았다는 점이다. 해결책은 '정보의 질과 양'을 채우는 것이었다. 이 식당은 한정식 전문점이었지만 예약은 전화로만 받고 있었고, 사진은 오래되고 흐릿한 이미지가 대부분이었다. 그래서 다음과 같은 전략을 제안했다.

- 네이버 톡톡 활성화 → 고객 문의 실시간 대응
- 전화 예약 → 네이버 예약 시스템으로 전환

- 네이버 주문 기능까지 함께 연동
- 대표 사진, 메뉴 사진, 외관 사진을 모두 고화질로 교체
- 소개글에 '지역명 + 메뉴 키워드 + 가게의 강점' 포함
- 네이버가 제공하는 기능을 모두 활용해 정보의 '밀도' 강화

시간은 조금 걸렸지만, 검색 순위는 점점 올라갔고 고객의 재방문율과 리뷰 수는 자연스럽게 늘어났다. 무엇보다 중요한 것은 이 사장이 로직을 쫓지 않았다는 점이다. 대신 고객이 원하는 정보를 성실하게, 꾸준히 제공했을 뿐이다.

결국 고객이 원하는 것을 꾸준히 제공하면 로직은 따라오게 되어 있다. 사례에서 보았듯이, 두 사장의 차이는 단 하나이다. 정보를 조작했는가, 진심으로 관리했는가이다.

네이버 로직에 끌려가지 않기 위한 4가지 실천 전략

로직은 고객의 행동을 반영한 결과이다. 고객을 이해하면 로직은 따라온다.

"로직을 이기는 가장 현실적인 방법은 고객이 원하는 정보를 꾸준히 관리하는 것이다."

많은 사장들이 네이버플레이스를 한 번 세팅하면 그대로 방치해도 된다고 생각한다. 하지만 네이버는 '살아 있는 정보'를 좋아한다. 네이버 AI는 플레이스에 등록된 사업주가 자주 접

속하고, 정보를 꾸준히 업데이트하는지를 하나의 '신뢰 지표'
로 판단한다.

그래서 내가 실제 경험을 통해 만든 월 1회 점검 루틴을 추
천한다. 이 루틴만 잘 지켜도 로직에 끌려가지 않고, 꾸준히 상
위 노출을 유지할 수 있다.

월 1회 점검 체크리스트

- 정보 최신성 유지하기
- 메뉴 소개글 또는 식당 소개글은 최소 월 1회 점검하라.
- 지역명 + 대표 메뉴 키워드를 자연스럽게 포함하라.

대표 사진과 키워드 점검하기

- 흐릿하거나 오래된 사진은 과감히 삭제하라.
- 계절별, 인기 메뉴 중심으로 사진을 교체하라.
- 최대 120장까지 등록 가능하니 적극 활용하라.

리뷰 관리

- 고객 리뷰에는 미루지 말고 가능한 한 즉시 답글을 작성
  하라.
- 감사 인사, 피드백 반영 의지 등을 진심으로 표현하라.
- 리뷰 응답률 또한 로직에 반영되는 요소 중 하나이다.

플레이스 소식창 활용하기

- 신메뉴 출시, 휴무 안내, 이벤트 등 사소한 정보라도 자주 올려라.
- '살아 있는 가게'라는 인상을 주는 것이 중요하다.
- 소식창은 고객과의 직접 소통 창구로 충분히 활용할 수 있다.

이 체크리스트는 단순해 보이지만, 꾸준히 실천하는 가게는 반드시 살아난다. 꼼수는 빠르지만 오래가지 못한다. 진심은 느리지만 결국 가장 멀리 간다. 지금 당장 할 수 있는 것부터 시작하라. 소개글 한 줄을 점검하고, 사진 한 장을 교체하고, 리뷰 하나에 답글을 달아 보라. 그 작은 실천이 당신의 플레이스를 상위로 올릴 수 있다. 명심하라. 로직을 좇는 장사는 불안하지만, 고객을 이해하는 장사는 오래 생존한다.

SNS 마케팅은 한 가지라도 잘해야 매출이 오른다

이것저것 말고, 꾸준함으로 승부하라!

"SNS는 젊은 애들이나 하는 거지." "SNS 그거 해봤자 손님이 오겠어?" 아직도 이런 생각을 하는 식당이 너무 많다. 세상이 바뀌었는데도 그걸 알지 못한다. 냉정하게 말하자면, 이런 식당은 오래 가기 어렵다. 지금은 음식이 아무리 맛있어도, 온라인(SNS)에 노출되지 않으면 세상에 존재하지 않는 것과 같은 시대이다. 그래도 태도가 조금이라도 바뀐 분들은 뭐라도 해보려 한다. "요즘 장사하려면 SNS 해야 한대!", "인스타 맛집이 대세라는데…", "옆 식당은 릴스 올리고 대박 났대!" 식당 사장이라면 자주 듣는 이야기일 것이다. 그래서 일단 이것저것 시작은 한다. 인스타그램과 페이스북 계정도 만들고, 유튜브 쇼츠도 시도해 본다. 하지만 한두 번 올려 보다가 "이게 효과가 있긴 한가?", "바쁜데 이걸 언제 다 해?", "어차피 팔로워도 없는데…" 하면서 슬그머니 손을 놓아버린다.

아니면 "일단 유행 따라가야지!" 하면서 새로 생기는 SNS 채널에 우르르 몰려가 한동안 열심인 듯하다가, 흥미를 잃거나 반응이 없으면 금세 포기하는 사장들이 너무나 많다.

사장들이 SNS 마케팅에 실패하는 이유는 '재주가 없어서'나 '콘텐츠가 없어서'가 아니다. 문제는 꾸준함이 없다는 것과 너무 많은 채널을 운영하려는 데 있다. SNS는 단기간에 효과가 나는 도구가 아니다.

고객의 기억 속에 자리 잡기 위해서는 지속적인 노출과 반복적인 콘텐츠가 필요하다. 즉 시간이 필요하다.

온라인 마케팅, 특히 SNS는 '뿌려두면 알아서 되는 마법'이 아니다. 이 치열한 디지털 시대에서 내 식당이 살아남으려면, 딱 한 가지 SNS 채널이라도 '제대로' 파고들어 꾸준히 콘텐츠를 업로드해야 한다. 이것만이 식당의 매출을 올리고, 고객이 검색했을 때 내 식당을 가장 먼저 발견하게 만드는 가장 확실하고도 유일한 방법이다.

한 가지에 집중해야 하는 이유

시간, 돈, 인력. 대기업처럼 마케팅팀이 수십 명씩 있는 것도 아니다. 바쁜 주방과 홀을 오가며 매일 고된 노동을 해야 하는 식당 사장들에게 시간과 에너지는 한정된 자원이다. 여러 채널에 분산 투자하면 모든 채널이 어중간해지고, 결국 모든 것이 망가진다. 또 다양한 채널을 관리하는 것은 엄청난 피로도를 유발한다. 콘텐츠를 기획하고, 촬영하고, 편집하고, 업로드하고, 댓글로 소통하는 일은 생각보다 많은 시간과 노동력이 필요하다. 이 피로도를 견디지 못하고 포기하는 것이 대부분의 실패 원인이다.

성공의 필수 조건은 분명하다. 모든 SNS 채널이 자신의 식당에 맞는 것은 아니다. 식당의 주 타깃 고객이 주로 어떤 채널을 사용하는지, 어떤 방식으로 소통하는지 파악한 뒤, 가장 효율적인 '메인 채널' 하나를 선정하여 모든 역량을 집중해야 한다.

플랫폼	주 연령대	핵심 특징	주요 이용자 유형	활용 전략 포인트
인스타그램	20~30대	감성·비주얼 중심	트렌드 추종형, 브랜드형	이미지 퀄리티와 감성 콘텐츠 중요
페이스북	40~50대	관계·커뮤니티 중심	관계 유지형, 정보 소비형	지역 기반 소통, 커뮤니티 운영 적합
유튜브	전 세대	동영상 올인원 플랫폼	학습형, 오락형, 탐색형	콘텐츠 길이·주제별 세분화 필요
틱톡	10~20대	숏·밈 중심	참여형, 소비형	짧고 강렬한 메시지, 유행 반영 필수
트위터(X)	20~30대	실시간·의견 공유	정보형, 팬덤형	빠른 반응, 해시태그 전략 중요
카톡/밴드	전 세대/40대+	메신저·모임 중심	지인 소통형, 모임형	단골 관리, 이벤트 안내에 효과

성공하는 사장의 SNS 마케팅

▎ : '꾸준함'이 만들어내는 기적

몇 년 전 이메일로 긴 사연이 하나 도착했다. 도움과 어려움을 호소하는 내용이었다. 고민 끝에 식당 사장과 통화 후 찾아뵙고 더 많은 이야기와 솔루션, 자문을 드렸다. 절박함이 있었기에 한 치의 망설임과 의심 없이 내가 제시한 모든 것들을 척척 해 나가셨다. 그리고 온라인 분석 결과 전혀 노출이 되고 있지 않았고 네이버 스마트플레이스 운영도 잘못하고 있는 것을 교정해 드렸다. 그리고 가장 중요한 숙제를 제시했다. 오늘부터 사장이 잘할 수 있는 SNS를 선택해 음식 이야기, 식당 이야기 등 식당과 관련된 이야기들로만 된 내용으로 하루에 한 개의 게시물을 업로드해야 한다고, 그래야 식당이 살아남을 수 있다고 말했다. 그 후 인스타그램을 통해 내가 내준 숙제를 꾸준하게 하셨다. 그 결과 월세를 걱정해야 했던 식당에서 조금씩 매출은 늘었고 대박 식당은 아니어도 꾸준하게 매출 성장을 이루어냈으며, 이제는 틱톡까지 하나 더 운영하는 여유와 노하우가 생겨나게 되었다. 죽어가는 식당이 살아나게 된 건 꾸준함이 만들어낸 결과이다.

백선생면방 QR

인천에 위치한 우육면 전문점 백선생면방의 대표님이야말로 느리지만 꾸준함으로 탄탄하게 성장 중이다. 네이버 검색창 "백선생면방" 또는 QR을 통해 네이버플레이스와 인스타그램을 볼 수 있다.

"한 가지 채널"에 집중하여 "꾸준하게" 진정성 있는 "이야기"를 전달하는 것이 중요하다. 여러 개의 채널에 손댈 여력이 없었기에 오히려 한 우물만 팠고, 그 꾸준함이 SNS 노출로 이어지고, 고객들에게 신뢰로 다가가 "한 번 가볼까" 하는 시험 구매에서 재방문율로 이어진 것이다.

▌모르면 배우고, 배웠으면 실행하면 된다

정말 많은 사장들이 "저는 기계치라 SNS 어려워요.", "저는 글 재주가 없어요."와 같은 말을 너도 나도 똑같이 한다. SNS 소통 이전에 내 식당이 살기 위한 선택이 아니고 필수조건이라는 것을 빨리 깨우쳐야 한다. 모르면 배우고, 배웠다면 실행하면 된다. 어렵게 생각하면 한도 끝도 없다.

어디서 배워야 하는가?

- 유튜브 채널: "○○○ 마케팅", "SNS 잘하는 법" 같은 키워드로 검색하면 수많은 실용적인 채널들이 나온다. 밥 먹을 때, 잠시 쉴 때, 스마트폰으로 이런 채널들을 보며 기본기를 익히면 된다.
- 무료 강의: 소상공인진흥공단 홈페이지를 통해 온라인 마케팅과 그 밖에 질 좋은 내용의 강의를 주기적으로 공지한다. 자주 접속해서 공지사항을 체크하는 게 좋다.
- SNS 벤치마킹: 자신의 식당과 비슷한 콘셉트나 규모인데

SNS를 잘 활용하는 다른 식당들을 찾아 꾸준히 관찰하라. 그들이 어떤 콘텐츠를, 어떤 방식으로, 얼마나 자주 올리는지 분석하고 자신의 식당에도 적용해 보면 금세 SNS 초고수가 되어 있을 것이다.

내가 식당 월세를 걱정하던 시기에, 공부를 통해서 이제 조금 무언가 알아가고 조금씩 성장하고 있을 때 온라인 마케팅 강의를 듣고 싶었지만 수강료가 200만 원이 넘어 고민하고 있을 때, 똑같은 교수님과 강사들, 똑같은 커리큘럼으로 무료로 강의한다는 정보를 알게 된 것이 소상공인진흥공단 홈페이지였다. 그 후 나는 마포 소상공인진흥공단 센터에서 오전 9시에 시작되는 강의를 듣기 위해 새벽 5시에 일어나 준비해 천안에서 그곳까지 8주를 오갔다. 그리고 나는 그곳에서 내 인생을 송두리째 바꾸어 놓은 김영갑 교수님을 만났다.

배우려고 다짐하고 달려들면 모두가 스승이고 모두가 배울 점이다. 돈이 없어서 배우지 못했다는 것은 변명이다. 나도 처음에는 중고 책을 사다 보고 무료 강의만 듣는 것으로 시작했다. 중요한 건 배우려는 태도와 실행력이다.

정리하자면, 목표는 "완벽"이 아니라 "꾸준함"이다. 처음부터 고퀄리티 콘텐츠를 만들려 하지 마라. 매일 혹은 이틀에 한 번이라도 꾸준히 올리는 것에 집중하다 보면 점차 좋아지고 익숙해진다. 화려한 광고 문구보다 식당이 가진 진짜 이야기, 음식에 대한 철학, 식당 경영자의 일상 등 진정성 있는 콘텐츠가 고객의 마음을 움직인다. 댓글과 DM에 성의껏 답하며 고객과 소통하라. 고객은 식당의 소통 방식에서 인간미를 느낀다.

SNS마다 꾸준함이 따라오면 이렇게 된다.

- 블로그를 꾸준히 운영하면 검색 노출이 강해진다.
- 인스타그램을 꾸준히 하면 시각적 브랜딩이 강화된다.
- 유튜브를 꾸준히 하면 신뢰와 팬층이 생긴다.

결국 SNS 채널을 잘 운영하는 것도, 그 어떤 온라인 마케팅도 "한 가지라도 꾸준하게 하는 것"에 달려 있다. 이 꾸준함이 고객이 식당에 대한 신뢰를 쌓게 하고, 그 신뢰가 고객의 검색을 유도하며, 결국 매출로 이어진다.

▍꾸준함이라는 무기로, 자신의 식당을 빛내라

피 터지는 외식업 레드오션에서 식당이 살아남고 성장하고 싶다면, 딱 한 가지 SNS 채널이라도 좋다. 그것을 "내 식당의 생명줄"이라 생각하고 꾸준히 파고들어라. 그 꾸준함은 내 식당을 검색 엔진 상위에 노출시키고 고객의 입소문을 타게 하며, 진정한 온라인 마케팅의 전문가로 만들 것이다.

AI가 사장님의 태도를
대신해 줄 수는 없습니다

요즘 시대는 그야말로 인공지능(AI) 없이는 한 걸음도 나아가기 어려운 것처럼 느껴진다. 마치 마법처럼 복잡한 문제들을 해결해 주고, 상상조차 못 했던 효율성을 가져다줄 것이라는 기대감이 곳곳에 넘쳐나고 있다. 특히 자영업 현장에서도 이러한 분위기는 예외가 아니다. 메뉴 개발의 기발한 아이디어부터 시작해서, 고객의 마음을 사로잡는 SNS 마케팅 문구 작성, 방대한 고객 리뷰 데이터 분석을 통한 맞춤형 서비스 제안, 심지어는 온라인 키워드 트렌드 분석을 통한 시장 예측까지. AI는 이제 단순한 도구를 넘어, 사업의 성패를 좌우하는 핵심 요소로 여겨지기 시작했기 때문이다. 어느새 자영업 시장에서는 "AI를 얼마나 잘 활용하느냐"가 경쟁력을 가르는 절대적인 기준으로 자리 잡은 듯 보인다. 마치 AI만 도입하면 모든 어려움이 눈 녹듯 사라지고 "AI만 있으면 장사가 쉬워질 것이다." "AI가 모든 걸 대신해 줄 것이다." 성공이 보장될 것처럼 이야기하는 목소리도 높다.

하지만 정말 그럴까?

장사는 기본적으로 사람의 감정과 마음을 다루는 일이다. 기계적인 효율성만으로는 설명하기 어렵다. 손님과의 따뜻한 눈 맞춤, 예상치 못한 상황에 대한 유연한 대처, 그리고 무엇보다 식당을 운영하는 사장님만이 가질 수 있는 마음과 진심, 열정, 즉 '태도'가 살아 숨 쉬는 중요한 영역이다. 다시 말해 장사의 본질은 기술이 아니라 사람이다. AI는 많은 걸 해 줄 수 있고 강력한 조력자이지만, 무엇을 선택하고, 어떤 피드백을 받아들이며, 어떤 방식으로 실행할지를 결정하는 건 결국 사장님 자신의 태도이기 때문이다.

AI의 능력, 어디까지 활용할 수 있는가?

AI는 분명 사장님의 짐을 덜어 주고 효율성을 높이는 데 탁월한 능력을 발휘한다. 데이터 분석을 통해 고객 선호도를 파악하고, 시장 트렌드를 예측하며, 마케팅 콘텐츠 초안을 빠르게 생성해 준다. 방대한 고객 리뷰를 분석하여 개선점을 도출하고, 운영 효율화를 위한 데이터를 제공하고 정보 수집, 분석, 콘텐츠 생성 등 '기술적이고 반복적인' 영역에서 사장님을 강력하게 지원하며 장사의 효율성을 극대화하는 데 도움을 받을 수 있다.

AI가 결코 대신할 수 없는 것, 사장님 고유의 '태도'

하지만 AI가 아무리 발전해도, 장사의 핵심인 '사람의 마음'을 움직이는 사장님 고유의 태도는 대체할 수 없다. AI는 방향을 제시하지만, 그 방향으로 나아갈지 말지 '선택'하는 것은 사장님의 몫이다. AI는 고객의 목소리를 요약해 주지만, 그 목소리에 귀 기울이고 진심으로 '반응하는 태도'는 여전히 사람에게 있다. AI는 경쟁 가게의 메뉴 구성과 가격대를 비교해 줄 수 있지만, 그것을 내 가게의 현실에 맞게 '바꾸고 실행하는 능력'은 오롯이 식당 사장의 고유의 책임이며 태도다.

문제는 사장님 본인의 태도가 여전히 제자리인 경우다. AI가 아무리 좋은 정보를 '보고'해도 실행하지 않는 사람, 배우려는 척은 하지만 정작 자신의 부족한 점을 '고치려는 마음'은 없는 사람, AI의 조언을 의심하고 무시하면서 실패는 결국 "운이 없었다"로 결론짓는 사람. 이런 태도 아래서는 아무리 뛰어난 기술을 갖다 써도 식당은 달라지지 않는다. AI는 정해진 데이터 안에서 작동하지만, 예상치 못한 현장의 변수에 유연하게 대처하고 문제를 해결하는 '센스'와 '결단력', 그리고 고객에게 진심으로 다가가는 '인간적인 소통'은 AI가 흉내 낼 수 없는 영역이다.

그렇다면 AI 시대에 자영업 사장님들이 나아가야 할 방향은 더 이상 고민할 필요가 없다. AI를 두려워하거나 맹신하는 대신, '나의 성장을 돕는 도구'로 인식하고 적극적으로 활용하려는 태도가 필요하다.

그래서 묻고 싶다. "AI를 공부하는가?"가 아니라 "배워서 내 식당에 실행하는가?"라고. AI는 만능 해결사가 아닌 강력한 '조력자'다. AI는 사장님의 판단을 돕고 실행을 지원하는 역할을 할 뿐, 최종 결정과 책임은 사장님에게 있다. AI를 활용하여 행동으로 옮겨 사장님 자신의 역량을 강화하는 데 집중해야 한다. AI를 활용해 식당을 성장시키고 싶다면 가장 먼저 바뀌어야 하는 것은 기술이 아니라 사장의 태도다.

- 변화를 받아들일 마음
- 새로운 기술과 정보에 열린 자세
- 부족함을 인정할 용기
- 실천을 선택할 자세

이 네 가지가 갖춰져야 AI는 식당의 생존을 위한 진짜 도구가 된다.

부족함을 인정하는 태도부터 시작하라

AI가 알려주는 분석 결과, 고객이 남긴 리뷰, 직원이 말하는 불편함. 이 모든 피드백을 겸손하게 받아들이는 태도가 없다면 아무리 좋은 기술도 그저 감탄만 나오는 장식품에 불과하다. 실행하지 않으면 아무 의미 없다. 좋은 아이디어를 얻었다면 실제로 행동으로 옮겨야 한다.

- 데이터를 읽고
- 고객의 반응을 관찰하고
- 빠르게 시도하고
- 수정하고
- 다시 실행하는 것

이 반복이 AI 활용의 본질이다. 기술은 도구일 뿐, 실행하는 사장이 있어야 결과가 나온다.

AI는 태도 위에 존재한다

AI를 활용하는 과정 자체가 급변하는 시대에 발맞추는 사장님의 성장하는 태도를 보여준다. 데이터를 읽는 눈을 키우고, 새로운 마케팅 방식을 실험하고, 고객과의 소통 방식을 개선하는 것. 이 모든 과정은 식당의 생존 확률을 높이는 전략이다. 하지만 기술은 누구나 쓸 수 있다. 어떻게 받아들이고, 어떻게 실행하느냐는 사장님의 태도에 달려 있다.

AI는 분명 현대 자영업에서 빼놓을 수 없는 강력한 도구다. 효율성을 높이고, 새로운 기회를 발견하는 데 큰 도움을 준다. 하지만 AI 기술 그 자체가 장사의 성공을 보장하지는 않는다. 실행하지 않으면 아무 의미 없다. 실행하는 사장만이 살아남는다. 시대는 바뀌었고, 기술은 진화하고 있다. 하지만 여전히, 그리고 앞으로도 사람이 달라지지 않으면 식당은 달라지지 않는다.

　진정한 경쟁력은 AI가 제공하는 정보를 어떻게 해석하고, 어떤 마음으로 실행하며, 어떤 태도로 고객과 소통하고 변화에 대처하는가에 달려 있다. AI는 나침반일 뿐이다. 그 나침반이 가리키는 방향으로 묵묵히 걸어가는 것은 사장님의 의지와 태도다.

AI는 절대 사장님의 태도를 대신해 줄 수 없다

　기억하십시오. 장사를 바꾸는 것은 기술이 아니라 실천하는 결심이고, 식당을 살리는 것은 AI라는 도구가 아니라 사장님의 태도이다. 사장님이 배우고, 실행하고, 받아들이고, 끊임없이 변화하려는 태도를 갖추지 않는다면 아무리 뛰어난 AI 기술도 사장님의 장사를 성공으로 이끌 수 없다. 내가 변해야, 내 장사도 식당도 비로소 변화할 수 있다.

　스스로에게 이렇게 묻자.

　"나는 지금도, 배우고 실행하는 태도인가?"

에필로그

생존장사를 마치며...

나는 희망이 없어 보이는 절망 속에서 아주 조금씩 성장한 한편에 속한다. 그래서 그런지 내 눈에는 그때 나와 같은 식당과 사장님들만 보인다. 폐업과 생존, 성공과 실패는 아주 작은 차이에서 결과가 갈린다는 것을 많은 사장님들이 모른다. 알고 있다고 해도 고치거나 인정하지 않는 게 대부분이다. 입으로는 살고 싶다, 망하면 안 된다고 하면서 정작 행동으로 옮기는 사람은 거의 없다.

나를 절망에서 벗어나게 한 것도 생각의 태도 변화에서부터 시작되었다. 기존의 나의 생각과 태도를 도미노처럼 무너뜨리고 새롭게 세우면서 모든 것을 바꿔 놓았다. 거기에 도화선이 된 것이 바로 '책'이다. 그래서 내가 이렇게 글을 쓰고 책을 출간해서, 그때의 나와 같은 절망에 있는 분들에게도 같은 작용을 했으면 하는 간절한 기대와 바람이 있다.

성공을 원한다면 무엇보다 중요한 것이 태도의 변화다. 그 변화 없이는 아무것도 이룰 수 없다. 무엇보다 자신의 잘못을 인정하고, 성공한 사람들의 이야기를 믿고, 전문가의 쓴소리와 해결책에 움직이는 올바른 태도가 준비가 되었다면, 그때 비로소 마케팅과 장사의 전략을 배우고 익힐 필요가 있다. 잘못된 태도로 수많은 마케팅 전략을 익힌다 한들, 오히려 더 믿지 못하는 의심만 키울 뿐이다.

『생존장사』 책 또한 나의 치열한 태도의 변화에서 비롯된 것이다. 두 번째 책 출간 목표를 세웠지만 식당일과 잦은 지방 출장, 여러 외부 일정 그리고 짬뽕작전 프랜차이즈 가맹사업까지 병행하고 있어 글을 쓰는 시간이 턱없이 부족했다. 나는 시간을 더 쪼개기로 했다. 우선 운영하던 유튜브 '무패장사' 채널과 '짬뽕작전' 브랜드 채널, 그리고 SNS 운영을 잠시 멈추고 글쓰기에 몰입했다. 기상은 6시에서 7시 사이 일어나 글을 쓰고 브레이크 타임 시간에도 글을 썼다. 피곤과 졸음이 쏟아지는 브레이크 타임에 쓰는 글은 고통이 따랐다. 퇴근을 집 근처 스터디카페로 하고 새벽 한두 시까지 글을 쓰다 귀가했다. 그렇게 3개월을 몰입해 『생존장사』가 완성되었다.

목표를 세우고 계획을 세워 행동으로 옮긴 것, 그것이 전부인 셈이다. 지금 장사가 안 되고 힘들다면 똑같은 원리로 하면 된다. 공부하고 목표를 설정하고 계획을 세워서 목표를 달성한다. 단순한 원리지만 이걸 하지 않아서 식당 생존과 거리가 멀어지는 것이다.

『생존장사』는 단순한 지식 전달을 넘어 '왜' 공부해야 하고 '무엇을' 실행해야 하는지 이유와 방법을 제시하고자 했다. 나의 지난 삶과 이 책을 쓰는 과정 자체가 그 증거다. 길을 잃은 듯했던 나를 일으켜 세우고 새로운 눈을 뜨게 한 그 깨우침과 가르침처럼, 이 책 또한 이 글을 쓰는 모든 분들에게 강력한 멘토의 역할을 해 주기를 바랄 뿐이다.

각자의 삶과 장사에 끊임없이 실행하고 포기하지 마라. 생존과 성공의 열쇠는 오직 본인의 손에 달렸다.

이 책을 덮는 순간, 여러분은 더 이상 '열심히'만 하는 사장이 아니다. 이미 '생존'을 넘어 '성공'을 향한 위대한 여정을 시작한 것이다. 식당을 살리는 힘은 나이도, 재능도, 운도 아니다. 오직 배우고 실행하는 태도다. 이 모든 길을 걷는 동안, 나는 독자 여러분의 가장 든든한 동반자가 되어 응원할 것이다.

감사의 글

이 책을 마무리하며, 무엇보다 먼저 감사의 마음을 전하고 싶다. 내 인생에서 가장 큰 전환점을 만들어 주신 분, 바로 김영갑 교수님이다.

나는 처음에 단지 짜장면, 짬뽕을 어떻게 하면 한 그릇이라도 더 팔 수 있을까, 팔리게 할 수 있을까를 배우고자 교수님의 상권 분석과 마케팅 강의를 찾았다. 매주 강의실에서 얻은 것은 마케팅 전략과 기술을 넘어 인생을 바라보는 새로운 관점과 태도였다.

돌이켜보면, 만약 내가 교수님을 만나지 못했다면 평생을 작은 주방에서 음식만 만들다 생을 마감하는 인생을 살았을지도 모른다. 하지만 교수님은 내게 새로운 길을 보여 주셨다.

교수님은 늘 우리에게 말씀하셨다.

"여러분도 할 수 있습니다. 저도 삼겹살도 팔아 보고 스파게티 식당도 해 보고 그렇게 소상공인으로 15년을 지내다 교수가 되었습니다. 그러니 포기하지 말고 목표를 가지고 계획을 세우십시오. 인생도, 장사도, 사업도 그렇게 해야 합니다. 더좋은 인생은 여러분 자신이 만드는 것입니다."

그 말씀은 단순한 격려가 아니라, 내 삶을 바꿔 놓은 깨달음이었다. 이타의 마음을 가지고 장사하고, 실행하고, 공부하라는 가르침은 내 삶에 많은 영향을 주었다.

많은 책에서 좋은 멘토를 만나라고 말한다. 하지만 어떻게 멘토를 만나야 하는지 알지 못했다. 나는 단지 외식 공부, 식당 공부를 멈춤 없이 하면서 자연스럽게 멘토를 만날 수 있었고, 그때 깨달았다. 왜 성공한 많은 사람들이 좋은 멘토를 만나는 것이 중요하다고 말하는지.

김영갑 교수님을 통해 나는 배움의 길을 멈추지 않는 자만이 결국 좋은 멘토를 만나고, 인생을 바꿀 수 있다는 사실을 알게 되었다.

이 책을 읽는 모든 분들께도 전하고 싶다. 좋은 멘토를 만나십시오. 그리고 그 멘토의 가르침을 삶과 장사에 끊임없이 실행하세요.

끝으로, 제 인생의 가장 큰 멘토이자 스승이신 김영갑 교수님께 깊은 감사의 마음을 바친다.